독서치료에서의 문학작품 활용

국립중앙도서관 출판시도서목록(CIP)

독서치료에서의 문학작품 활용 / 임성관 지음. --
서울 : 시간의물레, 2011
p. ;   cm

ISBN 978-89-6511-011-8 93010 : ₩20000

독서 요법[讀書療法]
문학 치료[文學治療]

029.4-KDC5
028-DDC21   CIP2011000390

독서치료에서의 문학작품 활용

임성관 지음

시간의 물레

들어가기

독서치료는 문학작품을 매개로 치료사와 내담자, 치료사와 참여자 간의 상호작용이 이루어지는 분야이다. 따라서 일반 심리 상담과는 달리 문학작품이 치료에 참여하는 대상들에게 미치는 영향이 매우 크다. 때문에 독서치료사는 독서치료 장면에서 활용할 수 있는 문학작품의 범위를 이해하고, 더불어 그것을 잘 활용할 수 있는 능력을 갖추어야 한다. 즉 독서치료사는 치료전문가일 뿐만 아니라 문학작품에 관한 전문가일 필요도 있는 것이다.

그런데 독서치료에서 정의하고 있는 문학작품의 범위가 무척 넓다. 독서치료에 대한 이해가 적은 분들은 '독서치료'라고 하면 단순히 '책'만을 떠올리지만, 가장 중요하게 쓰이는 책은 물론이고 신문이나 잡지의 기사 등 읽기 자료 전반이 포함된다. 나아가 영화나 드라마, 다큐멘터리, 광고, 뮤직비디오에 이르는 영상 자료들도 포함이 되고, 대중가요에서부터 종교 및 명상음악에 이르는 음악 자료들도 두루 포함이 된다. 이어서 다른 사람이 쓴 글이나 만들어낸 영상과 음악뿐만 아니라 치료에 참여하는 내담자 및 참여자가 쓴 글도 활용할 수 있으며, 사진 등과 같은 실물 자료도 포함될 수 있다. 그러니 사실 거의 모든 종류의 자료가 두루 쓰이고 있는 셈이다.

이 정도의 설명만 들어봐도 독서치료사가 왜 문학작품에 관한 전문가일 필요가 있다는 것인지 이해했을 거라고 생각된다. 그러나 이는 말처럼 쉬운 일이 아니다. 차라리 독서치료에서는 '책'이라는 읽기 자료만 활용할 수 있다고 했다면 오히려 쉬웠을 수도 있다. 그럼 독서치료사들은 치료를 위해 책이라는 매체만 열심히 찾아서, 어떤 어려움이 있는 대상들에게 접목을 시켜 나가기만 하면 되니까 말이다. 그러나 문학작품의 범위가 넓어 다양한 매체를 포함하고 있으니, 치료사들은 또 그에 맞게 여러 매체들을 두루 살펴보고 치료 장면에서도 적절히 활용해야 하는 것이다.

따라서 이 책은 독서치료사들의 그런 고민을 조금이나마 덜어주고자 쓴 것이다. 앞서 필자는 독서치료 장면에서의 문학작품이 치료에 상당한 영향을 미친다고 말했다. 그러므로 치료사는 내담자 및 참여자의 문제에 적합한 문학작품에는 어떤 것이 있고, 선정된 문학작품은 또 어떤 방법으로 활용해야 치료에 도움이 되는지 끊임없이 고민을 해야 하는데, 이는 치료사로서 첫 발을 내딛은 사람은 물론이고, 오랜 기간 치료 작업을 한 치료사라고 하더라도 늘 힘든 부분이기 때문에, 그 어려움을 돕고자 한 것이다. 필자 역시한 사람의 독서치료사로서 힘들게 그 작업을 해왔고, 지금도 여전히 어려움을 느끼기 때문에 말이다.

이 책은 다음과 같이 구성을 했다. 우선 1장에서는 독서치료의 개념과 독서치료에서의 문학작품이 어떤 비중을 차지하는지에 대해 살펴볼 것이다. 이어서 2장에서는 독서치료를 위한 문학작품을 선정하고 제시하는 기준 및 방법에 대해, 마지막 3장에서는 책을 비롯한 여러 매체들을 하나하나 자세히 설명할 예정이다. 또한 부록으로는 필자가 그동안 여러 치료 장면에서 활용했던 문학작품들을 구체적으로 소개하고자 한다.

 독서치료 분야의 책을 한 권씩 한 권씩 출간하면서 늘 부족함에 부끄러운 마음이 앞서지만, 이런 노력이 토대가 되어 향후 더 훌륭한 책이 나오지 않을까 하는 생각으로 위안을 삼는다. 그러니 독자들은 부디 이 책을 통해 소개되는 작품 수준에만 머물지 말고, 치료에 도움이 될 문학작품들을 적극 개발해 나가셨으면 한다. 나아가 그렇게 발굴한 문학작품들을 어떤 방법을 통해서라도 함께 나눌 수 있는 노력 또한 기울여 주셨으면 한다. 독서치료 분야의 질적인 발전을 위해서 말이다.

2011년 1월 연구소에서

임 성 관

목 차

들어가기

1장 독서치료와 문학작품 |11

1. 독서치료의 정의 ································· 12
2. 독서치료에서의 문학작품 ················· 14

2장 독서치료를 위한 문학작품 선정 |17

1. 독서치료 자료의 성격 ························· 18
2. 독서치료 자료의 선정 기준 ················· 20
3. 독서치료 자료 선정 시 고려 사항 ········· 27
4. 독서치료 자료의 제시 방법 ················· 30

3장 독서치료에서의 문학작품 활용 | 33

1. 읽기 자료 ··· 35

2. 영상 자료 ··· 39

3. 음악 자료 ··· 45

4. 내담자 및 참여자가 쓴 글 ···················· 47

5. 실물 자료 ··· 48

4장 독서치료를 위한 문학작품의 실례 | 49

1. 도서 자료 ··· 51

2. 동시·시 자료 ··· 157

3. 노래 가사 ··· 203

4. 일기 자료 – 초등학생 ····························· 257

5. 영화 자료 ··· 269

나가기 / 343

독서치료와 문학작품

1장

Supervision

I. 독서치료의 정의

독서치료(Bibliotherapy)는 일반인들에게도 널리 알려진 놀이치료나 음악치료, 미술치료 등과 맥락을 같이 한다. 즉 예술을 바탕으로 한 상담심리치료라는 공통분모를 갖는 대신, 상호작용을 돕기 위해 주로 활용하는 매체가 서로 다르다는 차이점도 있다. 이를 조금 더 설명하자면 놀이치료는 다양한 놀이 도구와(장난감 등) 놀이 방법이, 음악치료는 여러 악기와 연주법 등이, 미술치료는 미술 재료와 그 것을 활용해 만들어 내는 과정 전반은 물론 만들어낸 작품까지 포함이 된다.

그렇다면 독서치료는 어떨까? 독서치료는 그리스어로 '책, 문학'이라는 뜻의 biblion과 '도움이 되다, 의학적으로 돕다, 병을 고쳐주다'라는 뜻의 'therapeia'가 만나 '책을 읽으면 치료가 되는 등 도움이 되다'의 의미를 갖고 있다. 따라서 치료 장면에서 치료사와 내담자 및 참여자가 상호작용을 할 수 있도록 이어주는 가장 중요한 매체는 책, 즉 읽기 자료가 된다. 때문에 독서치료에서는 우선 선정된 자료를 읽고(내담자 및 참여자가 치료에 참여하기 전 읽어오거나 혹은 치료 장면에서 같이 읽는 방법으로) 발문에 의한 상호작용을 나눈다. 이어서 대상이 아동 및 청소년인 경우처럼 활동이 반드시 필요한 경우에는 글쓰기 활동(편지 및 시 쓰기 등 포함), 미술 활동(그리기 및 만들기 등), 연극 활동(역할극 등) 등으로 상호작용을 확장시켜 그들의 문제를 돕는다.

여기서 한 가지 더 알아두어야 할 점은 독서치료라고 해서 반드시 읽기 자료만을 활용하는 것은 아니라는 점이다. 독서치료는 문학작품을 매개로 이루어지는데, 문학작품은 소설이나 동화 등의 읽기 자료만이 아니라, 영화나 드라마, 광고나 뮤직비디오 등의 영상과 대중가요 및 명상 음악 등의 음악, 더불어 유명 작가 등의 다른 사람들이 쓴 글만이 아니라 내가 틈틈이 써놓은 일기나 편지 등의 글도 활용할 수가 있다. 나아가 사진과 어떤 의미가 담긴 물건 등의 실물 자료도 포함을 시켜 활용할 수 있다. 결국 이처럼 다양한 매체와 자료들을 활용해 치료에 임하는데, 역시 그 이유는 내담자 및 참여자의 문제를 보다 효율적으로 돕기 위함이다. 그럼 독서치료의 정의를 간략히 정리해 보자.

독서치료는 유아에서부터 어르신에 이르기까지 문제 해결이 필요한 사람들을 위해 문학작품을 통한 상호작용을 나누는 작업이다. 독서치료를 통해 도움을 받을 수 있는 문제는 발달적(developmental)·임상적(clinical)인 문제 모두를 포함하며, 치료 장면에서 활용되는 문학작품은 소설이나 시 등의 읽기 자료를 비롯해, 음악 자료·영상 자료·내담자 및 참여자가 쓴 글, 실물 자료를 망라한다. 이를 바탕으로 치료사는 내담자 및 참여자와 발문을 통한 상호작용을 나누는 것은 물론, 나아가 작문 활동·미술 활동·음악 활동·연극 활동을 펼칠 수 있다.

2. 독서치료에서의 문학작품

독서치료 발전에 상당한 기여를 한 Hynes와 Hynes-Berry는 독서치료에 있어서 자료를 '촉매'에 비유했다고 한다. 왜냐하면 독서치료는 문학작품을 매개로 상호작용이 이루어지며, 어떤 작품을 골라 어떤 방법으로 제공하고 나아가 어떻게 상호작용을 해나가느냐에 따라 치료에 참여한 내담자 및 참여자의 변화에 막대한 영향을 끼칠 수 있기 때문이다. 이런 면을 봤을 때 그들의 비유는 매우 적절하다 할 수 있는데, 더불어 촉매로서의 자료는 독서치료 상호작용에서 다음과 같은 공헌을 한다는 점도 언급했다고 하니 함께 살펴보자.

1) 독서치료 자료가 있으면, 내담자는 자신의 문제를 통해 자신을 바라보지 않아도 된다. 즉, 자기 밖의 어떤 것에 대하여 반응할 능력을 가지고 있고, 자료에 대해 정확하고 유익한 해석을 내릴 수 있다는 것을 의미한다.

독서치료를 위해 치료사에 의해 선정되는 문학작품은 내담자 및 참여자의 문제를 담고 있을 것이므로, 내담자 및 참여자가 그 문학작품을 읽는다면 동일시를 할 가능성 또한 매우 크다. 그러나 문학작품에 등장하는 주인공은 직접적인 자신이 아니기 때문에 객관적으로 그 상황을 볼 수 있어 치료사의 발문에도 적절히 반응할 수 있는 힘을 갖는다. 나아가 정확하고 유익한 해석까지 내릴 수 있으니 이는 내담자 및 참여자가 카타르시스를 느끼고 통찰을 얻을 수 있도록 돕기에 이른다.

2) 효과적인 자료는 다양한 종류의 의미와 다양한 수준의 의미를 내포하고 있어서, 내담자에게 자료의 장·단점에 대해 자유롭게 생각하고 표현할 수 있는 반응의 폭을 넓혀준다.

독서치료의 장점이자 특징이라면 내담자 및 참여자의 문제에 도움이 될 자료를 선정해 제공했을 때 그들 스스로가 읽을 수 있다는 점, 그런 다음에 치료사와 또 한 번의 상호작용을 한다는 측면이다. 만약 그들이 선정된 문학작품을 잘 읽고 이해만 할 수 있다면, 나아가 치료사와 적절히 상호작용을 해나갈 수만 있다면 이미 문학작품을 통해 얻은 것들을 비교적 편하면서도 적절하게 표현해 낼 수 있을 것이다. 물론 그러려면 치료사가 먼저 적정 자료를 골라야 하겠지만 말이다.

3) 자료는 심층적인 개인적 반응을 자연스럽게 이끌어 낸다. 특히 상호작용적인 과정을 중시하는 독서치료에서는, 자료를 매개로 '대화를 통해' 자신을 반영하는 '자발적인 반응'이 더 깊어지고 더 발달된다.

프로이트는 문학이 무의식으로 가는 길을 열어준다고 했다. 결국 심리치료는 자신 스스로도 두렵거나 혹은 가는 길을 몰라서 열어보지 못했던 무의식의 세계를 밝혀보는 작업이 아닌가? 그러나 그 작업이 쉽지가 않다. 어디든 구석구석 비추어 볼 수 있는 작은 손전등이라도 들려 있다면 좋겠지만(물론 내담자 및 참여자 스스로 언제든 비추어 볼 수 있는 손전등을 갖고 있었다면 치료를 받으러 올 필요도 없겠지만), 무의식은 그렇게 쉽게 길을 내어주지 않는다. 그런데 그 길을 문학이 열어주는 것은 물론, 그 어두운 구석에 웅크리고 있던 내게도 밝은 곳으로 한 걸음씩 걸어 나올 수 있는 기회를 만들어 준다고 하니, 이 얼마나 대단한 일인가? 물론 이런 과정을 훌륭히 해내려면 무엇보다 적정 작품을 잘 골라야 할 것이다.

독서치료를 위한 문학작품 선정

2장

Supervision

1. 독서치료 자료의 성격

치료를 방해하는 변인은 치료사 및 내담자와 참여자에 따라 다양할 수 있다. 그런데 그 중 특히 내담자 및 참여자에게서 치료 초기에 가장 많이 나타나는 것은 저항이다. 저항은 친밀하고 신뢰가 깊은 관계 형성을 해치기 때문에 결국 치료 자체를 불가능하게 만들기도 한다. 따라서 치료사들은 초기 저항을 줄이고자 많은 노력을 하는데, 문학작품과 같은 매체는 내담자 및 참여자가 방어를 최소화 할 수 있도록 해주는 장점이 있다고 한다. 이는 곧 적극적인 상호작용을 할 수 있는 신뢰감을 형성할 수 있는 기반이 되므로, 이후 치료 결과에도 긍정적으로 작용하는 요인이 될 것이다.

앞서 이야기 했듯이 독서치료 장면에서 활용되는 문학작품은 다양하다. 그런데 그 자료가 어떤 형태와 장르이든 독서치료를 위해 쓰인다면 내담자 및 참여자가 그것을 제대로 읽어내는 것이 중요하다. 다시 말하면 독서치료에서 활용되는 읽기 자료 이외의 영상이나 음악, 내담자 및 참여자가 직접 쓴 글에서부터 실물에 이르기까지의 문학작품들은, 그것들을 어떻게 읽어내는가에 따라 치료에도 그대로 영향을 미칠 수밖에 없으므로, 결국 치료사가 그 문학작품을 고른 의도에 맞게 내담자 및 참여자가 잘 읽어낼 수 있도록 하는 것이 궁극적으로 우리가 원하는 문제 해결을 할 수 있게 만드는 길이라는 것이다. 그런 맥락에서 보자면 독서치료사는 내담자 및 참여자에게 알맞은 자료를 고르는 사람이자, 고른 문학작품을 적절한 방법에 따라 제시한 뒤 저항을 없애고 보다 원활한 상호작용으로 이끌어 문제 해결에 이르도록 돕는 사람을 일컫는다.

2. 독서치료 자료의 선정 기준

독서치료에서 말하는 문학작품의 범위가 읽기 자료(주로 책)에만 한정되지 않은 점은 치료사의 입장에서 보자면 장점이면서 동시에 단점이기도 하다. 아니 좋은 점이기도 하면서 버거운 점이기도 하다. 왜냐하면 내담자 및 참여자에게 어떤 자료를 활용해야 하는가에 대해 많은 고민을 할 수밖에 없는데, 마침 고를 수 있는 자료의 범위가 넓으니 평소 잘 알고 있는 분야에서부터 찾아보면 될 것 같지 않은가? 그렇게 범위를 좁혀 나가다 보면 결국 좋은 자료도 찾게 될 테고 말이다. 그러나 이 작업은 생각보다 광범위할 수 있다. 오히려 책 한 종류에서만 자료를 찾아야 한다고 되어 있다면 다른 자료로는 눈을 돌리지 않고 책에만 집중을 할 텐데 말이다. 게다가 평소 보고 듣고 느끼는 모든 것을 치료적인 마음으로만 보지 않아도 될 테니 말이다. 그러나 이미 독서치료사가 되었고, 문학작품의 범위에도 다양한 자료들이 포함되어 있으니, 늘 좋은 자료가 없나 찾아보는 자세 유지를 위해 여러 개의 안테나를 동시에 작동시켜 놓은 채 생활을 해야만 한다.

다음은 독서치료를 위한 자료의 선정 기준으로, 자세히 읽다 보면 일반 문학작품의 선정 기준과 크게 다르지 않음을 발견할 것이다.

1) 주제

일반적으로 독서치료용 문학작품을 고를 때 가장 먼저 중요하게 취급되는 것은 주제이다. 다음은 독서치료용 자료의 주제가 갖추어야 할 네 가지 특성이다.

(1) 보편적 주제

혹 나와 같은 아픔을 겪고 있는 사람을 보며 위안을 느낀 적이 있는가? 보편성은 그런 것을 말한다. 그러니까 내 문제가 나 혼자만의 문제가 아니라는 점을 알았을 때 느껴지는 안도감, 내 생활 주변에서 일어나고 있는 일을 다루어주는 이야기를 읽었을 때 느껴지는 편안함 같은 것이다. 즉 이는 내담자 및 참여자가 쉽게 인식할 수 있고, 자신이 쉽게 동일시할 수 있을 만한 정서와 경험을 다루고 있다는 의미이다. 예를 들어, 초등학교에 다니는 아이가 있다면 그 아이는 집과 학교에서 겪을 수 있는 일들에 쉽게 동일시를 할 수 있을 것이다.

그런데 독서치료를 위해 내담자 및 참여자가 갖고 있는 어려움에 부합하는 문학작품을 찾다보면 이 일이 결코 쉽지 않다는 것을 느낄 수 있을 것이다. 따라서 필자는 비슷한 내용이 담긴 문학작품만 구할 수 있어도 이미 보편성이라는 점을 충족시킬 수 있으리라 생각한다.

(2) 영향력 있는 주제

치료에서의 영향력은 과연 무엇일까? 그렇다. 바로 선정된 문학작품을 읽고 처음에 정했던 목표를 이루는 것이리라. 따라서 독서치료 장면에서 활용되는 문학작품은 내담자 및 참여자가 읽고 큰 도움을 받을 수 있는 주제여야 한다. 그렇다면 치료사와 내담자 및 참여자가 함께 이루고자 하는 목표도 이룰 수 있지 않겠는가? 영향력이라는 말도 이럴 때 쓰는 것이 적합한 단어이니까 말이다.

(3) 이해될 만한 주제

이 항목은 독서치료에 있어 특히 중요하다. 왜냐하면 내담자 및 치료사가 100% 동일시를 할 수 있어 문제 해결에 큰 도움이 될 것 같은 주제가 담긴 자료를 선정했더라도, 결국 그들이 그 작품을 읽어내는 과정, 이해하는 과정, 치료사와 상호작용하는 과정이 모호함으로 가득하다면, 즉 이해를 못한다면 통찰이 불가능하며 문제 해결로 가는 과정 또한 원활하지 못할 것이기 때문이다. 여러 차례 이야기 했듯이 치료는 상호작용의 과정이다. 따라서 내담자 및 참여자는 우선 문학작품과 1차적인 상호작용을 훌륭히 완수해야 하고, 이어서 치료사와 2차적인 상호작용도 이해를 바탕으로 해내야 하는 것이다. 이 항목은 일반 문학작품과의 차이점이기도 하다.

(4) 긍정적 주제

'긍정적 주제'는 독서치료를 전체적으로 이해할 때 가장 핵심이 되는 선정 기준이다. 왜냐하면 보통 치료라고 하면 내담자 및 참여자가 현재 겪고 있는 어려움을 해결하는데 목표를 두기 때문에, 부정적 주제보다는 긍정적 주제를 선정해 사용하는 것이 바람직하기 때문이다. 하지만 그렇다고 해서 항상 긍정적인 주제만을 활용해야 한다는 것은 아니다. 치료는 여러 목적에 의해 실시되기 때문에 때로는 부정적 주제가 더 큰 효과를 발휘할 수도 있다. 우리는 중·고등학교를 다닐 때 금연이나 낙태 예방을 위해 보건 교육 비슷한 것을 꾸준히 받았다. 그런 기억이 있다면 주로 VTR로 시청했던 장면들을 떠올려 보자. 어떤 장면이 기억에 남아 있는가? 언급하기에도 끔찍한 장면들이지 않은가? 바로 이런 맥락이다. 이처럼 부정적인 주제는 홍수가 났을 때 둑이 터져 큰 피해를 입히듯, 우리 마음에 부정적인 측면에서의 충격을 주기 때문에 상대적으로 그렇게 하면 안 되겠다는 생각과 마음가짐을 심어줄 수 있다. 하지만 그런 주제를 적절히 다룰 수 있는 치료사가 내담자 및 참여자의 강도에 따라 활용할 필요는 있다.

이어서 여기서 말하는 '긍정적 주제'에는 '과정' 또한 포함이 된다. 즉 내담자 및 참여자와 비슷한 어려움을 겪고 있는 주인공이 나온다고 했을 때, 주인공 스스로가 자신의 어려움을 해결하기 위한 노력을 해나가는 과정이 있어야 하고, 그 노력을 통해 결국 행복하면서도 긍정적인 결과를 얻어야 한다는 것이다. 만약 그 과정이 원활하지 않거나 초능력을 갖춘 마법사 및 요정 등이 출현해 순식간에 문제를 해결해 준다면, 이는 바람직하지 않은 자료일 수 있다. 또한 대상에 따라서는 지나치게 낙천적인 결과를 보여주는 것도 피할 필요가 있다.

2) 문체

독서치료용 문학작품을 선정하는데 있어 문체는 주제에 비해 중요하게 다루어지지 않는다. 그도 그럴 것이 특히 우리나라 환경에서는 아직 독서치료를 위한 문학작품이 전문적으로 만들어지는 단계가 아니다. 따라서 대상에 따른 선정이 무척 어려운데, 만약 이 부분까지 상세히 고려해야 한다면 아마도 치료 장면에서 활용할 수 있는 문학작품을 찾기에는 너무 힘들지 않겠나 하는 생각이 든다. 따라서 이 부분은 간결하게 살펴볼 예정이다.

(1) 리듬

진부하거나 단조롭지 않은 리듬이어야 한다. 이는 치료사와 내담자 및 참여자 모두 문학작품을 읽어야 하는 과정에 대한 배려가 아닐까 생각된다. 즉, 술술 읽어 나갈 수 있는 구조여야 한다는 뜻이다.

(2) 이미지

사실 어른들을 위해 선택되는 소설이나 수필, 비문학 등과 초등 고학년 및 중고생들을 위해 선택되는 도서들의 대부분에는 이미지가 거의 없다. 그저 내용 흐름을 돕기 위한 삽화가 몇 장면 정도 들어가 있는 정도라고도 할까. 따라서 이미지가 큰 비중을 차지하지 않기 때문에 그 역할 또한 크지 않다고 볼 수 있는데, 단 자료가 그림책인 경우에는 이야기가 달라진다. 왜냐하면 그림책은 글자도 그림으로 생각할 정도로 그림의 비중이 절대적인 책이기 때문이다. 따라서 만약 내담자 및 참여자를 위해 선정할 자료가 그림책이라면, 보다 구체적이면서도 강렬한 이미지, 생각을 다각도로 촉진할 수 있어 결국 심층적인 반응을 자연스럽게 끌어낼 수 있는 이미지일 필요가 있다. 그러려면 대상에 따라 때로는 구체적일 필요가, 때로는 추상적일 필요도 있다.

(3) 언어

독서치료용 문학작품에 담긴 언어는 이해하기 쉽고, 구문과 문법이 복잡하지 않은 표현기법을 사용하고 있는 것이어야 한다. 그 이유는 앞서 여러 차례 설명한 바가 있다.

(4) 복잡성

이 항목 역시 마찬가지이다. 독서치료용 문학작품은 가능한 글의 길이가 짧고 복잡하지 않은 문장구조를 갖고 있는 것이 좋다. 어떤 측면에서든 어려움을 겪고 있는 사람은 본연의 능력을 충분히 발휘할 수가 없다. 또한 복잡하고 머리 아픈 작품을 읽고 싶은 마음도 없다. 그렇기 때문에 가능하면 간결하면서도 쉽고 유익한 작품을 고를 필요가 있다.

3) 그 외의 판단 기준

(1) 목표

치료는 서로의 목표가 있을 때에야 실현될 수 있는 작업이다. 즉 치료사와 내담자 및 참여자는 어떤 어려움을 해결하기 위한 목표를 위해 만났고, 그 목표를 이루기 위해 문학작품을 매개로 상호작용을 하는 것이다. 따라서 문학작품을 고를 때에는 종합목표와 세부목표를 두루 고려해야 한다. 여기서 종합목표는 치료 기간이 모두 끝난 후에 이루고자 하는 것이고, 세부목표는 한 세션마다 이루고자 하는 것을 말한다.

(2) 나이와 교육수준

문학작품을 읽어내는 능력이 나이나 교육수준에 정비례하지는 않는다. 하지만 발달이라는 측면에 비추어 봤을 때 우리는 나이와 교육수준을 통해 내담자 및 참여자를 더 이해할 수 있는 힌트를 얻을 수 있다. 물론 문학작품을 선정하고 제시하는 데에도 말이다.

(3) 신체·정신·정서적 상태

만약 30대 중반의 남성이 치료를 받으러 왔다고 가정해 보자. 그는 명문 대학의 대학원을 졸업하고 현재 국내 굴지의 대기업에서 근무를 하고 있다. 그런데 한 쪽 눈이 실명된 상태라고 한다면, 우선 신체적인 면에서, 그것도 선정한 문학작품을 읽을 때 절대적인 힘을 발휘하는 기관이 정상적이지 못하기 때문에 자료 선정에 큰 영향을 미칠 수밖에 없다. 이처럼 내담자 및 참여자의 여러 상태는 문학작품을 선정하는 데 큰 변수가 된다. 따라서 치료사는 치료에 참여하는 대상자들을 두루 파악해 그에 알맞은 문학작품을 선정하고 제시할 필요가 있다.

3. 독서치료 자료 선정 시 고려 사항

1) 누가 자료를 선택할 것인가?

'독서치료에서는 책만을 활용할 것이다'라는 오해가 있듯이, 자료를 선택하는데 있어서도 치료 전문가인 치료사가 전부 선택하리라는 생각이 지배적이다. 그러나 이 또한 그렇지가 않다. 그렇다면 어떤 방법으로 선택되어질까? 다음의 내용을 통해 확인해 보도록 하자.

(1) 독서치료사가 선택할 경우

독서치료사는 독서치료에 있어 전문가이다. 따라서 그 누구보다 내담자 및 참여자를 이해하고 그들에게 알맞은 자료 또한 많이 알고 있을 것이다. 따라서 그가 선택하는 비율이 가장 크다. 또한 내담자 및 참여자에게 장애가 있는 경우 등 스스로 선택할 수 없는 상태인 때에도 당연히 치료사가 선정을 한다.

(2) 내담자 및 참여자가 선택할 경우

독서치료사는 내담자 및 참여자들과의 만남 시 그들에 관한 많은 부분을 파악한다. 이때 필요하다면 심리검사도 쓰는데, 이처럼 여러 측면들을 상세히 파악하는 이유는 치료를 잘 해나가기 위해서이다. 그런데 가끔은 치료사가 파악을 잘못했을 수도 있고, 내담자 및 참여자가 저항을 하기 위해 치료사가 선택한 자료에 흥미를 보이지 않는 경우도 있다. 이는 매우 중요한 사안으로 이럴 때에는 내담자 및 참여자 스스로에게 흥미가 있는 문학작품을 선정해 볼 수 있도록 하는 것도 한 방법이다. 필자는 이럴 때 내담자 및 참여자가 그동안 읽은 책 가운데 한 권을 선정해서 다음 세션에 가져 오라는 제안을 하는데, 그 이유는 독서치료가 책을 주로 활용하는 데에서 한 가지 문제가 발생하기 때문이다. 무슨 말인고 하면, 이웃하는 놀이치료나 음악치료, 미술치료에서도 내담자 및 참여자에게 치료 장면에서 활용할 매체를 직접 고르게 하는 경우가 있다. 그런데 그 치료들은 매체의 실물을 정면에서건 측면에서건 쉽게 관찰하는 것은 물론, 직접 만져보며 그 느낌 또한 파악할 수 있다. 즉 자신의 심리적인 역동을 고스란히 반영한 선택을 할 수 있다는 뜻이다. 그러나 책장에 꽂혀 있는 책을 통해서는 그럴 수가 없다. 도서관이나 집의 책장에 꽂혀 있는 책을 보라. 모두 책 등만이 보이게 빽빽하게 꽂혀 있기 때문에 꺼내기에도 버겁지 않은가? 결국 잡지를 전시하듯 실물이 모두 드러나지 않는 이상 다른 치료에서의 선택 시 파악할 수 있는 측면을 독서치료에서는 놓치게 된다는 뜻이다. 물론 공간이 무척 넓어 치료 센터에서 소장하고 있는 모든 책을 잡지 서가와 같이 생긴 서가에 배치하는 것도 가능하고, 아니면 치료사가 10권 내외의 책을 미리 골라 배열한 뒤 고르게 하는 것도 한 방법이겠으나, 이는 효율성이라는 측면에서 볼 때 불가능하거나 순수하게 내담자 및 참여자의 결정이 반영된 결과는 아니라고 생각된다.

(3) 내담자 및 참여자가 쓴 글을 사용할 경우

독서치료에서는 다른 사람이 만들어 낸 문학작품만을 활용하지 않는다. 즉 치료에 참여하는 대상이 쓴 글을 사용하기도 하는데, 이는 매우 민감한 사안일 수 있다. 심리치료에는 '직면'이라는 개념이 있는데, 이처럼 대상자가 쓴 글을 활용하는 경우는 그들에게 있어 직면과도 같을 수 있다. 따라서 치료 초기보다는 어느 정도 힘이 회복되었다고 판단되는 중기 이후에 활용하는 것이 바람직하겠다.

2) 어떤 장르와 미디어를 사용할 것인가?

독서치료에 있어 여러 장르를 두루 활용할 수 있다는 점은 치료사에게 있어 약이자 독일 수 있다고 했다. 하지만 여러 매체를 잘 알고 있다면 당연히 약이 되는 면이 많겠으나, 그렇다고 해도 치료 때마다 어떤 장르의 매체를 선택할 것인가에 대한 이슈는 남는다.

그 가운데 시는 노랫말을 포함하며 은유와 상징이라는 두 요소를 통해 여러 사람들에게 정돈되고 함축된 자료가 될 수 있으며, 인물을 소개하는 기사 등의 사실적 정보 자료들은 필요한 정보를 채워주는 데에도 도움이 될 수 있다. 또한 단편이나 우화, 소설, 희곡, 시나리오, 판타지 작품 등은 상상에 기초해 저항을 줄이고 객관적인 입장에서의 반응을 풍부히 이끌어 낼 수 있도록 돕기도 한다. 때문에 각 장르와 매체별 차이를 알고 치료사는 내담자 및 참여자, 치료 목표 등을 고려한 선택을 할 필요가 있다.

4. 독서치료 자료의 제시 방법

독서치료에서는 선정된 문학작품이 어떤 것이냐에 따라 제시하는 방법 또한 달라진다.

1) 읽기 자료

읽기 자료는 제시하는 방법이 크게 두 가지이다. 하나는 내담자 및 참여자가 미리 읽어오도록 제안하는 것이고, 또 다른 하나는 치료 장면에서 직접 읽어 주거나 함께 읽고 시작을 하는 것이다. 일반적으로 독서치료에 대해 소개하는 이론 서적을 보면 읽기 자료는 읽고 오도록 하는 것이 좋다고 하는데, 물론 그렇다. 왜냐하면 미리 읽어 보면서 자신에 대해 한 번 더 생각해 볼 수 있는 기회를 가질 수가 있기 때문에. 그러나 현장에 나가보면 치료사의 제안에 따라 주어진 분량을 읽고 오는 사람은 그렇게 많지가 않다. 왜냐하면 어떤 어려움을 겪고 있는 사람들의 대부분은 생활환경이 썩 좋지 못한 경우가 많다. 아이들로 예를 든다면 집의 경제사정이 좋지 않아 치료사가 제시하는 책을 모두 구입해서 읽기에 어려운 것은 물론, 한 부모 가정이거나 조손 가정인 경우도 많아 도서관에서 그 때 그 때마다 빌려다 보는 것도 쉽지 않은 경우가 많다. 치료비를 충당하기에도 빠듯한 실정이니 다른 부분까지 신경을 쓰는 것이 얼마나 어렵겠는가. 이런 상황은 청소년이나 어른들도 마찬가지다. 그들은 '바쁘다'는 한 마디면 입장에 대한 이해가 빠를 것 같다. 치료에 빠지지 않고 제 시간에 와 주는 것만으로도 고마울 지경이니, 도움이 될 거라며 두꺼운 책을 한 권씩 내밀어 주는 것이 과연 적절한 선택인지 생각을 한 번 해보자. 오히려 치료 시간에 함께 읽고 풀어낼 수 있는 자료를 고르는 것이 더 바람직하지 않을까? 숙제를 하지 않으면 학교에 가는 것이 부담되는 것처럼, 제시한 책을 읽지 못했다면 치료 장면에 오는 것도 버거울 수 있다. 그래서 필자는 두 번째 방법을 더 좋아하는 편이고, 대상에 따라 책을 원활히 읽을 수 있다면 추가로 볼 수 있는 자료의 목록을 만들어 제시하고는 한다.

2) 영상 자료

치료 장면에서 영상을 활용하려면 몇 가지 장비가 필요하다. 요즘에는 외부 기관들도 컴퓨터(노트북)와 빔 프로젝터를 활용할 수 있는 곳이 많아서 비교적 편리하지만, 만약 그렇지 않다면 프로젝션 텔레비전 등과의 연결이 필요하다. 이런 장비들만 준비가 된다면 영상 자료는 함께 보는 것으로 제시를 하면 되는데, 이처럼 영상은 장비가 갖추어져 있어야만 활용할 수 있기 때문에 치료사는 치료를 위한 전문적 시설이 갖추어진 센터가 아닌 외부 기관에서 치료를 진행하는 경우, 그곳의 환경을 미리 파악해 볼 필요가 있다.

3) 음악 자료

음악 자료 역시 영상에 비해 훨씬 간단하지만 장비가 필요하다. 스피커가 있는 컴퓨터나 MP3 플레이어, CD 플레이어 등이면 충분하고, 필요한 시점에 함께 들어보는 것으로 제시를 한다.

4) 내담자 및 참여자가 쓴 글

내담자 및 참여자가 쓴 글은 그들이 직접 치료 장면에 가져와야 하는 차이가 있다. 따라서 치료사는 미리 어떤 내용의 글이 있는지 파악할 수 있다면 파악을 해둘 필요가 있으며, 그 글들이 도움이 될 거라는 판단이 들 때 활용하면 된다. 그런데 이 경우에는 치료사가 갖고 있으면서 필요 시 제시하기보다는 내담자 및 참여자에게 잊지 않고 챙겨 올 것을 종용해야 하기 때문에, 적정 타이밍에 활용하지 못할 가능성도 배제하지 말아야 한다. 만약 적정 타이밍 혹은 조금 늦게라도 가져 온다면, 그것을 내담자 및 참여자 스스로가 읽게 할 것인지 아니면 치료사가 읽어줄 것인지는 맥락에 따라 달라질 수 있는데, 일반적으로는 내담자 및 참여자 스스로가 읽게 하는 것이 좋다.

5) 실물 자료

실물 자료 또한 내담자 및 참여자가 직접 가지고 와야 하는 것이다. 따라서 미리 공지를 한 뒤 가져오게 해서 적정 시점에 활용을 하면 되겠다. 실물 자료 역시 쓴 글과 마찬가지로 강한 역동을 불러일으킬 수 있으므로 주의를 기울여야 함은 마찬가지이다.

독서치료에서의 문학작품 활용

3장

Supervision

분야를 막론하고 현대 사회에서는 하루가 다르게 변하는 매체 환경의 변화를 적극적으로 반영하고, 이를 적절히 활용하기 위한 다양한 방안들이 제시되며 적용되고 있다. 특히, 개방된 인터넷 환경에서 얻을 수 있는 엄청난 정보들을 어떻게 활용할 것인가에 대한 논의가 활발히 이루어지고 있으며, 이미 여러 분야들은 이런 정보들을 활용하기 위한 방안들이 쏟아져 나오고 있다. 특히 교육 현장에서는 교수학습의 한 방법으로 다양한 매체들을 활용하고 있는데, 교사가 이에 따른 교육을 시행하기 위해서는 각 매체의 특성이나 한계를 알고, 학생들의 수준에 알맞으며 수준을 넓혀 줄 수 있는 것들을 찾아서 제공해 주어야 한다. 그리고 매체 내용이 조금이라도 다르면 학생들에게 맞도록 편집하거나 변형하고, 나아가 새롭게 만들어서 활용할 수도 있어야 한다. 즉, 각 매체의 특성을 이해해 그 가능성을 확장해 나가고, 각 매체에서 구현될 수 있는 면들을 심각하게 고려할 때, 청각, 영상, 활자 매체를 아우르는 디지털 매체의 멀티미디어 기능을 충분히 활용할 수 있는 셈이다.

　그런데 이런 능력은 교육 분야에만 한정되는 것이 아니다. 교육은 물론 치료(therapy)에도 다양한 매체와 방법 활용을 통해 더욱 큰 효과를 보기 위한 통합적인 측면이 고려되고 있는데, 이 장에서는 '문학작품'의 범주에 이미 다양한 매체를 포함하고 있는 독서치료 분야에서 활용되는 매체와 그 활용 방안을 살펴보려 한다.

l. 읽기 자료

1) 책

독서치료에도 이미 책을 읽는 행위를 의미하는 '독서'가 포함되어 있기 때문에 사람들은 독서치료에서 활용하는 매체로 '책'만을 떠올릴 수 있다. 그러나 책은 정보를 담은 많은 매체 가운데 하나일 뿐이며, 독서치료에서 보다 본질적인 요소는 책 속에 담겨 있는 '치료적 정보'와 '독서과정(reading process)'이다. 이는 곧 만약 치료적 정보가 책이 아닌 영상이나 인터넷 기반의 하이퍼텍스트(hypertext)에 담겨 있다면 독서치료에서도 그런 매체를 활용할 것이라는 뜻이다. 따라서 독서치료를 좀 더 포괄적인 용어로 표현하자면 '치료적 정보를 활용하는 독서행위 치료'라고 해야 할 것이다.

책을 포함한 읽기 자료(인쇄 자료)는 독서치료 장면에서 가장 많이 쓰이는 매체이다. 이 영역에 포함시킬 수 있는 자료들은 신문이나 잡지의 기사, 브로슈어나 팸플릿 등 정보를 주는 자료와, 가장 폭넓은 층의 사람들에게 정돈되고 함축된 상태로 어떤 경험에 대해 표현하고 있는 시와 노랫말, 그리고 단편, 우화, 소설, 희곡, 판타지 등의 상상에 기초한 산문, 기타 글 등 다양하다. 말 그대로 인쇄된 형태로 나온 자료들은 다 활용이 가능하다고 보면 되는데,

그 중에서도 책은 가장 중요한 매체임에 틀림없다.

그렇다면 독서치료 장면에서 책을 어떻게 활용하면 될까? 이미 우리는 앞서 자료를 제시하는 방법, 같은 책을 함께 읽은 뒤 상호작용을 나눈다는 이야기를 만나봤다. 다만 상호작용을 위해 필요한 발문법에 대해서는 상세히 이야기 하지 않았는데, 이미 그 부분은 다른 이론 서적들이 훌륭히 다루고 있으니 간단히만 살펴보고 넘어가려 한다.

발문법은 치료사가 내담자 및 참여자의 동일시, 카타르시스, 통찰을 촉진해 결국 문제 해결을 돕기 위해 던지는 의도적이면서도 계획된 접근이다. 따라서 네 개의 단계 또한 이미 정해져 있는데, 그것은 동일시를 촉진하는 발문, 카타르시스를 촉진하는 발문, 통찰을 촉진하는 발문, 내 삶 적용을 위한 발문이다. 이 가운데 동일시와 카타르시스, 통찰의 원리는 분석심리학에 기반을 두고 있는 것으로, 내담자 및 참여자가 선정한 자료에 동일시를 할 수 있어야 카타르시스도 느낄 수 있으며, 나아가 통찰에도 이르게 된다는 흐름을 갖고 있는 구조이기도 하다. 내 삶 적용을 위한 단계를 제외한 세 개의 발문에는 각각 '텍스트 수준에서의 발문'과 '내담자 수준에서의 발문'이 포함된다. 이는 먼저 선정한 자료 수준에서 물음을 던지고, 이어서 내담자 측면에서 접목해 생각하고 느껴 볼 수 있도록 하는 것으로, 각 단계마다 변환이 적절히 이루어진다면 내담자 및 참여자들은 자신의 이야기를 하고 있는 것도 못 느낀 채 어느덧 자신의 이야기를 털어놓게 된다. 따라서 독서치료사들은 문학작품을 선정하는 일 못지않게 끊임없이 발문에 대해 연구하고 실습을 해야 한다.

2) 시

시는 '상징'과 '은유'라는 두 가지 요소 때문에 치료 장면에서 자주 활용된다. 미국에서는 '시 치료'라는 말이 더욱 대중적으로 쓰이는데, 이런 면만 봐도 시가 갖고 있는 치료적인 가치가 얼마나 큰지 알 수 있다. 치료 장면에서 시를 사용하면 우선 짧은 시간 내에 함께 나눌 수 있다는 장점이 있다. 왜냐하면 아무리 긴 시라고 해도 5분 이내에 읽을 수 있기 때문이다. 때문에 내담자 및 참여자들은 읽기에 대한 부담을 덜어낼 수 있다. 시 자료를 사용했을 때 이어지는 활동도 다양한데, 모방 시를 쓰거나 이미지 형상화하기, 협동 시 쓰기 등이 많이 쓰이는 활동들이다.

3) 노랫말

노래에서 곡을 떼면 시만 남는다. 따라서 시와 같은 방법으로 활용하면 되는데, 혹시 노래 전체를 활용한다면 곡의 분위기를 고려할 필요가 있다. 실제 노래 중에는 가사만 활용했을 때와 느낌이 너무 달라지는 것들이 있는데, 만약 이런 경우라면 곡 전체보다는 가사만 활용하는 것이 좋다. 세부적인 활동은 시와 같은 방법으로 하면 된다.

4) 신문 및 잡지의 기사

신문이나 잡지의 기사 중 어떤 인물을 소개하는 내용은 마치 영상 매체에서 다큐멘터리를 보는 듯한 느낌을 불러일으킨다. 특히 그 대상이 연예인 등의 거리가 느껴지는 사람이 아닌 우리의 이웃이라면 더욱 말이다. 따라서 이런 글을 잘 선정해서 활용하면 상상에 기초한 산문들에서보다 더 큰 동일시를 유발해 낼 수 있다. 그러나 그만큼 주의도 해야 한다.

5) 대본 및 시나리오 등

드라마나 영화의 대본은 치료 장면에서 역할극을 할 때 유용하게 쓰일 수 있다. 이 방법은 책을 읽으며 주인공의 모습을 지켜보고 대리 동일시를 느끼는 것과는 달리, 직접 그 역할 속으로 들어가 연기를 해보는 것이므로 훨씬 깊이 있는 동일시를 이끌어 낼 수 있을 것이다. 하지만 이런 역할극 등은 내담자 및 참여자들이 충분히 준비가 되어 있을 때 활용해야 하는 것이지, 치료사의 필요에 따라 섣불리 시도를 했다가는 상처를 헤집어 놓는 결과만 초래할 수도 있다.

2. 영상 자료

영화와 드라마, 광고 등으로 대표되는 영상 매체를 활용한 치료들은 독서치료에 그 뿌리를 두고 있다. 최근 우리 사회에는 언제 어디서나 영상을 손쉽게 볼 수 있는 매체와 통신 환경이 발달을 해, 독서보다는 영상에 심취해 있는 분들이 많다(특히 아동 및 청소년들). 따라서 영화치료 등 영상을 매개로 한 치료들도 활발히 연구되고 있는데, 이번 장에서는 영상을 통해 보여주는 시각적인 은유를 통해 감동은 물론 자신의 삶을 가치 있게 재정립하는데 큰 도움을 주고, 특히 정서적으로 접근하기 어려운 대상들에게 유용한 매체가 되며, 나아가 직접적인 행동 역할 모델이 되어주는 주인공과 등장인물들이 있기 때문에 두려움을 극복하고 행동 변화를 꾀할 수 있는 힘도 제공해 주는 영상 매체에 대해 하나씩 살펴보려 한다.

1) 영화

책과 영화는 모두 생각을 변화시키고 재구성하며 상식화하고, 교육하는 데 사용될 수 있다(Dermer & Hutchings, 2000). 그러나 시간을 절약하고 보다 살아있는 느낌으로 생생한 효과를 볼 수 있다는 측면에서 책보다 영화가 더 큰 장점을 가지고 있다. 또한 영화는 '난독

증'과 같이 문자에 약한 환자나 문자해독력이 서투른 아동 및 청소년들에게 훨씬 더 효과적이다. 영화치료는 독서치료보다 시간이 절약되고 사람들과 더 가깝게 만날 수 있는 매체라는 장점도 있다. 영화치료는 영상이라는 공통 매개체를 활용하기 때문에 번역 서적에서 볼 수 있는 문화적 이질감을 극복할 수 있을 뿐 아니라, 다른 예술치료보다 핍진성(verisimilitude : 수용자가 내용을 사실처럼 있음직한 이야기로 받아들이는 정도)이 강하고 시각과 청각 문자언어를 동원하므로 수용자의 지각에 강한 영향을 주는 장점이 있다(Dermer & Hutchings, 2000; Helsey & Helsey, 1998; Wedding & Boyd, 1997 재인용).

영화는 다른 어떤 매체보다 마술적인 효과를 가지고 있다. 영화는 자신의 삶을 좀 더 깊이 조망하고 관점의 변화를 일으키는 매체로서, 영화를 통해 우리는 자신의 문제로부터 일정한 거리두기를 함으로써 관찰자적 입장에서 자신을 외재화 하여 현실에 있을 때보다 더 건강한 관점에서 문제를 볼 수 있게 해준다. 그리하여 영화 관람자는 의식적으로 영화를 관람하는 동안 자신의 문제로부터 일정한 심리적 거리를 유지하게 되어 자신이 가지고 있는 불안, 걱정 등의 부정적인 감정으로부터 벗어날 수 있게 되는 것이다(심영섭 역, 2006).

또한 영화는 우리 사회의 모습을 있는 그대로 비추어 주는 거울과 같은 역할을 한다. 영화 속 인물이나 사건은 우리 주변에서 볼 수 있는 대상들로, 영화를 보면서 우리는 소외감에서 벗어날 수 있고 주인공과의 동일시를 통하여 자신의 문제에 대한 해결방안을 강구하게 된다. 또 미처 깨닫지 못했던 대인관계의 특징을 인식하게 해주기도 하고 현실에서 억압하여 무의식 속에 넣어 두었던 욕구를 시각적 충동을 통하여 외부로 분출할 수 있도록 도와준다.

또 영화 속 인물들에 대한 투사 과정을 통하여 우리 자신을 이해하고 내적인 힘을 키울 수 있도록 해준다(서정임, 2006). 영화 속에 녹아 있는 삶의 이야기가 나의 이야기로 재구성되고 재 상영될 때, 영화는 스크린에서 돌아가는 단순한 영상이 아니라 우리의 삶 그 자체로 재탄생되며, 여기에 영화치료의 효용성은 더욱 더 증가하게 되는 것이다(이혜경, 2002).

한편 청소년을 대상으로 했을 경우 영화는 청소년들의 창의적인 잠재력을 표출시키고 사고적인 상담과정 속에서 자신의 능력을 배양하고, 역할연기를 통하여 의사소통능력 및 사회성을 발달시키는 치료적인 효과를 보여준다(이혜경, 2002).

이러한 영화의 다양한 치료적 효과 중에서 특히 자신의 문제를 적당한 거리에서 본 후 관점의 변화를 일으키도록 하는 효과는, 청소년들의 분노를 가중시키는 생각을 바꾸어 주고 타인을 이해하는 데 보다 쉽게 접근할 수 있도록 도와준다. 또 주인공에 대한 동일시 및 모델링을 통한 관찰학습효과 역시 분노를 표현하는 올바른 기술과 긍정적인 방향으로의 의사표현능력을 향상시켜, 분노라는 부정적인 감정을 보다 효율적으로 분출할 수 있도록 해준다. 그리고 자신의 잠재력을 표출할 수 있게 하여 자신의 긍정적인 면을 새롭게 발견하는 과정을 통해 상처받은 자존심을 회복할 수 있도록 도와준다.[1]

---

1) 최영희(2008), 「영화를 활용한 분노조절 프로그램이 중학교 남학생의 공격성에 미치는 효과」, 연세대학교 교육대학원 상담교육전공 석사학위논문에서 재인용.

Hesley와 Hesley(1998)는 심리치료에 있어서 영화 감상을 활용 할 때 유용한 점을 다음의 여덟 가지로 요약하였다.

① 치료 계획에 도움을 준다.
② 희망과 용기를 제공한다.
③ 문제를 재구조화 시킨다.
④ 역할 모델을 제공한다.
⑤ 내적인 자원을 파악하고 강화시킨다.
⑥ 정서를 증대 시킨다.
⑦ 의사소통을 증가시킨다.
⑧ 내담자가 가치의 우선순위를 매길 수 있도록 도와준다.[2]

2) 드라마

드라마는 우리의 삶을 주된 소재로 삼아, 등장인물들로 하여금 연기로써 다시금 시청자들에게 보여주는 텔레비전의 한 장르이다. 이런 드라마는 우리들의 삶을 진지하고도 의미 있게 표현해 내는데, 이를 통해 내담자들은 공감을 통한 동일시, 카타르시스, 통찰의 과정을 경험할 수 있다. 특히 드라마는 영화와 마찬가지로 대사를 통해 내용을 전개시켜 나가기 때문에, 치료 장면에서 역할극 등의 심리극을 활용하는 데 유용하다.

---

2) 주순희(2008), 『영화를 통한 심리 분석』, 국립중앙도서관 2008 독서치료과정 전문교육교재, p.142.

3) 다큐멘터리

매년 5월 MBC-TV에서는 「휴먼 다큐-사랑」이라는 프로그램을 방영해 큰 호응을 얻고 있다. 이 다큐는 일반적이지 않은 우리네 이웃들의 이야기였지만, 많은 사람들에게 진정 사랑한다는 것이 무엇인지에 대해 다시금 생각해 볼 수 있는 계기를 만들어 준다. 이처럼 다큐멘터리는 실제 일어나고 있는 일이나 사건을 정확하게 전달해 주어, 현실성과 동시에 충격을 느낄 수도 있는 매체이다. 하지만 영상과 자막, 내레이터가 들려주는 내레이션에 의해 상황을 접하기 때문에, 독서치료에서 활용되는 문학작품의 특징 가운데 하나인 거리감을 제공한다. 이는 글이 아닌 영상이기 때문에 더욱 충격적일 수 있는 장면들을 한 번 걸러주는 역할을 하는 기재들이다. 독서치료 장면에서 활용할 수 있는 다큐멘터리는 KBS에서 방송되고 있는 다큐 미니시리즈 「인간극장」, 역시 KBS를 통해 방송됐던 「병원 24시」, EBS에서 방송되고 있는 「휴먼 다큐 다큐 인」이 있고, 「추적 60분」이나 「그것이 알고 싶다」 등의 뉴스 다큐멘터리도 상황과 대상에 따라 충분히 활용할 수 있다.

4) 광고

텔레비전을 대표로 하여 인터넷, DMB, 신문, 거리 등에서도 흔하게 볼 수 있는 광고는, 이제 시대상을 반영하고 주도하는 하나의 코드이자 트렌드가 되고 있다. 특히 10대 및 20대들은 감각적이면서도 빠른 광고에 쉽게 동화되는 경향이 있어 그만큼 영향도 많이 받는데, 일방적으로 수용만 해야 하는 매체의 특성을 잘 활용하면 오히려 쌍방향으로 소통할 수 있는 가장 유용하고도 강력한 매체가 될 수도 있다.

예를 들어, 이미 방송을 통해서는 볼 수 없지만 자아정체감 형성기에 있는 청소년들에게는 SKT의 「나는 T다」와 같이 자신을 규정하고 표현하는 주도성을 내포한 광고를 활용해 스스로를 규정해 볼 수 있도록 도울 수 있고, KTF의 「SHOW를 하라」를 통해서는 집단 프로그램인 경우 초기 라포(친밀감, 신뢰감) 형성을 위한 활동으로 연결할 수도 있겠다. 더불어 기업의 이미지 광고 등은 잔잔한 감동을 주는 내용들도 많이 포함되어 있어, 대상을 막론하고 두루 활용할 수 있겠다.(예 - 「오리온 초코파이 정」, 「교보생명보험」, 「박카스」 등)

5) 뮤직비디오 등

뮤직비디오는 음악이 담긴 영상, 영상으로 표현한 음악의 속성을 띠고 있어 영상 자료에 분류를 했다. 최근 가수들은 음악 발표와 동시에 뮤직비디오 또한 제작을 해서 공개를 하고 있는데, 감각적인 영상의 구성으로 특히 아동 및 청소년들의 취향에 부응을 하고 있음은 물론이고, 때로는 감동까지 주고 있다. 그래서 종종 활용하고 있는데, 대표적으로 소개하고 싶은 작품은 가수 싸이의 「아버지」이다.

3. 음악 자료

음악은 국경이 따로 없는 전 세계의 언어로서, 많은 이들의 상처와 아픔을 치유해 주는 힘을 갖고 있다. 그런 속성 때문인지 독서치료보다 훨씬 앞서 하나의 치료 분야로 자리를 잡고 있는데, 이번에 소개할 자료는 바로 그 음악이다.

1) 대중가요

현 세대는 대중가요를 그저 음악이라기보다는 보고 즐기는 하나의 오락적 요소로 여기는 경향이 있다. 물론 음악은 즐거움을 주기 위한 측면도 있지만, 과거 우리에게 대중가요가 미친 영향력을 생각하면 확실히 가벼워진 것은 사실이다. 적어도 삶의 한 장면에서 오버랩하며 울고 웃게 만드는 힘은 잃었으니 말이다.

앞서 이야기 했듯 노래는 곡을 제외하고 가사만 활용하기도 한다. 그러나 음악 자료로 쓸 때는 당연히 곡 전체를 활용하는 것이다. 만약 선정한 노래를 내담자 및 참여자가 알고 있다면 함께 불러보는 것이야말로 가장 적절한 활동이라 생각한다. 왜냐하면 가사를 눈으로 읽을 때보다 더 빨리 감정이 움직일 테니 말이다.

2) 종교음악

찬송가나 찬불가 등 특정 종교를 위한 음악들도 독서치료 장면에서 활용이 가능하다. 다만 이런 경우는 내담자 및 참여자가 특정 종교를 갖고 있는 경우이거나, 종교적 교리를 바탕에 깔고 진행하는 독서치료인 경우일 것이다. 따라서 만약 독서치료사가 특정 종교를 믿고 있지 않은 무신론자이거나, 서로 다른 배경의 종교를 신봉하고 있다면 치료 장면에서 종교음악을 활용하기는 쉽지 않을 것이다. 물론 치료에 도움만 된다면야 내담자 및 참여자를 위해 노력을 할 수도 있지만 말이다.

3) 명상음악 및 경음악 등

한동안 우리 사회에도 명상음악을 담은 음반 출간이 유행을 한 시절이 있었다. 급변하는 사회 속에서 '느림'을 추구하고, 외적인 면 못지않게 내적인 면을 다스릴 필요도 있음이 화두로 떠올랐을 때였던 것 같은데, 명상음악도 하나의 특정 색깔을 띨 수도 있는 특성이 있다. 따라서 피아노 등의 악기로만 연주된 깔끔한 느낌의 음악 등을 활용하는 것도 좋겠다. 필자가 자주 활용하는 음악은 피아니스트 '이루마'나 '유키 구라모토' 등의 음반이다.

4. 내담자 및 참여자가 쓴 글

내담자 및 참여자가 쓴 글을 치료 장면에서 활용하려면 치료사로서는 우선 그들이 써 놓은 작품이 있는지를 알아야 한다. 더불어 언제 어떤 이유 때문에 쓴 것인지, 그 안에는 어떤 내용이 담겨 있는지도 알아야 하며, 나아가 치료에 어떤 도움을 줄 것인지에 대한 파악도 해봐야 한다. 그런 뒤 이 작품이야말로 다른 유명한 작가들이 쓴 책들보다도 훨씬 치료에 도움이 된다는 판단이 서면, 내담자 및 참여자가 그 작품을 가져오게 해야 한다. 물론 집단 독서치료인 경우에는 과연 참여자의 작품 한 편을 두루 활용할 수 있을지에 대한 면부터 고민을 해봐야겠지만, 개인 독서치료인 경우에는 얼마든지 가능하다. 그러니 잊지 않고 가져오게 한 뒤 치료사가 먼저 꼼꼼하게 읽어본 다음 활용을 하거나, 아니면 사전에 이야기를 들어보고 바로 적용을 해서 활용을 하는 것도 괜찮겠다. 물론 내담자 및 참여자들이 어떤 상황을 겪었을 때 써놓은 글이 없다면 전혀 고려할 필요도 없는 부분이다. 또한 치료 장면에서 함께 글을 쓰기도 하니 그렇게 생산된 글을 활용하는 것도 한 방법이다.

5. 실물 자료

　필자가 그동안의 치료 작업 중에 활용해 본 실물 자료는 '사진'과 '몇 개의 소품' 정도였다. 왜냐하면 실물 자료 역시 내담자 및 참여자들이 직접 챙겨 와야 하는 수고로움이 있어서 간단하지 않으면 제안을 하는 것이 어렵기 때문이다. 게다가 무엇인가를 챙겨 와야 하는 일은 늘 잊어버리는 작용을 초래하는지, 정작 잘 챙겨 놓았다가도 프로그램실에 올 때 잊고 오는 경우도 많다. 그래서 몇 번씩 당부를 하는데, 특히 '사진'은 누구에게나 추억의 한 장면을 담고 있기 때문에 역동을 자연스럽게 불러일으켜 주는 매체가 된다. 또한 '몇 개의 소품'들은 이를 테면 어머니를 떠올릴 수 있는 물건 가운데 하나, 내가 가장 아끼는 물건 가운데 하나 정도의 범위이다.

　실물 자료를 활용할 때에는 실물이 손상되지 않도록 주의를 기울일 필요가 있으며, 실물을 가져온 내담자 및 참여자가 자유롭게 만지거나 모두 돌려보는 것에 대해 허락을 하면 그때 두루 보게 하는 것이 좋겠다.

독서치료를 위한 문학작품의 실례

4장

이 장에서는 필자가 그동안 틈틈이 모아 놓고 치료 장면에서 활용했던 문학작품들을 장르별로 나누어 한 편 한 편씩 소개하고자 한다. 그 가운데 도서에 대한 소개는 2004년도부터 인터넷 교보문고 내 북로그에 써두었던 서평을 중심으로 했으며, 영화 역시 마찬가지 공간에서의 기록을 바탕으로 했다. 또한 시와 노랫말, 짧은 글들은 이런 저런 경로로 모아두었던 것을 다시 꺼내어 정확한 출처를 찾아 정리한 뒤 수록을 했다.

한 편 한 편의 작품들을 만나가다 보면 아마 독서치료를 시작한 지 얼마 되지 않은 치료사들, 도움이 될 만한 소개 목록이 필요한 분들에게는 이런 구성이 적절해 보이지 않을 수도 있다. 그러나 어떤 하나의 작품을 어떤 대상에게 어떤 문제가 있는 경우에만 활용하라는 법은 절대로 없다. 따라서 각자 상상력을 발휘해 자유롭게 활용하시라는 의미에서 불친절해 보일 수 있는 선택을 한 것이니 양해해 주시기 바란다. 즉 도서 한 편만으로도 서로 다른 어려움을 겪고 있는 백 명의 사람을 도울 수도 있고, 어떤 시 한 편은 딱 한 사람만을 위한 자료일 수도 있다는 이야기이다. 다만 어느 정도의 구분은 필요할 듯 싶어 자료 별, 연령대 별 구분은 지어 놓았다. 또한 최근에 쉽게 구할 수 있는 자료보다는 고전처럼 오랜 기간 동안 두고 활용할 수 있는 작품들 위주로 소개를 할 예정이니, 쉽게 구할 수 없는 것들은 찾아보는 노력도 기울이셨으면 한다.

필자로서는 오랜 시간 닫아 두었던 보물창고를 열고 있는 셈이니, 여러분들도 이후 작품을 읽어 나가다가 좋은 자료를 발견하신다면 필자에게도 기꺼이 나누어 주셨으면 하는 바람 또한 가져본다.

I. 도서 자료

1) 그림책

(1) 『피아노 치기는 지겨워 / 다비드 칼리 글, 에릭 엘리오 그림, 심지원 옮김 / 비룡소』

어린 시절을 시골에서 보낸 내가 지금의 나이에 와서 아쉬운 점 하나는, 학교 음악 시간에 익힌 악기 이외에 제대로 된 악기를 전혀 배울 수 있는 기회가 없었다는 점이다. 1시간을 기다려도 고작 한 대 밖에 다니지 않던 버스를 타고도, 다시 1시간여를 나가야 닿을 수 있었던 읍내. 매일 그 길을 왕복하며 학원을 다니기는 어려웠기에, 초등학교 때는 거의 학원이라는 것을 모르고 살았다.

때문에 아직도 기회가 되면 악기를 하나 배우고 싶은 마음이 굴뚝이고, 1순위는 당연히 '피아노'가 될 것이라고 생각은 하지만, 피아노 치면 잘 어울릴 것 같다는 가늘고 긴 손가락으로 이렇게 컴퓨터 자판만 열심히 치고 있으니 언제쯤 그 꿈을 이룰 수 있을지 궁금하기만 하다.

하지만 이 책의 주인공 마르콜리노는 피아노 연습을 정말 지겨워한다. 그래서 엄마의 감시가 소홀해지면 텔레비전 앞으로 달려가는데, 채 1분도 되지 않아 다시금 제자리로 돌아가고는 한다. 왜냐하면 엄마가 그토록 되고 싶었던 훌륭한 피아니스트의 꿈을 대신 이루어 주기 위해서. 훌륭한 카레이서, 훌륭한 소방관, 훌륭한 마술사, 훌륭한 미술가, 훌륭한 곡예 비행사, 훌륭한 해적, 훌륭한 태권도 선수 등 훌륭한 피아니스트를 제외한 꿈들을 뒤로 한 채 말이다. 그럴 때마다 피아노는 높은 검은 벽처럼 느껴지고, 주먹으로 내리치며 소리를 지르고 싶게 만든다.

그러던 어느 날, 매일 똑같이 할아버지와 함께 우주 박물관에 갔을 때, 마르콜리노는 집에서 훌륭한 피아니스트가 되기 위한 연습을 하는 것보다, 똑같은 우주 박물관에 가는 것이 훨씬 좋다는 말을 통해, 자신이 하고 싶지 않은 일을 엄마를 위해서 하고 있음을 내비친다. 이에 사태를 짐작한 할아버지는 일요일 마르콜리노와 엄마를 초대한 자리에서 엄마의 어릴 때 사진을 통해, 사실 엄마도 피아노 치기를 무척 싫어했음을 밝힌다.

다음 날, 세상에는 피아노 이외에도 무수히 많은 악기가 있음을 알게 된 마르콜리노는 '튜바'라는 악기를 골라 열심히 연습을 시작한다. 왜냐하면 훌륭한 튜바 연주자가 될 수도 있으니까.

우리는 누군가에게 어릴 적 꿈에 대해 많이 묻는 편이다. 그런데 대답을 들어 보면 그 때의 꿈을 이룬 사람은 거의 찾아볼 수가 없다. 대신 부모님께서 권해준(사실은 강요한) 일이나, 사회적 수준을 고려해 선택한 것들이 대부분이다. 그렇기 때문에 자신이 현재 하고 있는 일에 대한 만족도가 상당히 떨어지는 편이다. 어느덧 직업은 먹고 살아가기 위해 어쩔 수 없이 하는 일, 그런 수준으로 전락되어 있고!

자, 그렇다면 이제 내가 진정 하고 싶은 일이 무엇인지 다시 생각해 보자. 그런 다음 용기를 내어보자. 진정한 자아실현을 위해서 말이다. 더불어 한창 다양한 꿈들을 떠올리며 저울질 하고 있는 아이들에게는, 그 가운데 정말 자기에게 잘 맞고, 더 원하는 것이 무엇인지를 가늠할 수 있게 도와주자. 아이들은 어른들의 꿈을 대신 이루어주는 역할을 하는 배우가 아니다. 그들이 갖고 있는 '꿈'이 늘 푸른색을 유지할 수 있게 도와주는 것, 그것이 바로 우리 어른들의 몫이다.

(2) 『아름다운 가치 사전 / 채인선 글, 김은정 그림 / 한울림어린이』

이 세상에서 가장 으뜸인 가치를 갖고 있는 것은 무엇일까요? 사람들은 저마다 가치관이라는 것을 갖고는 있지만, 이렇게 질문을 하면 참 대답이 어려울 것 같다. 어떤 사람은 '행복'이라는 답을 할 테고, 또 다른 사람은 '사랑'이라고 답을 할 수도 있으며, 또 어떤 사람은 '믿음'이라고 말할 수도 있으니. 역시 주관적인 해석을 내릴 수밖에 없는 주제이자 질문인데, 어쨌든 우리는 함께 어울려 살아가야 하기 때문에 이런 가치들을 알아야 한다. 왜냐하면 가치들을 그야말로 가치 있게 사용할 수 있어야 아름다운 세상이 만들어지기 때문에.

이 책에는 아름다운 가치로 명명된 24가지가 가지런히 정리되어 있다. 또한 이 사전을 200% 활용하는 방법도 소개되어 있다. 그런데 한 가지 한 가지를 만날 때마다 참 친절하다는 생각이 들었고, 결국 보람과 행복을 느끼게도 되었다. 결국 작가는 이 한 권의 책을 통해서 독자들에게도 이미 여러 가치를 경험하게 해주는 셈이다.

아이들은 부모가 해주는 칭찬을 자양분으로 삼아 잘 성장해 나갈 수 있음은 이미 우리 모두가 알고 있는 사실이다. 더불어 좋은 책 역시 긍정적인 에너지원이 될 수 있다고 생각하는데, 이 책은 두 가지 측면 모두에 기여할 수 있을 것 같다. 물론 이 외에도 많은 가치가 있을 것이므로, 먼저 아이와 함께 이 책에서 소개해주는 가치들을 체득하고, 나아가 새로운 가치를 찾아 나서면 어떨까?

(3) 『엄마를 내다 버릴 테야 / 마사 알렉산더 지음, 서남희 옮김 / 보림』

올리버는 이제 곧 동생을 맞이하게 된다. 그런 변화는 점점 불러 오는 엄마의 배를 보면서 뿐만 아니라, 그동안 나만을 생각하고 위해주던 엄마의 태도가 변하는 데에서도 확인할 수 있다.

"엄마, 내가 쓰던 의자를 왜 새로 칠해?"
"아기가 태어나면 주려고 그러지."
"아기 준다고? 그래도 그건 내 의자잖아. 그리고 내가 쓰던 침대도, 그것도 새로 칠할 거야? 내가 쓰던 장난감들도 다! 나한테 한 번도 안 물어보고."

이 내용은 에즈라 잭 키츠의 작품 「피터의 의자」를 떠올리게 하는데, 엄마는 올리버에게는 한 마디 상의도 없이 이제 쓰지 않을 거라는 나름대로의 판단에 따라 물건의 주인을 바꾸려 한다. 하지만 그동안 애착 대상이었던 물건들을 눈 뜨고 보는 앞에서 빼앗기게 된 올리버는 다 필요한 곳이 있다며 화를 낸다. 아직 태어나지도 않은 동생이 엄마를 다 차지해 버렸다며 말이다.

급기야 올리버는 엄마가 싫다며 쓰레기통에 던져 버린 뒤, 뚜껑을 덮고 막대기로 때리기도 하며, 쓰레기장에 내다 버리고 싶다는 말까지 한다. 하지만 더러운 곳에 버리지 말아달라는 엄마의 말에,

이내 자신이 대신 나가 오두막이나 천막에 살겠다고 한다. 이때까지는 엄마가 동생이 생기면서 더 이상 자신을 사랑하지 않는다고 느꼈기 때문이다.

하지만 올리버가 없으면 너무너무 슬프고 외로울 것이며 불쌍해질 거라는 엄마의 말에, 올리버가 있어야 엄마를 도와줄 수 있는 일이 많다는 말에 마음을 바꾼다. 이는 엄마가 변함없이 자신을 사랑하고 있고, 게다가 해줘야 할 일이 있다는 점도 확인을 시켜줌으로써 존재감을 느낄 수 있게 해 준 부분이다.

원하지 않는 동생을 맞이하고, 그동안 자기가 쓰던 물건을 동생에게 빼앗기는 올리버가 엄마에게 하고 싶었던 말은 무엇이었을까? "엄마를 내다 버릴 테야!", 아니면 이 책의 원제인 "동생이 태어나면, 나는 집을 나가 버릴 테야!" 아닐 것이다. 반대로 "제 물건을 동생 것으로 바꾸기 전에 의견을 물어봐 주세요!"나 "제가 엄마나 동생을 위해 해야 할 일이 있나요?"일 것이다.

이 책은 앞서 서평을 썼던 '내가 언제 동생 낳아 달랬어'와 같은 주제를 다루고 있는데, 마찬가지로 그다지 새롭지는 않다. 다만 같은 상황을 현명하게 풀어가는 엄마의 모습이 마치 치료사의 모습과도 같아 재미있었고, 마지막 장면에서 서로 다른 생각을 하는 모습이 미소를 짓게 했다. 이런 특성이 작가 마사 알렉산더가 갖고 있는 힘이 아닐까 싶다.

(4) 『안 돼, 데이빗! / 데이빗 섀논 지음 / 지경사』

이 책을 읽고 나니 「비폭력 대화」라는 책이 다시금 연결되어 생각났다. 비폭력 대화는 말 그대로 폭력성이 담기지 않은 대화를 말하는 것으로, 상대방에게 요구가 아닌 요청을 하는 것으로 마무리가 된다. 즉, 상대방이 선택을 할 수 있는 기회를 주고, 혹여 거절을 하더라도 기분 나쁘지 않게 마무리 지을 수 있는 대화법을 말하는데, 이 책의 제목에서부터 드러나는 것처럼 우리가 그동안 들어왔던 말들은 다분히 폭력적인 것들뿐이었다. 게다가 마땅히 하지 않으면 안 될 요구들뿐이었다.

"안 돼!", "안 돼고 말고!", "안 돼, 데이빗!" 그럼 도대체 되는 것은 무엇일까? 공부를 하루 종일 하는 것, 예절을 지키는 것, 심부름을 잘 하는 것, 집안일을 잘 돕는 것, 친구나 형제와 사이좋게 지내는 것? 물론 그런 것들도 열심히 하면 좋겠지만, 아이들에게는 또 아이들만의 세계가 있다. 어른들처럼 모든 것을 이미 다 알고 있다면, 얌전하게 분위기 파악하며 몇 십 분을 버텨낼 수 있다면, 어디 그것이 아이일 수 있는가? 아이들은 아직 세상에 대해 알아나가는 과정에 있다. 또한 이 과정을 잘 거쳐야 우리와 같은 어른들이 될 수 있다. 그런데 우리는 종종 아이임을 잊어버리는 것인지, 허용적인 분위기가 아닌 강압적인 분위기로 부정적인 결과만을 예상한 채 시도조차 해보지 못하게 한다. 물론 그 정도가 지나치다면 제한 요소가 있어야겠지만 말이다.

그렇다면 이렇게 부정적인 말만 듣고 자란 아이들의 미래는 어떨까? 아마 어떤 일을 쉽게 시도해 볼 용기를 내지 못할 것이다. 왜냐하면 그 결과가 항상 좋지 않을 거라는 예상을 하기 때문에 말이다. 어쩌면 비관주의자가 될 수도 있겠다.

'말 한 마디로 천 냥 빚을 갚는다'는 속담이 있다. 이는 말이 갖는 힘을 비유적으로 표현한 것이다. 어렸을 때부터 긍정적인 말을 듣고 자란 아이와 부정적인 말을 듣고 자란 아이의 미래가 어떻게 달라질 것인지를 굳이 예상해 보지 않아도 되겠다. 그러니 "안 돼!"라는 말 대신 "그래!", "한 번 해볼까?", "다른 방법은 무엇이 있을까?" 등의 단어와 문장을 외워 두라. 몇 마디 단어가 우리 아이의 미래를 바꿔줄 마법을 심어줄 것이다.

(5) 『친구와 싸웠어! / 시바타 아이코 글, 이토 히데오 그림, 이선아 옮김 / 시공주니어』

요즘에는 아이들 싸움이 커져 어른 싸움이 되는 경우도 많다고 하지만, 옛날에는 그렇게 싸우면서 크는 거라고 하면서 어른 싸움이 되는 경우는 거의 없었던 것 같다. 아무튼 아이들 세계에서는 크고 작은 싸움이 많이 일어나는 것이 사실인데, 이 책은 직접 '사과나무'라는 놀이 공간을 운영하는 작가가, 아이들의 모습을 직접 관찰한 뒤 만들어 낸, 실제 경험이 바탕이 된 살아있는 그림책이다.

'다이'와 '고타'. 같은 '놀이 섬(유치원)'에 다니는 둘은 가장 친한 친구이다. 그런데 둘은 어느 날 대판 싸우게 된다. 하지만 고타는 다이보다 더 힘이 세기 때문에 끄떡도 없었다. 그러자 다이는 분해서 엉엉 울며 집으로 가 엄마에게 매달리기도 했다. 그 때 선생님이 찾아와 만두를 먹으러 가자고 재촉했지만, 다이는 물론 엄마도 가지 않았으면 좋겠다는 마음이 들었다. 그런데 현관 앞에 어느새 와 있던 친구들과 고타는 사과를 하며 빨리 오라고 한다. 그러나 다이는 아직 분이 풀리지 않았기 때문에 이 조차도 싫다. 하지만 어머니께서 가져온 만두를 먹으면서 기분이 풀렸다. 그래서 이번에는 다이가 접시를 갖고 '놀이 섬'으로 간다. 물론 고타와 다시 화해를 하지만, 꼭 이기고 싶은 마음은 여전히 남아 있다.

이 그림책은 그림이 무척 강렬하다. 그도 그럴 것이, 표지에 그려진 다이의 몸이 빨간 색이기 때문이기도 하다. 때문에 쭉 째진 눈과 어울려 조금 무섭다는 생각도 드는데, 이 모든 구성이 정말 화가 난 아이의 상황과는 잘 맞아 떨어져, 그 때의 솔직한 기분(감정)을 잘 대변해 주고 있다는 느낌은 든다.

얼마 전 친구네 아들도 유치원에서 다른 친구의 얼굴을 긁어 놓고 왔다는 이야기를 들었는데, 이렇듯 아이들의 세계에서는 크고 작은 싸움이 빈번히 일어나는 것 같다. 그럴 때 현명한 어른의 역할이라면, 서로 사과하고 다시 사이좋게 지낼 수 있는 다리의 역할을 하는 것이라 생각하는데, 이 책은 아이들 스스로 싸운 행동에 대해 생각해 보고, 아울러 사과를 하는 장면으로까지 이어질 수 있도록 도울 것 같다.

(6)『발가락 동그란 청개구리 / 이주용 지음 / 보림』

아마 여러분들은 청개구리 이야기를 다 아실 것이다. 엄마 말씀을 듣지 않고 말썽만 부리며, 늘 시키는 것은 반대로 하던 그 청개구리 말이다. 그런데 결국 그러지 말아야 할 때는 엄마의 말을 그대로 실천을 해버려, 오늘날까지도 비만 내리면 구슬프게 울어 댄다는 그 이야기.

그런데 나는 이 이야기를 다시 떠올리면서 왜 작가가 많은 동물들 가운데 청개구리를 주인공으로 삼았을까 하는 궁금증이 생겼다. 물론 동물들이 이야기의 주인공으로 의인화되어 많이 등장을 하지만, 그런 경우 동물 나름대로의 특징이 동화의 내용을 반영하는 경우가 대부분이다. 그런 면에서 보자니 아무리 생각을 해봐도 말썽을 부렸던 것을 두고두고 후회하는 대상과 청개구리가 잘 연결되지는 않는 것이다.

하지만 청개구리는 우리들에게 어느새 앞서 말씀 드린 이미지로 각인되어 있다. 마치 토끼와 거북이에서 토끼는 불성실하며 어리석은 동물로, 거북이는 끈기 있게 자신의 목표를 향해 가는 성실로 동물로 비춰지는 것처럼. 어쩌면 이런 점들은 그 동물 자체의 특성을 왜곡하는 면이 있지 않을까 싶기도 하다. 물론 '단순한' 이야기일 뿐인데 확대 해석을 하는 게 아니냐고 말씀하실 수도 있겠지만.

그런데 이 책에서는 청개구리의 진면목을 엿볼 수 있었다. 비록 개구리 중에서 가장 작지만, 고작 모기같이 작은 것들을 먹지만, 누구처럼 등에 눈부신 금줄도 없고 누구처럼 몸매가 날씬하지도 않지만, 위험하면 풀숲에 꼭꼭 숨기에 바쁘지만 말이다.

그렇다면 청개구리에게는 어떤 능력이 숨어 있을까? 청개구리는 발가락에 빨판이 달려 있어 풀잎에 착착 달라붙을 수 있고, 몸도 가벼워 나무 꼭대기까지 오르고 높은 곳에서 멀리 뛰어내리기도 잘한다. 또한 동그랗고 뭉툭한 발가락 덕분에 흔들흔들 풀잎에 매달려 놀 수도 있다. 게다가 환경에 따라 몸빛도 바꿀 수 있고 몸집은 작아도 울음소리는 친구들 중에 가장 크다고 하니, 정말 작은 고추가 맵다는 속담을 여실히 증명해 주는 동물이라는 생각이 들었다.

이쯤 되면 예로부터 전해오던 이야기로 인해 갖고 있던 편견을 없앨 수 있을까? 개인차가 있겠지만, 개인적인 바람으로는 이제 더 이상 말썽꾸러기에 로꾸꺼인 청개구리가 아닌, 발가락이 동그란, 그래서 더 잘 할 수 있는 것이 많은 청개구리로 기억됐으면 한다.

만약 이 책을 독서치료 장면에서 활용한다면 자신의 잠재 능력을 발견하지 못해 힘들어하는 친구들에게 보여줄 것이다. 그래서 다른 사람들로 인해 형성한 부정적인 자아상을 긍정적으로 바꾸어 주고 싶다.

(7)『버스를 타고 / 아라이 료지 지음, 김난주 옮김 / 보림』

어린 시절, 내가 살던 마을에는 버스가 자주 다니지 않았다. 1시간에 한 번, 혹시 연착이 되거나 하면 기약 없이 기다릴 수밖에 없었다. 직사광선을 피할 수 있는 그늘은 있지만, 버스가 언제쯤 도착할지, 내가 얼마나 기다렸는지 알 수 있는 시계는 없었다. 게다가 장날이 아닌 다음에야 읍내로 나가는 사람도 없었기에 인적 또한 뜸했다.

때문에 버스를 기다리는 일은 항상 지루함의 연속이었다. 네잎 클로버를 열 개나 찾아도, 코스모스 꽃잎을 하나씩 뜯으며 소원 빌기 놀이를 여러 번 해도 버스가 도착하지 않을 때는, 뒤를 수십 번도 더 돌아보며 걷고 걸어서 정류장을 몇 개나 앞서 가 있었다.

그러다가 시간도 잊은 버스가 오면 손에 꼭 쥐고 있어 땀으로 범벅이 된 동전을 내고, 시골길의 느낌을 온전히 느낄 수 있는 뒷자리로 자리를 잡았다. 그럼 이제야 나를 태운 버스는, 내가 몸을 실었음을 확인시켜 주려는 듯, 잠시도 엉덩이를 편하게 붙이고 앉아 있을 수 없게, 앉은 자리에서 서울 구경을 시켜주려는 듯, 연신 내 엉덩이를 튕겨 댔다. 그래도 버스를 타고 읍내로 나가는 길은 늘 설렘이 가득한 시간들이었다.

이 책의 표지를 보는 순간, 내 어린 시절이 떠올랐다. 버스를 타려면 20분은 족히 걸어 나가야 했고, 시간을 맞춰 나간다고 나가도 '내가 없으면 너희가 어찌 읍내에 나갈 수 있겠느냐'며 거드름을 한껏 피우며 늘 지각하는 버스를 기다리는 것이 다반사였던 그 시절이 말이다. 하지만 그렇다고 해도 우리는 감히 그 길을 걸어서 가야겠다는 생각은 하지 않았다.

이 책에는 버스를 타고 멀리 가려는 소년이 등장한다. 어디를 가는 것인지 몇 개의 커다란 짐 가방이 그의 여행 거리와 시간을 짐작하게 해줄 뿐이다. 그러나 버스는 쉽게 오지 않는다. 하늘과 바람을 느끼고, 라디오를 켜 음악을 들었으며, 커다란 트럭이 흙먼지를 일으키며 지나가는 모습을 본 이후에도 버스는 오지 않는다.

서서히 해가 지면서 말을 탄 사람이 지나가고, 자전거 탄 사람도 지나갔으며, 많은 사람들이 지나가고 또 지나가버린 밤이 되었지만, 여전히 버스는 오지 않는다. 이제 라디오도, 소년도 잠이 들었다.

다음 날 아침, 드디어 기다리던 버스가 흙먼지를 풀썩풀썩 일으키며 달려온다. 하지만 너무 오랜만에 도착한 버스에는 소년이 탈 자리가 없다. 결국 버스는 그냥 가버리고, 소년은 조금 더 기다리다 마음을 바꿔 타박타박 걸어 여행을 떠난다.

'과연 소년은 어디로 가는 걸까?' 마지막 장을 덮고 나서 가장 먼저 떠오른 생각이었다. 또한 기다린 시간이 많았는데, 끼어서라도 타고 가지 그냥 버스를 보내고 만 소년의 결정이 안타깝기도 했다. 더구나 무거운 짐까지 지고 말이다.

하지만 소년은 느림이 가져다주는 행복을 알고 있는 것 같다. 버스를 타고 빠른 속도로 지나쳐 버리면 모를 수 있는 것들을, 천천히 걸으면 하나씩 만날 수 있음을 알고 있는 것이다. 소년이 버스를 기다리며 만났던 모든 것들은 어쩌면 이런 느림의 미학을 상징적으로 보여주는 것이 아닐까?

비록 지금 우리의 모습은, 나의 모습 역시 느림보다는 빠름을 추구하지만, 그렇기 때문에 늘 느림을 갈망하고 있으리라. 그래서인지 버스를 그냥 떠나보낸 소년의 모습이 바보 같아 보이기보다는 행복해 보였다.

만약 독서치료 장면에서 이 책을 활용한다면, 충동적이고 산만해서 오랜 시간동안 참지 못하는 아이들, 차례를 기다리지 못하는 아이들에게 도움이 되겠다.

(8) 『해피 아저씨 / 아라이 료지 지음, 김난주 옮김 / 보림』

이른 아침이에요.
나는 해피 아저씨를 만나러 가요.
한 번도 만난 적은 없어요.

이른 아침이에요.
나는 해피 아저씨를 만나러 가요.
한 번도 만난 적은 없어요.

해피 아저씨는 골칫거리도 척척 풀어 주고, 소원도 들어준대요.
산꼭대기 커다란 바위에 가면 해피 아저씨를 만날 수도 있대요.

이른 아침, 두 명의 서로 다른 아이가 해피 아저씨를 만나러 길을 떠난다. 한 번도 만난 적이 없는 아저씨이지만, 골칫거리도 척척 풀어 주고, 소원도 들어준다는 소리를 듣고 가는 길이다. 그 가운데 한 아이는 뭘 해도 느릿느릿 굼뜨고, 또 다른 아이는 뭘 해도 허둥지둥 서두른다. 그래서 굼뜨지 않고, 허둥대지 않았으면 하는 소원을 빌러 가는 것이다.

이렇듯 해피 아저씨를 만나 소원을 이루고 싶다는 목적은 같지만, 성향은 정 반대인 두 아이가 주거니 받거니, 엎치락뒤치락 하면서 산을 오른다. 어정어정, 어정어정, 성큼성큼, 성큼성큼.

그러던 중 숲을 지나자 드디어 해피 아저씨가 사는 바위가 나타났다. 두 아이들은 동시에 환호성을 냈지만, 서로의 소원을 빌기 위해 다른 쪽에 앉는다. 마치 그들의 모습이 정반대인 것처럼.

하지만 그들 앞에는 해피 아저씨가 나타나지 않는다. 기다려도 기다려도 해피 아저씨는 오시지 않고, 대신 비를 잔뜩 머금은 먹구름만 얄궂게 다가온다. 그러자 두 아이는 함께 비를 피하기 위해 나란히 앉게 되고, 서로의 소원을 이야기 한다. 또한 자신의 모습을 통해 각자 좋지 않다고 여겼던 면들을 좋은 측면으로 비춰 주기도 한다. 느림보는 꼼꼼하고, 덜렁이는 열심히 하려 하기 때문이라며 말이다.

결국 그들 앞에 해피 아저씨는 나타나지 않는다. 하지만 두 아이들은 이미 해피 아저씨를 만난 기분을 느끼게 된다. 아직 이루지 못한 소원이 잔뜩 남아 있지만 말이다.

이 책은 표지를 볼 때부터 어딘가 남다르게 느껴지는 그림책이었다. 그런 느낌이 면지에서는 '전쟁과 관련된 이야기인가' 하는 생각을 하게 했고, 표제 면을 넘긴 뒤에는 '정말 골칫거리도 척척 풀어 주고, 소원도 들어주는 아저씨가 있다면 나도 한 번 찾아가 보고 싶다'는 생각과 함께, 서둘러 두 친구를 따라가야겠다는 생각으로 이어졌다. 두 친구가 하는 대로 개울에 엎드려 들여다보기도 하고, 길가에 앉아 잠깐 쉬기도 하며 산을 오르고 오르자 드디어 우리 앞에는 해피 아저씨 바위가 보였다. 그런데 끝내 해피 아저씨는 모습을 드러내지 않았다. 아니 어쩌면 처음부터 해피 아저씨는 없었는지도 모른다. 마음에 품고 있는 간절한 소원을 들어주길 바라는 두 아이들의, 마을 사람들의 바람이 빚어낸 상징적인 대상이었으리라.

그런데 사실 두 아이는 해피 아저씨를 만났다. 두 사람의 모습을 대변하는, 전쟁으로 반목하고 있는 세계를 상징하는 동물들이 차례로 등장하는 장면을 보면 알 수가 있다. 달팽이도, 토끼도, 비둘기도, 다람쥐도 드디어 해피 아저씨를 만난 것처럼 소원을 빌고 사라지는 장면은, 서로를 이해하고 타협할 수 있는 접점을 찾았다는 의미로 다가온다.

그제야 비로소 두 아이들도 마음을 열고 서로에게 다가가기에 이르고, 아직 해피 아저씨를 만나지 못한 것 같다고 이야기는 하지만, 서로를 이해하고 격려하는 장면을 통해 이미 그들의 마음속에도 해피 아저씨가 다녀갔음을 알 수 있다. 특히 마지막 장면에서는 강렬하게 내리 쬐는 태양 아래에서 소원을 빌고, 그 순간 마을에 있던 탱크들이 줄지어 떠나가는 모습을 통해 전쟁 대신 평화가 찾아오고 있음도 암시해 준다.

이 그림책은 가볍게 느껴지면서도 무겁고, 쉽게 느껴지면서도 어렵다. 그래도 항상 희망을 상징하는 노란색이 함께 하고, 결국 그것이 온 세상을 빈틈없이 비추어 준다는 메시지가 다행스럽게 다가온다.

(9)『매튜의 꿈 / 레오 리오니 지음, 최순희 옮김 / 아래아』
생쥐 부부는 먼지투성이 다락방에서 외아들을 데리고 살았다. 아들의 이름은 바로 매튜! 거미줄이 늘어진 다락방 한구석에는 신문지, 책, 잡지, 망가진 고물 전등, 다 해진 누더기 인형 따위가 쌓여 있다. 그 한쪽 귀퉁이가 바로 매튜의 자리이다. 생쥐 부부는 몹시 가난했지만, 매튜에게 큰 기대를 하며 하루하루를 살아갔다. "우리 아들은 커서 의사가 될지도 몰라. 그럼 그 귀한 파머슨 치즈를 아침에도, 점심에도, 저녁에도 먹을 수 있게 될 거야." 하지만 생쥐 부부가 매튜에게 나중에 커서 뭐가 되고 싶으냐고 물으면, 매튜는 우물쭈물 대며 겨우 대답하고는 했다. "저도 몰라요. 그냥 세상 구경을 하고 싶어요."

그러던 어느 날, 매튜는 같은 반 친구들과 함께 미술관 견학을 갔다. 매튜에게 미술관 구경은 처음이었기 때문에, 그는 넋을 잃고 곳곳을 옮겨 다니며 그림을 구경한다. 그 경험이 얼마나 강렬했던지 그날 밤 꿈도 그림 속을 걸어가는 내용을 꾼다. 꿈에서 깨어난 매튜는 그동안 잡동사니로만 보였던 것들 속에서 아름다움을 발견하고 화가가 되어야겠다는 결심을 한다. 그래서 커다란 화폭에다 기쁨에 찬 색깔과 모양을 채워 넣으며 열심히 그림을 그린다. 세월이 흐르면서 매튜의 그림은 세계 곳곳의 생쥐들에게 알려져 아주 비싼 값에 팔리기에 이른다.

「프레드릭」이라는 책과 비슷한 면이 많다는 느낌이 먼저 드는 책이다. 작가의 전매특허인 콜라주 기법에 생쥐를 주인공으로 등장시킨 점, 자아 발견에 관한 주제까지 말이다. 너무 교훈을 주기 위한 완벽한 설정을 한다는, 그래서 감동이 떨어진다는 지적을 받는 작가이기도 하지만, 그럼에도 불구하고 그의 작품은 많은 사랑을 받고 있다. 치료적인 가치를 지닌 책들도 아주 많은 작가이기도 하면서. 어려운 환경 속에서 꿈의 색깔을 다양하게 갖고 있지 못한 어린이들에게 도움이 될 그림책이다.

(10) 『난 병이 난 게 아니야 / 카도노 에이코 글, 다루이시 마코 그림, 엄기원 옮김 / 한림출판사』

초등학교에 다니던 시절, 시골에서 소풍을 가봐야 늘 가던 곳이기 마련이었는데도 무척 기다렸던 기억이 있다. 어쩌면 어디로 가느냐의 장소보다는 수업을 하지 않고, 맛있는 김밥과 음료수 등을 싸가지고 놀러 간다는 자체만으로도 기다려지는 충분한 이유가 됐던 것 같다. 때문에 소풍을 앞두면 행여 비가 내리지는 않을까, 몸이 아프거나 등의 이유로 가지 못할까 많은 걱정을 했다. 만약 그런 일이 벌어지면 그동안 기다려 온 게 물거품이 되니까.

정우는 내일 사촌 형이랑 낚시를 하러 가기로 했다. 그런데 갑자기 "콜록!" 기침이 나왔다. 목구멍도 간질간질하고 자꾸 기침이 나오려고 했다. 그래서 엄마에게 들키지 않으려고 노래를 부르려고 했는데 자꾸만 기침이 나왔다. 그러자 설거지를 하고 있던 엄마가 달려와 이마를 짚어보고 가슴에도 귀를 대어 본다. 내일 낚시를 하러 갈 수 없을지도 모르는 상황이 생겨 버린 것이다.

양치질을 하고 엄마가 만들어 주신 시원한 물베개를 베고 누웠는데 노크 소리가 난다. 그래서 문을 열었더니 글쎄 의사 선생님처럼 하얀 옷을 입은 커다란 곰 아저씨가 가방을 들고 서 있다. 곰 아저씨는 아기 곰 집에 왕진을 가는 길이었는데 그만 길을 잘못 들어 정우네 집으로 오게 되었단다. 실수를 알아차리고 서둘러 돌아가려는 곰 아저씨에게 정우는 자기도 봐달라며 기침이 나는 증상에 대해 이야기 한다. 그러자 아저씨는 목을 살펴본 뒤 양치질을 열심히 해야 한다며 방법을 알려주고 간다. 그리고는 인사도 하기 전에 사라져 버린다. 하지만 아직 기침과 열, 가슴이 쌕쌕거리는 증상이 남아 있어 곰 아저씨가 다시 왔으면 하고 바라는데, 거짓말처럼 곰 아저씨는 또 방문을 해 모든 증상을 말끔하게 고쳐준다. 결국 정우는 다음 날 아침 맑은 날씨만큼이나 개운해진 몸으로 일어나 낚시를 갈 수 있게 된다.

'난 병이 난 게 아니야'는 주인공 정우의 바람이 담긴 이야기이다. 어쩌면 그 바람이 컸기 때문에 스스로 병을 이겨냈는지도 모른다. 실생활에서 겪을 수 있는 이야기를 아이들이 좋아하는 동물을 출현시키고 환상과 자연스럽게 연결을 지어낸 지은이의 능력이 대단하게 느껴지는 그림책이다. 자연스럽게 감기를 예방하고, 감기에 걸렸을 때 실천해야 하는 생활의 지혜도 알려주고 있으니, 유아나 저학년 아이들에게 권하면 좋겠다. 우리 아이들에게도 곰 아저씨가 방문해 줄까? 그건 잘 모르겠지만 곰 아저씨의 방문이 필요 없을 만큼 미리 건강을 챙겨서 아프지 않는 것이 더 좋겠다는 생각은 든다.

(11) 『이상한 나라의 숫자들 / 크라안 부부 지음, 김영무 옮김 / 북뱅크』

침대 주위에서 뛰노는 일 밖에 없이 외롭게 살던 '하나, 숫자 1'은 친구들을 만나기 위해 세상으로 나온다. 친구들과 따뜻한 햇살 아래에서 놀면 훨씬 재미있을 거라는 기대를 안고 말이다. 신선하고 향기로운 공기를 마시며 언덕에 다다라 가장 먼저 만난 숫자는 0. 0은 마치 기다렸다는 듯 먼저 함께 놀자는 제안을 한다. 그러나 1은 "너는 아무 것도 아니잖아. 네까짓 것하곤 놀지 않을래."라고 말하고는 산 아래로 내려가 버린다. 그 뒤로 거만해 거들떠보지도 않았던 2, 1과 2가 자신의 앞에 오는 것이 못 마땅해 화를 내고 있던 3, 죽이겠다고 위협을 가한 4, 서커스 곡예 때문에 함께 놀아줄 수 없는 5, 나뭇가지에서 쿨쿨 잠만 자던 6, 친절했지만 기도를 해서 놀아줄 수 없었던 7, 사막 한가운데에서 만났던 8, 의자에 누워 살갖을 태우고 피둥피둥 살만 찐 9를 차례로 만나지만, 어느 하나 함께 놀 친구가 되지 못했다. 그러자 슬픔을 안고 고향으로 돌아오던 중, 처음에 만났던 0을 다시 만난다. 그런데 0은 다시 "나랑 같이 놀자"는 제안을 한다. 아예 옆 자리를 내어 주며 올라와 앉으라고 말하면서. 그 뒤 어떤 일이 벌어졌을까? 0 옆에 나란히 앉은 1은 둘이 합쳐 10이 되었다. 그러자 1을 거들떠보지도 않던 다른 숫자들이 모두 친구가 되려고 몰려들었다.

이 책은 1977년 칠레 태생의 크라안 부부에 의해 만들어졌다고 한다. 따져 보니 벌써 30년도 더 전인데, 그래서인지 판본이며, 그림, 사용된 단어들이 세련된 느낌을 주지는 못한다. 그럼에도 불구하고 생기발랄하며 독특한 그림과 글은 이 책의 가치를 높여주고 있다. 특히 1부터 10까지의 숫자들을 통해 전하고 싶은 주제를 만화처럼 형상화한 것은, 당시 매우 독특한 시도였을 거란 생각도 든다.

앞선 내용에서 파악을 했듯 담고 있는 주제는 매우 간결하다. 핵심어는 '아무 것도 아니라며 무시한'이 될 것 같은데, 자만해서 다른 사람의 진실된 마음을 받아들이지 않으면 결국 자신에게도 좋지 않은 결과가 온다는, 동양적인 인과응보 사상이라고 할 수 있겠다. 아이들 상황에 맞게 이를 풀자면, 친구의 제안을 거절하면 다른 친구들에게도 거절을 당할 수 있는 면을 담고 있다고 할 수 있겠다.

이 책을 독서치료적인 면에서 활용할 때는 '친구 관계'에 초점을 둘 수 있겠다. 특히 사회성이 부족해 친구가 없는 아이들에게 친구가 되어 달라는 1의 호소는 강렬하게 다가갈 것이다. 따라서 1처럼 친하고 싶은 친구들에게 자신의 의사를 전달하는 훈련을 활동으로 할 수 있겠다. 또한 친구를 무시하는 경향이 있는 친구들에게도 활용할 수 있겠다. 알고 보니 처음에 무시했던 친구만큼 자신을 생각해 주고, 기다려 준 친구도 없었다는 점을 배울 수 있을 테니까.

과거에도 그랬지만 현대 사회처럼 따돌림이 심한 상황에서는 친구 관계가 무척 중요하다. 때문에 친구를 잘 사귀어야 하는데, 이 책이 어린이들의 친구 관계 형성에 도움이 될 것이다.

(12) 『로쿠베, 조금만 기다려! / 하이타니 겐지로 지음,
       햇살과나무꾼 옮김 / 양철북』

로쿠베라는 작은 강아지 한 마리가 구덩이에 빠졌다. 그러자 아이들은 로쿠베를 구하기 위해 발을 동동 구른다. 하지만 애써 데려온 엄마들은 핑계만 대고 로쿠베를 외면한다. 또한 골프채를 휘두르며 지나가던 아저씨도 "사람이 아니라서 다행"이라며 그냥 지나쳐 버린다.

하지만 아이들은 로쿠베의 마음을 밝혀주기 위해 온갖 수단을 다 동원한다. 응원가를 불러주는 것은 물론, 비눗방울도 방울 방울 불어 준다. 하지만 로쿠베는 쉽게 힘을 내지 못하는 것 같다. 점점 시간은 지나고 아이들에게도 걱정이 쌓인다. 그 때 좋은 생각이 떠올랐다. 그것은 바구니에 로쿠베가 좋아하는 강아지 쿠키를 태워 내려 보내는 것이다. 그래서 아이들은 바구니를 아주 살살 내린다. 그런 뒤 로쿠베에게 어서 올라타라고 소리친다. 그런데 이게 무슨 일일까? 로쿠베가 바구니에 올라타는 것이 아니라, 거꾸로 내려 보

냈던 쿠키가 바구니에서 내리는 게 아닌가? 우리가 생각했던 것과는 정 반대의 일이 일어난 것이다.

나는 이 책을 보면서 역시 '하이타니 겐지로' 선생님답다는 생각을 했다. 이런 느낌은 선생님의 다른 책을 읽어보신다면 금방 느낄 수 있는 것으로, 통칭하자면 박애정신이 아닐까 싶다. 그 분의 그런 마음은 사람에게 뿐만 아니라 동물에게도 미치는 것 같다. 어쩌면 그 분은 아이들의 순수한 마음을 그대로 갖고 계신 것인지도 모른다. 때문에 구덩이에 빠진 로쿠베를 보고도 도와줄 생각은커녕 지나쳐 가는 어른들이 아닌, 아이들의 입장에서 로쿠베를 끝까지 지켜봐 주실 수 있었던 것이 아닐까?

로쿠베 이야기는 우리에게 사랑, 나눔, 배려, 이해 등을 느낄 수 있게 해준다. 그런데 그 모든 것들에 대한 전제 조건은 '그 대상 자체를 그대로 이해해 주고 받아들여 주는 것'이 아닐까 싶다. 이 말은 상담을 공부하면서도 참 많이 들었던 것인데, 그만큼 어려운 일이기도 하다. 로쿠베를 향한 아이들의 마음을 직접 느껴보시기 바란다.

(13) 『우리 집은 너무 좁아 / 마고 제마크 지음, 이미영 옮김 / 비룡소』

옛날 작은 마을에 가난하고 불행한 남자가 살고 있었다. 그는 어머니와 아내, 그리고 아이들 여섯 명과 함께 좁은 집에서 살고 있었는데, 집이 너무 작기 때문에 항상 북적거려서 아내와 말다툼을 자주 했다. 아이들 또한 소란스럽게 떠들며 싸우기 일쑤였다. 이런 가난과 불행을 겪고 있는 남자는, 어느 날 더 이상 참을 수가 없어 도움을 청하기 위해 랍비를 찾아간다.

그런데 랍비는 분명히 집이 좁다고 했음에도 불구하고, 집에 동물을 키우고 있냐는 질문과 함께, 수탉과 거위, 염소와 소 등의 동물들을 모두 차례차례 집으로 들여가 함께 살라고 한다. 덕분에 집은 더 좁아졌고, 하루가 멀다 하고 아수라장이 되기 일쑤였다. 때문에 가족들은 모두 폭발 직전이었고, 불행한 남자는 다시 랍비를 찾아가게 된다.

그러자 랍비는 이제 모든 동물들을 다시 밖으로 내보내라고 한다. 그랬더니 집은 예전보다 훨씬 넓어진 듯 했고, 덕분에 가족들은 더 이상의 불평과 불만 없이 행복하게 살았다는 이야기이다.

이 이야기는 이스라엘에서 전해지는 것으로, 원제는 '언제나 지금보다 더 나빠질 수 있다(It could always be worse)'라고 한다. 결국 이는 똑같은 상황이라도 받아들이는 사람에 따라 얼마든지 다르게 해석될 수 있다는 의미인 셈이다. '물이 반 밖에 남지 않았다'와 '물이 반이나 남았다'는 똑같이 남겨진 컵의 물을 바라보는 너무나 다른 시각이다. 즉, 비관주의의 입장과 낙관주의의 입장을 대변하고 있는데, 우리는 낙관주의적인 입장을 견지할 필요가 있지 않을까 싶다. 그렇다면 한없이 불행한 삶의 모습도 행복으로 느껴질 수 있을 것이기 때문이다. 물론 지나친 낙관주의는 현재의 상황에 안주하게 하는, 때문에 발전이 없게 만드는 요소도 있지만, 우선은 주어진 현실에 만족하면서 발전을 기해야 하지 않을까 싶다.

이 책의 지은이 마고 제마크는 칼데콧 상을 세 번이나 받은 작가라고 한다. 때문에 그의 그림을 주의 깊게 보지 않을 수 없는데, 첫 느낌은 마치 만화를 보는 듯했다. 그런데 자세히 보면 등장인물은 물론 동물들의 표정 하나하나도 생동감 있게 묘사되어 있고, 색감을 통해서 등장인물의 정서를 대변하고 있기도 하다.

'조삼모사'라는 고사성어가 있다. 이는 춘추전국시대에 송나라의 저공이란 사람이 원숭이를 기르면서 먹이가 부족하게 되자, 아침에 세 개를 주고 저녁에 네 개를 주겠다고 하니 원숭이들이 반발하여, 반대로 아침에 네 개를 주고 저녁에 세 개를 주겠다고 했다는 일화에서 비롯된 것으로, 어쩌면 이 그림책의 이야기와도 비슷한 면이 있다고 볼 수 있겠다. 왜냐하면 결국 집의 크기와 살고 있는 사람의 수는 같기 때문에 말이다.

하지만 지혜로서 대상의 생각을 바꾸었다는 면에서, 나는 이런 말들이 단순히 농락과 사기를 위한 것만은 아니었다는 생각이다. 오히려 행복이라는 것이 무엇인지를 깨닫게 해주지 않았는가? 정말 행복과 불행을 결정하는 것은 아주 작은 두뇌에서 나오는 생각인 것 같다.

따라서 이 책을 독서치료 상황에 활용한다면, 현재의 상태에 대해 불행하다고 느끼며 불만이 많은 사람들에게 적합할 것 같다. 특히 인지치료적인 면에서 사용하면 큰 도움이 될 것 같다. 사람들이여, 생각을 바꾸자! 그렇다면 보다 큰 행복의 마음이 생겨날 것이다!

(14) 『토끼 탈출 / 이호백 글·그림 / 재미마주』

독서지도 수업 중 준서라는 초등학교 5학년 남자 아이가 자신의 일상을 다람쥐 쳇바퀴에 비유하면서, 매일 매일 똑같은 학원들을 반복해서 다녀야 하는 이유가 무엇인지 모르겠다는 말을 했다. 그 점에 대해서는 이미 부모님과도 이야기를 나누어봤고, 지금은 그저 열심히 해야겠다는 결론을 냈다고 하지만, 사실 어른들의 논리라는 것이 그다지 마음에 가 닿지 않은 듯한 느낌이었다. 따라서 '보다 삶이 풍요로워지기 위해서'라는 내 대답도 전혀 이해할 수 없는 이야기가 된 것은 아닐까 싶은데, 이호백 선생님의 그림책을 받아 들고 '탈출'이라는 단어가 먼저 눈에 들어 온 것은, 같은 맥락에서의 이야기 전개가 아닐까 싶은 마음 때문이었다.

이 책은 2003년 뉴욕타임스 선정 최우수 그림책이었던 「도대체 그 동안 무슨 일이 일어났을까?」에 이은 또 하나의 토끼 이야기로, 주인공이 그 때 '빨빨이'가 낳은 새끼 '예삐'라고 하니, 분명 연결 고리가 있는 작품임에 틀림없다. 그런데 이 예삐는 탈출의 귀재이다. 점점 더 튼튼한 우리에 가두어도 어찌된 것인지 자꾸만 탈출을 반복하고, 그 때마다 사고(?)를 친다. 하지만 탈출을 반복할 때마다 예삐에게는 예쁘고 착하며, 날쌔고 똑똑하다는 수식어가 하나씩 붙는다.

그렇다면 이 책의 주인공 예삐는 누구를 상징하는 것일까? 모두 짐작하셨겠지만, 예삐는 부모들의 지나친 보호와 관심 속에 우리에 갇혀 있는 우리 아이들의 모습만 같다. "그건 좋지 않은 거니까 생각하지도 마!", "그런 애들하고는 어울리지 말라고 했지?", "학원 내일부터 가야 해. 어렵게 접수한 곳이란 말이야!" 그렇게 우리 어른들은 아이들을 보호하고, 더 좋은 환경을 제공한다는 명목으로 그들을 우리에 가두고 있다. 하지만 아이들은 그 안에서도 저마다의 꿈을 키우고, 늘 탈출을 꿈꾸고 있다.

일주일 동안 많은 아이들을 만나는 필자로서는 이호백 선생님이 전해주고자 하는 메시지를 바로 전달받은 느낌이다. 하지만 문제는 아이들의 보호자인 학부모님들이 이런 마음을 얼마나 인식하고 있을까 하는 것이다. 비록 짧은 분량의 그림책이기는 하지만 아이들에 대한 이해의 폭을 넓히기 위해 많은 사람들에게 권해주고 싶다.

아울러 준서처럼 일상에 답답함을 느끼는 아이들에게도 추천해 주고 싶다.

사실 영화의 경우도 전 편에 이어 속 편을 낼 때는 많은 부담이 있다고 한다. 책의 경우는 어떤지 잘 모르겠지만, 형만 한 아우 없다고, 더 잘하지 않으면 시도하지 않은 것보다 못한 결과를 가져오기도 하는데, 이 작품 「토끼 탈출」은 전 편 만큼의 사랑을 받을 것 같다. 당분간은 토끼 이야기를 쓰시지 않겠다고 하셨지만, 또 우리 아이들을 많이 닮은 누군가를 선보여 주실 것 같다. 그 때를 기다려 보자!

(15)『힘든 때 / 바바라 슈크 하젠 글, 트리나 샤르트 하이만 그림, 이선오 옮김 / 미래M&B』

우리가 살아가는 인생 속에서 찾아오는 행운은 세번이라고 한다. 그래서 그 행운을 잘 잡아야 한다고 하는데, 그렇다면 불운이나 힘든 때는 얼마나 자주 찾아올까? 글쎄, 필자의 생각으로는 행운의 몇 배 정도는 찾아오는 것 같다. 아니면 심리적으로 좋은 일보다는 좋지 않은 일에 더욱 민감해지고 더욱 잘 기억하기 때문에 그렇게 느낄 수도 있겠다. 아무튼 '힘든 때'보다 '행운'이나 '좋은 때'가 더욱 많았으면 하는 바람인데, 한 가정의 '힘든 때'는 아이들에게도 많은 영향을 미칠 수밖에 없다. 이 그림책은 힘든 상황에 놓인 가족과, 그 가족 구성원들에 대한 이야기이다.

'나'는 강아지가 갖고 싶다. 하지만 엄마는 바쁘다는 핑계로 대답을 피해 버리고, 아빠는 더 크면 사준다고 말한다. 그러면서 지금은 '힘든 때'이기 때문에 어렵다고 한다. '힘든 때'란, 아침에 먹던 작은 상자에 든 시리얼 대신 양이 많고 값싼 왕푸짐표 시리얼을 먹는 것, 바닷가 대신 수영장에서 휴가를 즐긴 것, 쇠고기 요리 대신 콩 스튜를 자주 먹는 것, 맞벌이 하는 엄마를 대신해 맥킨토시 아줌마가 나와 놀아주는 것 등으로 나타난다. 그러던 어느 날 아빠는 직장을 잃게 되고, 엄마와 아빠는 앞으로의 일들에 대한 상의를 하기 위해 나를 집 밖으로 잠깐 나가게 했다. 그사이 나는 쓰레기통에서 울고 있던 고양이를 한 마리 얻게 되고, 고양이에게 줄 우유를 꺼내다가 그만 떨어뜨리고 만다. 그러자 엄마와 아빠가 달려와 나를 힘껏 안으며 눈물을 흘렸다. 엄마와 아빠는 천진한 나 때문에 다시 힘을 내게 되었고, 나는 '강아지'라고 불리는 고양이를 갖게 되었다.

누구에게나 힘든 때가 온다. 하지만 그 때를 맞이하고, 대응하는 방법은 저마다 다를 것이다. 정면으로 돌파하는 사람, 잠깐 피해가는 사람 등. 또한 그 힘든 때의 정도는 느끼는 사람마다 다를 것이다. 금방 죽을 것처럼 힘들다고 느낄 수도, 별 거 아니라고 느낄 수도. 그런데 그런 힘든 때가 한 가족 내에서 일어날 때에는 고려되어야 할 점이 더 많아지는 것 같다. 무엇보다 아이들에게 현실을 올바로 이해시킬 필요가 있겠는데, 이 책은 그런 면에서 도움이 되겠다.

필자의 경우 아직 미혼이기 때문에 몸으로 느낄 수 없는 부분이지만, 아이들을 키우시는 분들은 여러모로 어려운 형편이라고들 하신다. 하지만 지은이도 말해주고 있지 않은가? 힘든 때가 지나면 반드시 좋은 때가 온다고! 조금만 참고 더욱 힘내시라는 말을 전하고 싶다. 혹시 위로가 필요하다면 이 책도 권해드리고 싶다. 칼데콧 상을 네 번이나 받았다는 트리나 샤르트 하이만의 강렬한 그림이 마음에 와 닿을 것이다.

2) 동화책·동시집

(1) 『엄마 아빠가 없던 어느 날 / 케테 레하이스 글,
   수잔 오펠-괴츠 그림, 김완균 옮김 / 해와나무』

오늘 수업 중 '내 인생에서 가장 기억에 남는 한 장면'을 떠올려 보라고 했더니, 주저 없이 동생의 입원을 꼽은 아이가 있었다. 그래서 그 이유를 다시 물으니, 동생이 일주일간 입원을 했을 때 엄마 아빠가 그쪽에 신경을 쓰느라 자신에 대한 신경은 덜 쓰게 됐다는 의미였다. 즉, 학원에 가지 않아도, 학습지를 풀어 놓지 않아도 별다른 지적이나 개입을 하지 않았다는 이야기다. 그래서 그런 일이 다시 있었으면 하는 바람을 갖고 있다니, 이런 현상을 어떻게 바라봐야 할지 착잡하기만 했다.

「엄마 아빠가 없던 어느 날」. 어쩌면 아이들은 이 책의 제목을 보는 순간 위에서 만나본 아이와 같은 생각을 하지 않을까 싶다. 단 며칠만이라도 부모님의 간섭에서 벗어나 원하는 게임 실컷 하고, 텔레비전도 실컷 보는 등 내가 하고 싶은 일을 다 할 수 있다면 얼마나 좋을까 하는 생각을 말이다. 하지만 아이들이 왜 그런 욕구를 갖게 됐는지 원인을 파악해 볼 겨를도 없이 할 일을 제대로 해냈는지 점검하기에 바쁜 부모님들로부터, 그런 상황을 기대하기란 처음부터 불가능할 것이다.

그런데 이 책의 주인공 토미에게 그런 일이 생겼다. 비록 두 명의 어린 동생들이 있어 자신이 하고 싶은 일을 하는 대신, 부모님이 계시지 않은 시간 동안 동생들을 잘 돌봐 맏이로서의 유능함을 인정받고 싶었던 차이가 있지만 말이다. 그래서 잠에서 깬 막내 동생이 울자 공갈 꼭지를 물려주었고, 이후 그것을 거부하자 냉장고

에서 우유병을 꺼내 따뜻하게 데워 먹이려는 생각까지 했다. 그동안 엄마가 하시는 장면을 여러 차례 봤기 때문에 잘 할 수 있을 거라는 생각을 했으므로. 하지만 아직까지 어린 토미에게는 힘든 일들이었던지, 그 과정에서 많은 실수를 하게 되고, 집안은 점점 엉망이 되어 갔다. 결국 집으로 돌아오신 엄마와 아빠는 엉망이 된 집안 모습을 본 뒤 아이들만 남겨 두고 일을 보러간 서로를 비난하기 시작한다. 하지만 이내 서로의 불찰에서 온 실수였음을 인정하고, 동생을 위해 최선을 다한 토미에게도 미안함과 고마움, 사랑이 담긴 포옹을 해준다.

앞서 우리는 엄마 아빠의 부재를 오히려 반가워하는 아이의 사례를 만났다. 하지만 유아들에게는 엄마 아빠의 자리가 절실하다. 그런데 이 말을 잘못 해석하시는 분들이 계시다. 여기서의 절실함이란 아이들의 능력을 믿지 못하기 때문에 스스로 할 수 있는 것이 아무 것도 없게 만드는 것이 아니다. 하루 종일 함께 있지 못하더라도 아이 스스로의 능력과 힘을 믿어 주는 존재를 의미하는 것으로, 아이의 자발성은 물론 유능감까지 키워줄 수 있는 부모 유형을 말하는 것이다.

이 책의 주인공 토미는 분명 많은 사고를 냈다. 결론적으로 보자면 부모님이 해결해야 할 더 큰 일을 만들었고, 동생에게도 딱히 해 준 것이 없다. 하지만 그렇게 행동한 마음을 알아주고 인정해 준다면 앞으로는 더 잘 해나갈 것이다. 그야말로 성공의 어머니가 될 실패를 경험했으니 말이다.

가끔 우리 아이들을 위해 집을 비워 주시면 어떨까? 엄마 아빠가 없던 어느 날, 우리 아이들은 또 다른 추억들을 만들어 갈 것이다.

(2) 『우리는 바다로 / 나스 마사모토 지음, 이경옥 옮김 / 보림』

"저기, 사토시……."

선실 반대쪽을 칠하던 구니토시가 말을 걸었다.

"마음속에 다이너마이트가 묻혀 있다고 생각해 본 적 있니?"
"다이너마이트?"
"응."

사토시는 붓질을 멈추고 곰곰 생각해 보았다.

"폭발해도 소리는 안 나지만, 펑 하면서 불꽃처럼 가슴속에 퍼지고……. 그리고 나면 굉장히 쓸쓸해져."

독서치료는 다양한 심리학적 이론들을 바탕으로 이루어지는데, 그 가운데 정신분석 이론은 내담자가 문학작품을 읽은 후 치료사와 나누는 상호작용 중에 일어나는 동일시와 전이, 카타르시스와 같은 개념들의 근거를 제시한다. 이를 조금 설명하면 치료사가 내담자에게 문학작품을 선정해 주었을 때, 작품을 읽는 내담자는 주인공에게 동일시를 하며 그 과정에서 자신을 잘 인식하게 되고, 이런 동일시를 통해 카타르시스를 맛보게 되어 심리적인 해방감도 갖게 된다는 것이다. 나아가 카타르시스는 자신에 대한 통찰도 가져올 수 있도록 돕는다고 한다.

따라서 치료자는 내담자가 동일시와 카타르시스, 통찰을 얻을 수 있도록 돕기 위한 발문과 활동을 시행하는데, 만약 이 책을 읽은 내게 '동일시'를 느낀 부분이 어디였느냐고 묻는다면 앞서 적은 부분이라 말할 것이다. '마음속에 다이너마이트가 묻혀 있는 것 같아. 폭발해도 소리는 안 나지만, 그러고 나면 굉장히 쓸쓸해져.'

이 동화에는 사토시와 구니토시, 마사아키와 시로라는 아이들이 나온다. 그들은 모두 같은 학교에 다니고 있지만, 시로를 뺀 나머지 친구들은 엘리트들만 다닌다는 '육영학원'에 다니고 있다. 아무리 노력해도 열등한 아이로 남을 수밖에 없음을 아는 시로는 학원을 오가는 길에 있는 '매립지'를 우연히 따라갔다가, 함께 배를 만드는 작업을 하며 자연스럽게 어울리게 된다. 마치 그러면서 자신의 열등한 모습을 보상받기 위한 것처럼. 하지만 갈수록 성적이 떨어져 홀로 자신을 키우는 엄마와 마찰이 있는 사토시, 겉으로 보면 그 어느 가정보다 단란해 보이지만 아버지의 외도와 그것을 모르는 척 하는 엄마와 형 때문에 가슴이 답답한 구니토시 등, 주인공 모두는 탈출구가 필요한 하루하루를 살아가는 아이들이다.

그런 아이들에게 어쩌면 매립지의 오두막은 집이나 학교, 학원과는 대립되는 장소로써 답답한 일상과 어른들의 감시를 피할 수 있는 마음의 쉼터와도 같은 곳이었으리라. 마침 그곳은 끝이 보이지 않는 푸른 바다와 인접한 곳이었으니, 그들이 조금씩 잃어 가는 희망을 다시 싹틔울 수 있는 암시적인 곳이었을지도 모른다.

하지만 그곳도, 그곳에서 만나 주고받는 잡담도 지루해져갈 무렵, 아이들은 매립지에 버려진 목재 등을 이용해 배를 만들기로 한다. 의견이 모아지자 아이들은 학원도 빼먹으면서 열심히 배를 만드는데, 결국 폭풍이 치는 날 시로를 잃는 사고를 겪게 된다. 이 사건으로 아이들은 다시 학교와 부모로부터 '문제아'라는 지적을 받으며, 사회가 원하는 우등생이 되어 주기를 강요받는다. 그런데 시로가 죽은 지 며칠이 되지 않아 사토시와 구니토시는 다시 배를 수리해 멀고 먼 바다로 떠난다.

과연 두 아이들은 어디로 갔을까? 9월 초 야마구치 현 바닷가에서 발견된 파란 캔버스 천이 정말 그 아이들이 타고 떠났던 배의 돛으로 썼던 천이 맞을까, 아니면 마사아키의 바람처럼 어딘가 꿈처럼 아름다운 남쪽 섬에 상륙해서 로빈슨 크루소처럼 가슴 두근거리는 모험의 날들을 보내고 있을까? 어느 쪽일지는 작가와 두 아이들만이 알고 있겠지만, 독자의 입장에서는 그 어느 쪽이든 그들이 꿈을 이룬 것이라 생각된다. 남겨진 아이들이 함께 떠나지 못했음을 후회할 그런 꿈을.

필자는 상담을 위해 일주일에 한 번씩 중학교와 고등학교, 또한 복지관 등을 방문한다. 그럼 내담자로 오는 아이들이 대부분 학교에서(선생님이) 바라보는, 사회에서 바라보는 문제아들인 경우가 많다. 그럴 때마다 '이 아이들에게는 아무런 문제가 없는데, 다만 그 아이들을 수용해주지 못하는 어른들과 학교, 사회가 문제다'라는 생각을 한다. 하지만 그들이 처해있는 현실이 그러니 딱히 해줄 수 있는 것이 적어서 늘 안타까움을 느끼고 있었다.

그런데 독서치료를 통해 그 아이들과 만날 때 활용할 수 있는 좋은 책이 또 한 권 출간되어 반가운 마음이다. 무엇보다 한두 번 그러다가 다시금 어른들과 사회의 압력에 의해 올바른(?) 자리로 돌아오는 모습이 아니라, 끝내 자신들의 희망을 찾기 위해 바다로 떠나는 주인공이 등장하는 책이어서 말이다. 아마 이 책을 청소년기 아이들에게 보여준다면, 많은 아이들은 동일시는 물론 카타르시스를 느낄 것이다. 더불어 그들 마음속에도 태평양처럼 넓고도 깊은 바다를 품게 되리라. 언제 터질지 모르는, 터지고 나면 굉장히 쓸쓸해지는 다이너마이트 대신.

(3) 『오리와 부엉이 / 한나 요한젠 글, 케티 벤트 그림, 임정희 옮김 / 꿈터』

   "옆 자리에 앉은 친구를 한 번 쳐다보세요. 어때요, 나와 모습이 같나요?"
   "아니오!"
   "그럼 다른가요?"
   "네, 거의 다 달라요!"
   "맞아요, 우리는 이렇게 서로 달라요!"

우리는 모두가 다르다. 사람, 인간이라는 종은 같지만, 피부색, 머리카락 색깔, 키, 몸무게, 취향 등 모든 것이 다르다. 물론 때로는 서로 비슷한 면을 발견해 더 친한 사이가 되기도 하지만, 그 역시 정도나 수준이 다르다고 말할 수 있다.

누가 이를 모르는가? 하지만 알고 있으면서도 하는 행동을 보면 그렇지 않다. 그렇다면 일부러 그런다는 말인가? 이는 더욱 배신감이 드는 일이다. 또한 나쁘다는 가치판단을 내릴 수 있는 일이기도 하다. 왜냐하면 그로 인해, 그러니까 '다름'에 대한 차이를 이해하고 인정하는 것이 아니라, 차별하고 나쁘다고 평하는 행동으로 인해, 그 대상들은 좌절감, 상실감, 모멸감 등을 경험하기 때문이다. 둘 사이의 심리적인 거리가 더 멀어진다고 표현하면 적절할지 모르겠다.

여기 많이 닮아 있으면서도 또 상당히 다른 오리와 부엉이가 있다. 부엉이는 자작나무 위에 살고, 밤에 활동을 하는 대신 낮에는 잠을 잔다. 또한 쥐 등을 잡아먹고 산다. 반면 오리는 연못에 살고 물속에서 먹을 것을 구한다. 또한 낮에 활동을 하고 밤에 잔다. 서로 이렇게 다른 모습으로 살아가는 둘이, 어느 날 낮에 만나게 된다. 그런데 둘은 그 만남의 시간을 서로 헐뜯는 것으로 다 보낸다. 이유는 서로 다른 면을 인정하는 대신 '틀리다'며 자신에게 맞추려 했기 때문이다. 그런데 그게 어디 가당한 일인가? 절대 그럴 수 없다. 하늘이 무너져도 오리는 오리고, 부엉이는 부엉이니까.

한참을 싸우던 둘은 어느 순간 서로 왜 싸우고 있는지 모르겠다며, 그 상황에 대해, 서로의 다름에 대해 자각을 한다. 또한 그 다름은 전혀 문제될 것이 없음을 알게 된다. 그러자 둘은 그동안 보지 못했던 서로의 장점을 발견하기에 이르고, 결국 진정한 친구로 거듭나게 된다.

우리는 아주 쉽게 다름의 차이를 인식하는 것 같다. 이는 어쩌면 불안으로부터 자신을 보호하려는 본능과도 같은데, 때로는 자신에 대한 보호 본능이 지나쳐 그럴 의도가 없는 상대방을 해치는 경우로까지 번지는 것 같다. 물론 그렇다고 해서 낯선 환경이나 사람들을 처음부터 이해하고 인정하라는 것은 아니지만, 색안경을 빼놓고 객관적으로 보려는 노력은 기울일 수 있으리라. 만약 그렇게 할 수 있다면 나 자신부터 행복해질 것이다. 나아가 넓은 범위에 포함될 우리들까지도.

(4) 『블루시아의 가위바위보 / 국가인권위원회 기획, 김중미 외 글, 윤정주 그림 / 창비』

언제부터인지 우리나라에 외국인 노동자들이 들어오기 시작하더니, 이제는 조금만 주의 깊게 살펴보면 아주 가까운 곳에서도 그들을 볼 수 있을 정도가 됐다. 그만큼 우리나라에 상주하고 있는 외국인들이 많다는 이야기인데, 그러다 보니 항상 빠지지 않고 대두되는 것이 그들의 '인권'에 대한 면이다. 물론 개개인별로 접근하면 한두 가지 어려움 없는 사람 없겠지만, 이 경우는 특정 개인의 문제만이 아닌 외국인 노동자 전체에 대한 부분이므로 실로 중요하다 하겠다.

그렇다면 그들은 우리나라에서 어떤 대우를 받고 있는가? 어떻게 살아가고 있기에 '인권'이라는 단어까지 나오는 것일까? 이 부분에 대해서는 굳이 말하지 않아도 알 것이다. 아니 말을 하는 것이 우리의 치부를 드러내는 것이므로 부끄러워 말하고 싶지 않은 것이 진심이다. 그만큼 외국인 노동자들을 대하는 우리의 자세에는 문제가 있기 때문에.

이 동화는 국가인권위원회가 기획하고 동화 작가 몇 분이 참여해 외국인 노동자가 처해 있는 인권의 실상을 알려주는데, 우선 아이들이 외국인 노동자에 대해 다시 한 번 생각해 볼 수 있는 기회가 될 것 같았다. 아니 오히려 편견 어린 시각은 어른들이 더 많기 때문에 어른들이 먼저 읽고, 아이들에게도 읽히며 이야기를 나누었으면 하는 바람이 생겼는데, 다만 몇 편의 동화 내용이 거의 비슷해서 나중에는 지루해지는 경향도 있는 것이 단점이었다.

외국인 노동자, 농촌으로 시집을 온 동남아시아의 여인들, 그리고 그들의 자녀들까지 우리는 이미 너무나 많은 저들과 함께 살아가고 있다. 하지만 아직도 '우리'라는 테두리를 '저들'에게는 허용하고 싶지 않은 것 같다. 불과 몇 십 년 전에는 우리나라 청년들도 더 잘 사는 나라로 가서 비슷한 일을 겪었다는 사실을 벌써 잊기라도 한 듯 말이다.

하지만 이미 그들은 우리 안에 들어와 있고, 그들이 없이는 살아갈 수 없는 환경들도 많다. 그러니 '우리'와 '저들'이라는 마음의 벽을 허물고, 모두가 '우리'라는 마음을 가져보면 어떨까? 그렇다면 우리는 더욱 다양해질 수 있을 것이다.

(5)『칠판 앞에 나가기 싫어! / 다니엘 포세트 글, 베로니크 보아리 그림, 최윤정 옮김 / 비룡소』

나는 현 시대를 살아가고 있는 아이들이 '교육'이라는 한 분야를 통해서만 봐도 정말 대단하다고 생각한다. 태어나기 전부터 '태교'라는 이름으로 시작되는 교육은, 최소한 대학교를 졸업할 때까지 전방위적으로 실시되는데, 그 양이 실로 엄청나다고 말할 수 있다. 이제는 세계화라는 그럴듯한 수식어까지 하나 더 붙었으니, 미처 우리말을 제대로 구사하기도 전에 외국어를 가르치는 현상이 전혀 이해하지 못할 일은 아니다.

하지만 오랜 세월 동안 교육 현장에서 아이들을 만나 온 내 입장에서도 안타까운 점이 많다. 인성보다는 성과를 중심으로 끊임없는 경쟁을 강요받는 아이들이다 보니, 그에 따른 부작용도 여러 현상으로 나타나고 있는데, 우리는 그런 현상들을 통칭해 학교 부적응이라 부르기도 한다.

여기 칠판 앞에 나가고 싶지 않은, 선생님과 친구들 앞에만 서면 한 없이 작아지는 아이, 아니 그 전에 학교에 갈 생각만 해도 배가 아픈 아이 에르보가 있다. 그런데 배가 아프다고 하면 엄마는 너무 많이 먹은 초콜릿 때문이라 하고, 아빠는 게을러서 학교에 가지 않고 집에서 놀려는 핑계라고 생각하신다. 사실 에르보는 목요일마다 선생님께서 한 사람 한 사람씩 칠판 앞으로 불러 내 수학 문제를 풀게 하는 것이 겁날 뿐인데 말이다. 그 상황에 접하면 숫자도 제대로 안 세어지는데 말이다.

그러나 그 이야기를 누구에게도 할 수 없다. 부모님이나 선생님은 물론 친구들에게도 말이다. 왜냐하면 겁쟁이라고 놀림 받을 것이 뻔하기 때문에! 상황이 이러니 에르보는 수업 시간이 너무 두렵고 힘들다. 혹시 선생님이 자신을 지목하지 않을까 하는 걱정에 더욱 집중을 하기도 힘들다.

그런 걱정에 골몰해 있던 찰라, 에르보의 담임선생님께서는 연수를 가시며 비숑 선생님을 소개해 주신다. 그런데 비숑 선생님은 아이들의 얼굴도 제대로 쳐다보지 못하고 귀까지 빨개지셨다. 마치 에르보가 그러는 것처럼. 그러자 에르보는 비숑 선생님을 도와주고 싶다는 생각에, 자신도 모르게 칠판 앞에 나가 멋들어지게 구구단을 외워 낸다. 정작 선생님이 묻고 싶은 질문이 무엇이었는지 듣지도 않은 채 말이다.

나는 이 책을 아주 재미있게 읽었는데, 다 읽은 후에는 '과연 에르보가 용기를 낼 수 있게 만든 요인이 무엇일까?'에 대한 생각을 해봤다. 글쎄, 그 정답은 에르보만이 정확히 알 수 있겠지만, 내 생각에는 평가에 대한 불안에서 벗어난 마음이 아닐까 싶다.

사실 에르보가 수학시간이 있는 목요일에는 배가 아픈 듯 느끼고, 선생님이 책상 사이를 걷고 있으면 혹시 자신의 이름을 부를까 자세를 낮추며, 칠판 앞에 나가면 그동안 열심히 연습했던 것들조차 까맣게 잊어버리는 현상은 '심리적인 불안'에서 오는 것이다. 만약 에르보처럼 막상 칠판 앞에 나갔을 때 제대로 답변을 하지 못하거나 문제를 틀리게 되면, 그에 이어질 선생님이나 다른 친구들의 평가가 어떨지는 굳이 말하지 않아도 될 것이다. 따라서 그에 대한 불안감이 쌓이고 쌓여 이제는 신체화로 연결된 것이며, 종래에는 학습 부진으로까지 이어질 것이라는 생각이 든다.

그렇다면 에르보처럼 이런 불안을 갖고 있는 아이들에게 우리 교사들이 해줄 수 있는 일은 무엇일까? 물론 에르보를 통해 용기를 갖게 하기 위해 이 책을 꼭 권해주는 것은 물론, 매순간 아이들을 평가하는 자세를 버리면 어떨까 싶다. 대신 격려와 지지, 이해와 수용으로 아이들을 대한다면, 아마 칠판 앞에 나가기 싫은 것은 물론 학교에 오고 싶지 않은 아이들도 사라질 것이다.

학교에 대한, 공부에 대한 불안 때문에 자신감이 필요한 아이들에게 권해주고 싶은 책이다.

(6)『탄광마을 아이들 / 임길택 글, 정문주 그림 / 실천문학사』

나는 책을 읽을 때마다 '정말 책이라는 게 있어 고맙다'라는 생각을 자주 한다. 이유는 이렇게 다양한 이야기들을 너무나 쉽고 편하게 읽기만 해도 많은 것들을 알 수 있으니 말이다. 흔히 책을 읽으면 대리 경험을 할 수 있다고 하는데, 정말 직접 체험해 볼 수 없는 일들을 이처럼 상세하게, 가끔은 맛깔스럽게 전해주는 책들이 많이 있으니 절로 고마운 마음이 들 수밖에 없다.

'탄광마을 아이들'. 나는 아직 탄광마을에 한 번도 가 본 적이 없다. 「훌라 걸스」라는 일본 영화를 통해 탄광 지역의 삶을 엿본 적은 있지만, 온 몸으로 만나보거나 느껴본 적이 없다. 어쩌면 음울

한 정경과 그들의 찌든 삶을 굳이 만나고 싶지 않았는지도 모른다. 애써 피한 것은 아니지만, 그렇다고 굳이 찾아가고 싶지도 않았던 것이다.

때문에 탄광마을이 어떤지, 그 마을에 살고 있는 사람들은 누군 지, 그들은 어떻게 살아가는지 정말 하나도 몰랐는데, 임길택 선생 님의 동시집을 통해 아주 조금은 알 수 있었다. 그곳이 어떤지, 그 마을에도 우리와 같은 사람들이, 우리와 똑같은 모습으로 살아가고 있다는 것을 말이다.

이 동시집에 실린 모든 시들이 좋았지만, 비록 남들 앞에서는 아버 지의 직업이 부끄러웠으나, 거울 앞에서 아버지가 '광부'임을 자랑스 러워하는 아이의 모습이 인상적이었던 '거울 앞에 서서'를 옮겨 본다.

거울 앞에 서서

아버지 하시는 일을
외가 마을 아저씨가 물었을 때
나는 모른다고 했다

기차 안에서
앞자리의 아저씨가
물어왔을 때도
나는 낯만 붉히었다

바보 같으니라구
바보 같으니라구

집에 돌아와
거울 앞에 서서야
나는 큰 소리로 말을 했다

우리 아버지는 탄을 캐십니다
일한 만큼 돈을 타고
남 속이지 못하는
우리 아버지 광부이십니다

(7) 『아무거나 아저씨의 잘못된 선택 / 장수하늘소 글, 이선영 그림 /
    네오비전』

인생을 살아가면서 우리가 하게 되는 선택은 총 몇 번일까? 사람에 따라 다르겠고, 하고 있는 일, 만나는 상황마다 물론 다를 것이다. 그런데 확실하게 말할 수 있는 한 가지는 우리 모두 무수히 많은 선택을 해야 한다는 점이다. 실제 하루 일과만 살펴봐도 아침에는 무엇을 먹을 것인가, 옷은 무슨 색깔을 입을 것인가, 어떤 책을 읽을 것인가 등등 아주 많은 선택을 해야 한다. 그러니 그것을 평생으로 환산했을 때 얼마나 많은 선택을 하게 되는지 대략 짐작해 볼 수 있겠다.

때문에 선택은 너무나 중요한 일이다. 결과적으로 항상 올바른 선택만을 하면 좋겠지만, 우울하게도 우리는 시행착오라는 것을 겪기도 한다. 때로는 너무 잘못되어 버려서 다시 되돌릴 수 없는 경우도 있다. 그렇다면 그에 대한 책임 역시 자신의 몫으로 남아버리니, 마음 아픔은 두 배, 세 배가 되기도 한다. 따라서 합리적인 선택을 할 필요가 있는데, 이 책은 다양한 상황을 들어 선택의 중요성과, 그 책임에 대해 이야기 해준다.

따라서 선택을 잘 못하는 우유부단한 어린이, 매사에 자신감과 확신이 없는 어린이들에게 도움이 되겠는데, 이미 알고 있거나 어디서 한 번 들어봤음직한 내용들은 쉽게 다가갈 수 있는 이점도 될 수 있겠으나, 신선함이 없어서 오히려 지루함으로 다가갈 수도 있겠다. 그렇다면 이 책을 골라서 끝까지 읽을 것이냐 아니냐에 대한 선택은 또 우리가 해야 될 일이겠다.

(8) 『다리가 되렴 / 이금이 글, 원유미 그림 / 푸른책들』

엄마를 잃고 고모 집에서 살던 은지는, 아빠와 함께 안터말로 이사를 가게 된다. 하지만 쉽게 친구를 사귀지 못하다가 희망원이라는 고아원에 살기 때문에 다른 친구들에게 따돌림을 받는 윤철이를 먼저 알게 된다. 그런데 윤철이는 늘 사람들이 좋지 않게 생각하고 멀리하기 때문에 자신도 마음의 문을 닫아 버려, 은지에게도 마음을 열지 않는다. 때문에 은지도 점점 윤철이를 멀리하게 됐는데, 오디를 따먹기 위해 희망원에 몰래 들어갔다가 윤철이의 도움을 받으면서부터 윤철이의 마음을 이해하게 된다. 따라서 마을 친구들과 윤철이, 나아가 희망원과의 마음트기를 위한 다리가 되겠다는 결심을 하는데, 그 결심은 30년 만에 고향으로 돌아온 덕진 서방님의 여름 글방 덕분에 생각보다 빨리 실천된다. 결국 여러 사건을 겪은 끝에 윤철이와 안터말 친구들, 아울러 희망원 친구들까지의 마음트기에는 성공을 하지만, 은지는 아버지마저 위암으로 잃게 되고 윤철이는 미국으로 입양이 되어 가버리게 된다.

이 책은 이금이 선생님의 첫 장편동화라고 한다. 역시 저자의 어린 시절 경험에서 우러난 이야기라는 설명글이 붙어 있는데, 내용은 마치 어른들이 즐겨 보는 드라마와 같다는 느낌이었다. 사랑과 우정, 주인공의 시련과 희망, 노력 등…. 그래서 진부하다는 느낌도 들었는데, 아픔을 갖고 있는 사람들을 이해하고 희망을 잃지 않고 살아가는 주인공을 통해 밝고 긍정적인 메시지를 주는 주제는 마음에 들었다. 특히 희망원이라는 고아원에 살기 때문에 모두 나쁜 아이들일 거라는 편견을 깨어 주는 내용은, 아이들에게도 큰 가르침이 될 것 같다. 아울러 현재 은지나 윤철이처럼 남다른 아픔을 갖고 살아가는 친구들에게도 희망을 줄 수 있을 것 같아, 독서치료적인 관점에서 도움이 되겠다는 생각도 해본다.

(9) 『어린이가 만날 10년 후 세상 / 공병호 지음, 우지현 그림 / 녹색지팡이』

어렸을 때 「시간 탐험대」라는 만화를 본 기억이 난다. 그 만화에는 말도 하고 재미있게 생긴 주전자가 하나 나오는데, 이 주전자는 시간을 자유롭게 넘나들 수 있는 타임머신이다. 덕분에 주인공들은 이동하고 싶은 곳으로 자유롭게 움직여 문제를 해결한다는 내용이었다.

'시간을 되돌릴 수는 없을까?' 혹은 '미래를 미리 다녀올 수는 없을까?' 이런 상상을 누가 가장 먼저 했는지, 언제부터 했는지는 알 수 없지만, 이런 상상 때문에 타임머신이라는 것도 생각해 낼 수 있지 않았을까 싶은데, 현실적으로 시간을 넘나드는 일은 불가능하다. 그래서인지 우리는 그 일에 대해 열망하는 것 같은데, 그 중에서도 특히 미래에 대한 궁금증이 더 큰 것 같다.

하지만 미래의 내 모습을 미리 보는 것이 과연 좋을까? 구두쇠 스크루지 영감은 쓸쓸히 죽어가는 자신의 모습을 보며 180도 달라진 삶을 설계해 결국 행복한 죽음을 맞을 수 있었지만, 성공한 모습을 보고 돌아와 오히려 나태해지는 사람들도 있을 거란 생각이 든다. 결국 타임머신을 통해 미래를 다녀오는 이야기들이 담고 있는 주제는, '현재 생활에 만족하고 열심히 생활하라. 그러면 미래도 자연 행복해질 것이다.'인 것이다.

그렇다면 미래의 모습을 가장 궁금해 하는 계층은 누구일까? 사실 모든 계층이 궁금해 하겠지만, 그 가운데 아이들이 단연 으뜸이지 않을까 싶다. 미래의 모습에 대해 하루에도 몇 번씩 다른 설계를 하는 아이들은, 그 많은 꿈들만큼이나 호기심도 크기 때문에, 10년 후, 20년 후, 더 이상의 미래에 대한 궁금증도 무척 클 것 같다. 하지만 여기서 간과해서는 안 되는 일이 미래의 변화를 미리 생각해 보고, 그에 대한 준비를 철저히 하는 것이리라. "꿈★은 이루어진다!"라는 말을 내 일로 실현시키기 위해서는, 그만큼의 준비와 노력이 필요하다는 말이다.

그런 면에서 이 책은 미래를 설계하는 아이들에게 도움이 될 것이다. 아들이 묻고, 아버지가 대답을 하는 형식으로만 구성되어 있어 약간 지루하기는 하지만, 변화 관리 및 경제 경영 전문가인 저자가 다양한 분야, 다양한 주제에 걸쳐 쉽게 이야기를 해주시기 때문에 아이들에게는 도움이 되겠다. 10년 후 세상의 주인공이 되고 싶은 아이들에게, 미래에 대한 자신감이 없는 아이들에게, 아직 꿈을 설계하지 못한 아이들에게 실용적인 자가 치료서로 권하고 싶다.

(10)『일하는 엄마의 그림 편지 / 박기영 지음 / 다섯수레』

전 세계적으로 엄마들의 자녀에 대한 사랑은 모성애라는 이름으로 어느 정도 보편성을 띠지만, 나는 그 가운데서도 우리나라 엄마들만큼 헌신적으로 자식들을 돌보는 경우는 또 그렇게 많지 않을 것이라 확신한다. 그만큼 우리나라 엄마들의 자식 사랑은 특별하다 못해 지나친 경우도 많은데, 이 책은 자식을 두고도 직장 생활로 인해 함께 하는 시간이 적었던 한 엄마가, 일하러 나가기 전 아이에게 당부하고 싶은 이야기를 그림으로 그려 전해준 그림 편지들의 모음이다.

그래서인지 전문 작가의 느낌이라기보다는(실제로 전문 작가도 아니기 때문에), 자녀에 대한 사랑의 마음이 아주 큰 보통 엄마의 정성어린 편지 같다는 느낌이 더 강하다. 실제로 아이도 엄마가 남기고 간 편지를 하루 종일 품고 있으며 엄마를 그리워했다고도 하니, 그야말로 엄마와 자식을 하루 종일 정서적으로 연결해 준 소중한 매체가 된 셈이다.

심리학에서는 특히 영유아기를 중요하게 본다. 이유인즉슨, 일생일대를 결정할 모든 것들이 형성되는 시기이기 때문인데, 특히 부모로부터 사랑과 정성을 받아 안정된 애착을 형성하고, 나아가 신뢰감을 가질 수 있느냐 없느냐의 여부도 결정되기 때문이다.

그렇다고 해서 엄마와 자녀가 하루 종일 같이 있는 것만이 중요한 것은 아니다. 엄마가 자녀에게 주는 사랑의 양보다 질이 더 중요하다는 말을 많이 하는데, 단 1시간을 함께 보내더라도 그 동안의 나눔이 더 클 수 있기 때문이다. 그러니 이 글의 저자처럼 아직 자녀가 잠자리에 있을 때 일을 나가야 했던 경우도, 이렇듯 사랑과 정성이 담긴 그림편지를 통해서 정서적인 교감을 나누었으니, 양적이기 보다는 질적으로 자녀에게 충분히 다가간 셈이다.

우리 사회의 출산율이 갈수록 떨어지고 있다고 한다. 그만큼 자녀를 키우는 일이 어려워지고 있음을 반영한 결과라고 볼 수 있겠는데, 그렇기 때문에 더욱 귀하게 느껴지는 아이들을 더 잘 키우기 위해서 일을 하는 엄마들. 그녀들의 고민은 항상 '우리 자녀를 어떻게 하면 잘 키울 수 있을까'일 것이다.

그에 대한 결론을 말하자면, 물론 함께 하는 시간을 통해 애착과 신뢰감 등을 형성하는 것이 가장 좋겠지만, 현실적으로 어려운 부분도 많으니, 이 그림 편지의 작가처럼 비록 몸은 떨어져 있지만 항상 심적인 지원을 보내고 있다는 인식을 심어준다면 어떨까? 부모와 자식은 천륜이라고도 하는데, 그 천륜의 끈을 지켜나가기 위한 노력 역시 필요할 것이다.

그런 노력의 일환으로 태어났을 때부터 육아일기를 써 온 엄마, 성장사를 고스란히 사진과 함께 기록해 두고 있는 엄마, 어떤 일이 발생할 때마다의 이야기를 편지로 남겨 놓는 엄마 등, 우리 주변에는 많은 노력을 기울이는 엄마들도 많다. 그렇다면 그런 것들을 모아 두었다가, 자녀가 엄마의 사랑을 의심할 때 한 번씩 보여주자. 그렇다면 그 어떤 것보다도 강력한 치유 효과를 발휘할 것 같다. 부모와 자식을 연결해 주는 사랑의 끈, 그것은 정말 강력하고도 진하다!

(11)『이젠 비밀이 아니야 / 유정이 글, 원유미 그림 / 푸른책들』

2002년도. 우리나라 전역에 한창 월드컵 열기가 뜨거울 때, 저는 경기도청 문화정책과에서 주관한 해외도서관 선진 연수에 참가하고자 암스테르담을 경유해 노르웨이로 가는 비행기에 올랐다. 그런데 그 비행기에는 홀트아동복지회를 통해 우리나라 어린이를 입양해 가는 유럽인 부부가 타고 있었다. 그 부부는 아이가 마치 소중한 보물인 듯 가슴에 꼭 안고 있었는데, 그 아이는 새 부모의 품이 너무 낯설었는지, 아니면 비행기 안의 여러 상황들이 맞지 않았는지 자지러지게 울어댔다. 그래서 우리 일행들이 관심을 갖게 됐는데, "우리가 가서 좀 안아줘 볼까?", "아니야, 그건 실례되는 일이야.", "어차피 저게 저 아이의 운명이라면 그냥 두자!" 등의 이야기를 나누기도 했다. 무엇보다 안타까운 마음 때문에 우리도 어찌할 바를 모르고 말이다.

그러다가 합정동 쪽에 있는 유치원에 출강을 하면서, 다시금 홀트아동복지회 건물 앞을 지나며 우리나라 아이를 입양하러 온 외국인 부부들을 많이 봤다. 그럴 때마다 한 편으로는 '아이를 가장 많이 수출하는 나라의 국민'이라는 수치심과 함께, 장애아들도 입양해 가서 훌륭하게 키워주는 그들에 대한 존경심도 갖게 됐다. 아무튼 이렇듯 입양이라는 부분은 내게 안타까운 마음을 먼저 갖게 만드는 일인데, 이 책 「이젠 비밀이 아니야」는 그런 내게도 약간의 희망을 심어준 책이다.

이 책의 지은이 유정이 작가는 사회적 소수자에 대한 관심과, 10년간 불임의 어려움을 겪은 본인의 경험을 바탕으로 동화들을 썼다고 한다. 그 가운데 사회적으로 큰 관심을 받지 못하는 '입양'이라는 사건을 공론의 자리로 이끌어 내면서, 그것이 무엇인가를 많이 가진 자들이 그렇지 못한 자들에게 베푸는 동정이나 연민, 구호가 아니라, 진정한 사랑의 행위라는 점을 강조하고 있다. 또한 아이를 버리거나 입양을 하는 어른들의 관점이 아니라, 부모에게 버려졌거나 또 다른 부모에게 입양을 당하는 입장인 아이들의 시작에서 이야기를 전개시키고 있어, 독자들에게 새로운 시각도 제공해

94

준다. 그야말로 '아주 특별한 입양아들 이야기'인 셈이다.

우리나라에서의 입양은 여러 조건들 때문에 꽤 까다롭다고 알려져 있다. 그래서 국내 입양이 더 잘 이루어지지 않는 면도 있다고 생각하는데, 이런 부분들부터 완화되어 '사랑'으로 '가슴'으로 맺어질 수 있는 또 하나의 가족이 많아졌으면 하는 바람이다. 아울러 사회적으로 공론화 시킬 수 있는 위치에 있는 분들의 자발적인 실천도 이루어졌으면 하는 바람이다. 대표적인 예로 연극인 윤석화 씨의 입양이나, 차인표·신애라 부부의 둘째 등이 그것이다. 이렇듯 '입양'이라는 것이 특정인들이 특별한 관심과 희생을 통해서만 할 수 있는 비밀스러운 것이기 보다, '이젠 비밀이 아닌' 일로 공공연하게 이루어졌으면 한다. 만약 그렇게만 된다면 우리나라가 갖고 있는 오명도 벗을 수 있겠고, 우리 아이들도 우리나라에서 우리 손으로 키워질 수 있겠다. 입양을 생각하고 있거나, 입양 당사자인 분들께서 읽어보면 좋을 책이다.

(12)『거인들이 사는 나라 / 신형건 시, 김유대 그림 / 푸른책들』

나는 신형건이라는 시인을 좋아한다. 나보다 나이는 10살이 많지만, 지인들을 통해 들은 신 시인은 나와 닮은 점이 꽤 있기 때문이다. 그런데 역시 신형건 시인을 좋아하는 이유 가운데 그 첫 번째는 시를 잘 쓰기 때문이다. 물론 시인의 시에는 상징이나 은유가 없이 보이는 면만 나열했다는 비판이 있기도 하지만, 그 어떤 무엇보다, 다른 누구보다 아이들의 마음을, 아이들의 생활을 잘 담아내고 있는 것으로 그런 점들을 충분히 보충하고 있다고 생각한다. 이는 결국 시를 읽는 아이들에게 충분한 공감을 이끌어낼 수 있는데,

이 점은 시 치료에 있어서 무엇보다 중요한 요소이다. 그렇다면 그의 시 가운데 한 편을 살펴보자.

가 끔

신형건

늘 그런 건 아니지만 가끔
빨간 불이 켜져 있는데 길을 건너고 싶어.
가끔 학교에 가기 싫을 때도 있고
일부러 숙제를 안 하기도 해.
갑자기 나보다 덩치가 큰 뚱보한테
괜히 싸움을 걸고 싶고 가끔
아무런 까닭 없이 찔끔 눈물이 나
그래, 항상 그렇진 않지만
만화가 보기 싫어지기도 하고
공부가 막 하고 싶기도 해.
어느 때 술 취한 어른들처럼
길가에 쉬를 하기도 하고
아무 집 초인종이나 마구 누르고 싶어.
늘 다니던 골목길이 낯설어 보이고
갑자기 우리 집을 못 찾을지도
모른다는 생각이 들어.
어쩌다 엄마가 너무 잘 해주는 날이면
퍼뜩, 난 주워 온 아이라는 생각이 들고
집을 뛰쳐나가고 싶기도 해.
그래서 아무 데고 막 가 보다가도

결국은, 나도 모르게 우리 집으로
발길을 돌리곤 하지.
가끔, 아주 가끔

 어찌 이런 생각이 가끔만 들겠는가? 이 시를 아이들에게 읽히고
모방시를 써보게 했더니 다음과 같은 글이 나왔다.

가 끔

인천대정초등학교
4학년 5반 김○○

늘 그런 건 아니지만
학원 선생님을 혼내주고 싶어.
가끔 친구와 싸우고 나서 집에 와
엄청 울기도 해.
일부러 오빠가 나한테 뭐라고 할 때
오빠를 약 올려 주고 싶기도 해.
또 숙제를 해야 하는데
친구들과 밖에서 놀고 싶기도 해.
이유도 없는데 가끔은
이런 일을 하고 싶기도 해.
매일은 아니고 가끔, 아주 가끔.

가 끔

인천대정초등학교
4학년 5반 노○○

늘 그런 건 아니지만 가끔
동생을 때려주고 싶어.
가끔 막 낙서하고 싶을 때도 있고,
종이를 구겨서 던져 버리고 싶기도 해.
결국은, 아무 짓도 안하고 있기도 하지.
가끔, 아주 가끔.

　나는 이 활동을 하면서 정말 아이들은 모두가 시인이라는 말을 새삼 실감했다. 하지만 더욱 중요한 점은 이렇듯 마음속에 부정적인 마음이 담겨 있기도 하다는 것인데, 이는 결국 어른들과 학업에서 오는 부담, 형제 관계에서의 문제에서 오는 스트레스가 그 원인이라 볼 수 있다. 따라서 적절한 발문을 해 본 뒤, 모방 시 쓰기로 연결을 했더니 저런 글들이 나온 것이다. 모방시를 쓴 뒤, 시를 읽고 마음을 나눈 소감을 물었더니, 아이들은 저마다 '마음이 개운하다', '속이 시원하다', '스트레스가 풀린 것 같다'라는 반응을 보였다. 이는 결국 시 한 편을 통해 치료 효과를 본 것으로, 제시한 시에 대해 전적인 동감을 이루었기 때문에 가능한 일이었다고 생각한다.

　아이들을 위한 글을 쓰는 사람들은(동화, 혹은 동시 등) 마음속에 아이들과 같은 마음 요소가 크다고 생각한다. 그렇기 때문에 아이들의 관점에서 이야기를 풀어낼 수 있다고 본다. 결국 동화나 동시 작가들의 마음속에는 많은 아이들이 살고 있는 셈이고, 작가들 역시 아이들의 마음속에 살 수 있는 것이다. 이 책을 통해서는 시인 신형건 씨가 살고 있는 나라로 떠나보면 좋겠다. 어른이든 어린이든 마음의 문을 활짝 열고 말이다.

(13) 『내 짝꿍 최영대 / 채인선 글, 정순희 그림 / 재미마주』

오늘 아침 강의를 가면서 지하철을 타면 늘 볼 수 있는 무가지(신문)들을 몇 개 봤는데, 하나같이 일면 기사로 직장인 4명 가운데 한 명이 왕따를 당하고 있다는 내용을 싣고 있었다. 결국 25%라는 놀라운 수치의 사람들이 '다르다는 이유' 혹은 '함께 하지 않는다는 이유' 때문에 차별을 당하고 있다는 것이었는데, 솔직히 유쾌하지 않은 일임에는 분명했다. 그런데 그 생각이 무의식 속에 남았었는지, 집에 돌아와서 꺼내 본 책이 '내 짝꿍 최영대'이다.

영대는 시골에서 전학 온 아이이다. 그런데 영대는 아주 조용하고, 굉장히 느렸으며, 누가 자기 흉을 보아도 잠자코 있을 뿐 응대를 하지 않았다. 또한 언제나 같은 옷을 입고 등교했고, 몸도 잘 씻지 않는지 지나갈 때마다 냄새를 풍기기도 했다. 때문에 친구들은 영대를 따돌리는 것은 물론, 같이 앉기 싫다고 거부하기도 했고, 놀리며 괴롭히기도 했다. 영대가 그렇게 된 것이 엄마가 돌아가시고 난 뒤부터라는 영대의 딱한 사정을 알고 난 뒤에도 말이다. 그러던 10월 어느 날, 영대네 반은 경주로 단체 여행을 가게 됐다. 물론 친구들은 영대와 함께 가는 것이 싫었기에 윽박지르며 위협을 하기도 했지만, 결국 영대도 함께 여행을 가게 됐다. 그런데 그 바보 같기만 했던 영대가 '방귀 사건'으로 인해 큰 소리로 울음을 터뜨리고, 이 울음은 그 동안 영대를 괴롭혔던 반 친구들에게 영대를 다시 생각할 수 있는 계기가 된다. 이후 반 친구들은 영대에게 화해를 청하고, 조금씩 조금씩 영대에게 다가간다.

이 책에 등장하는 영대는 출간되면서부터 우리나라 왕따 어린이들의 표상이 되었다. 그만큼 많은 사람들로부터 공감을 얻었다는 뜻인데, 특히 친구들이 축구하는 모습을 바라보고 앉은 영대의 뒷모습은, 그 어떤 슬픈 앞모습보다도 더 많은 표정을 담고 있는 그림이라 회자되기도 했다.

왕따! 우리가 단편적으로 분류하는 이 책의 주제이다. 하지만 조금 더 큰 범주로 보자면 이 책은 상호작용과 소통이라는 주제를 다루고 있다. 결국 학교라는 작은 사회 속에서 더불어 살아가는 방법에 대한 것이기 때문이다. 그 안에서 영대는 다른 아이들과 다르다는 이유 때문에 따돌림과 괴롭힘을 당한 것인데, 이는 앞서 살펴본 영대의 여러 특징들이 가져온 결과이기도 하다. 하지만 결과론적으로 우리는 약자의 편에 설 수밖에 없기 때문에 주인공인 영대의 상황이 더욱 안타깝게 느껴진다. 그렇다면 영대의 태도가 달랐다면 어땠을까? 친구들의 놀림에 적극적으로 응대하는 등의 의사표현을 했다면 말이다. 아마 그랬다면 영대는 왕따를 당하지 않았을 테지만, 영대의 깊은 슬픔을 친구들의 이해할 수도 없었을 것 같다.

'다름!' 이분법적인 시각에서 보자면 '우리'라는 말도 그 안에 포함되지 않는 사람들은 '남'으로 보는, 때문에 지양해야 할 말이라고 하는데, 아무튼 우리 사회에서는 집단에 동화되지 않고 무엇인가가 다른, 일명 '튀는' 사람이나 행동을 용납하지 않으려는 경향성이 강한 것이 사실이다. 덕분에 창의력이 부족하고 개성이 없는 면들도 많이 발견되는 등 부작용도 많은 편인데, 사람들의 인식이 조금만 더 깨어 '나와 다르기 때문에', '우리와 다르기 때문에' 차별을 받는 일은 없었으면 좋겠다. 그렇다면 보다 많은 사람들이 저마다의 모습으로 행복하게 살아갈 수 있지 않을까?

(14)『마당을 나온 암탉 / 황선미 글, 김환영 그림 / 사계절』

〈내 어린 시절부터…〉

꼬끼오~! 수탉도 잠이 덜 깬 목소리로 홰치기를 벌써 두 번. 마을은 이미 깨어 있다가 네가 언제 출발신호를 내려주나 기다렸다는 듯이 바쁜 걸음을 내딛고 있다. 수탉의 소리를 신호로 귀를 틀어막은 해가 서서히 높아지기 시작하면 비로소 농촌의 아침은 일상의 그림들을 그려나가기 시작한다.

내가 태어난 곳은, 비교적 넓은 마당에 채송화, 봉숭아, 달맞이꽃, 맨드라미, 백일홍, 분꽃 등이 자리를 나누어 잡고 다투어 피어나고, 뒷마당에는 장독대 뒤로 감나무, 밤나무, 뽀로수(앵두보다 길쭉하고 하얀 반점이 있는)나무, 고염(감의 일종)나무 등이 있으며, 강아지 한 마리와 닭이 몇 마리쯤은 있는, 논농사와 밭농사를 주로 하는 작은 시골마을 '마정리'라는 곳이다. 어느 시골 마을이든 아침 일찍 일과를 시작하고, 가족 구성원에 따라 저마다의 역할이 주어져 있어 그에 따른 역할을 해내야 함은 물론일 텐데, 늦둥이에다 막내아들이라는 이점이 주어진 내게는, 시골집이나 농사일에 대한 것보다는 학교에서의 생활, 그 안에서 만나는 친구들과의 즐거움이 더 컸던 것 같다.

"난 선생님이 되고 싶어!"
"난 간호사!"
"난 군인이나 경찰이 되어 우리나라를 지킬 거야!"

그 당시 우리들의 꿈은 그렇게 소박하기만 했다. 요즘과 달리 컴퓨터라는 것은 구경할 수조차 없었고, 텔레비전도 없는 집이 있을 만큼 문화적인 요인에서 많이 뒤떨어졌기 때문이었을까? 하지만 우리들은 어느새 마음 깊숙이 저마다의 꿈을 여러 개 품고 있었다. 그런데 지금 생각해 보면 시골에서 살고 있음에도 불구하고 농사를 짓겠다고 한 친구가 하나도 없었다는 것이다. 그것이 환경으로부터의 탈출을 열망하고 있다는 증거였는지, 아니면 무의식중에 나온 결과였는지는 모르겠지만 말이다.

중학교 2학년을 마칠 무렵 우리 가족은 서울로의 상경을 결정했다. 농사일도 힘들고 자식 교육을 위해서도 도시로 가야한다는 결론 하에. 그래서 난 정든 고향, 많았던 친구들을 떠나올 수밖에 없었다.

서울에서의 생활은 혼돈 그 자체였다. 볼거리가 많아 심심하지 않았고, 집안에서 세수며, 화장실, 목욕까지 해결되는 편리함이 있었지만, 새로운 학교, 새로운 친구들과의 만남은 마음을 열고 받아들이기까지 많은 시간을 필요로 했다. 하지만 중·고등학교를 거치며 스스로도 많이 변한 내 자신을 발견할 수 있는 시기였다. 이때부터는 또 다른 꿈을 키우기도 했다.

드디어 대학생이 되었다. 공부나 다른 생활들도 보통 수준이었던 난, 이리재고 저리 재기는 했지만 그래도 원하는 학과에 들어가게 되었다. 그 때부터 나의 꿈은 또 다른 방향으로 나아가기 시작했다.

사회는 역시 만만치 않은 곳이었다. 하필이면 졸업 년도에 IMF라는 악재까지 겹칠게 뭐람! 덕분에 스스로 알아 찾아다니는 등의 자립심이 키워지기는 했지만 적잖은 좌절감도 맛본 때이다. 그래서 계속 공부라는 결정을 내렸다.

학교도서관. 4년여 동안 내가 숨 쉬며 생활하는 공간이다. 그 안에서 만났던 많은 아이들. 그 아이들은 과연 어떤 꿈들을 꾸고 있을까? 아마 내가 어릴 때 꿈꾸던 것과는 차원이 다른 꿈들을 꾸고 있겠지. 어릴 때부터 갖고 있던 꿈을 이루는 사람이 많지 않다고는 하지만, 환경과 상황에 따라 달라지는 꿈들을 위해 목표를 세우고 노력하는 순간은 그 누구에게나 소중한 기억으로 남을 것이다.

〈현재…〉

한 사람이 이 세상을 살아간다는 것은 참 많은 요인들 때문인 것 같다. 현재 내가 하는 일들 역시 어린 시절부터의 많은 일들이 있었기 때문에 가능하지 않았나 싶기 때문이다. 하지만 아직도 내 안에는 해 보고 싶은 것들로 가득 차 있다. 그것들 가운데 몇 가지나 제대로 해볼 수 있을지 모르겠지만 어느 것 하나 버리고 싶은 마음도 없다. 꿈을 갖고 있는 이에게는 희망과 열정이 가득하므로. 마당을 나온 암탉 잎싹처럼 말이다. 항상 좋은 결과를 가져올 수 있을지는 모르겠지만, 적어도 최선의 노력을 기울이는 자에게 좋은 일들이 가득할 것이라 믿는다.

〈등장인물에 관한…〉

·잎싹 – 스스로 이름을 지어 부르는 당찬 아이. 편하게 살아가는 삶을 거부하고 도전과 일탈을 꿈꾸는, 제도권에서 보자면 주제를 모르는 문제아. 철망을 나와 아카시아 나무 아래 살았던 것, 알을 품은 것, 족제비가 사냥에 실패했고, 초록머리가 나는 모습을 본 것 등을 기적이라 여김. 친구로부터 "헛간의 암탉과는 다른 것 같아. 훨씬 당당해진 것 같고, 우아 하고. 참 이상도 하지. 깃털이 숭숭 빠졌는데도 그렇게 보이다니." 라는 평가를 받기도 함.

·**수탉과 암탉** − 권위의 상징. ("볏을 가진 족속은 웃음거리가 되면 안 돼.", "볏에 대한 수치야! 꼴불견 암탉 한 마리가 우리 족속을 웃음거리로 만들었구나. 해의 목소리, 해를 닮은 볏에 대해서 감히! 이런 어리석은 암탉 같으니라고!")

·**족제비** − 잎싹의 꿈과 희망을 방해하는 삶에 있어 고난의 상징과도 같은 존재. 하지만 나름대로의 생존 욕구를 갖고 있음. ("어쩔 수 없었어. 배고팠을 때 하필 눈에 띄었을 뿐이야. 굶지 않으려고 그랬어. 우리는 지금도 배가 고파.")

·**오리 무리들** − 남의 비위를 맞추며 살아가는 기회주의자. ('수탉 앞에서는 기를 못 펴고, 안 보는 데서 흉이나 보다니.')

·**개** − 현실에 순응하며 변화를 싫어하는 사람. ("나는 평생 동안 빈틈없는 문지기로 살아 왔어. 규칙에 어긋나는 일을 하면 안 돼.")

〈독서치료적 적용〉

앞서 살펴본 것처럼 「마당을 나온 암탉」에는 편하게 사는 삶을 거부하고 도전과 일탈을 꿈꾸는, 자존감이 무척 높고 개척 의지 또한 큰 '잎싹'이라는 캐릭터가 등장한다. 따라서 자존감이 낮고, 도전과 일탈을 꿈꾸지만 막상 실천하고 있지 못한 사람들에게 권해주고 싶다.

(15) 『노란 양동이 / 모리야마 미야코 지음, 쓰치다 요시하루 그림, 양선하 옮김 / 현암사』

로또가 나오면서 그 큰 당첨 금액 때문에 한 방을 꿈꾸는 사람들이 많아졌는데, 나는 돈에 대한 욕심이 없어서인지, 아니면 꿈을 꾸지 않기 때문인지(기억을 못하는 건지 모르겠지만, 아무튼 복권 1등에 당첨된 사람들 인터뷰 기사를 본 결과 꿈에 조상이나 용, 돼지, 똥, 대통령 얼굴 등이 나왔다는 것을 떠올리며), 그도 아니면 그런 운명은 아닐 거라는 생각이 짙기 때문인지, 주택 복권이 500원일 때 한 번 샀던 것을 제외하고는(그것도 동전이 필요했는데 마침 복권을 파는 곳이 있었기에) 전혀 경험이 없다. 그런데 그 복권이라는 것이 갖고 있는 것만으로도 어떤 기대를 하게 만드는 효과가 있어, 그 일주일이 설렘 속에 아주 빨리 지나간 듯한 느낌이 들었다. 하지만 그 결과야 가차 없는 꽝이었는데도 일주일간의 설렘 덕분에 괜찮다고 스스로 위로를 할 수 있었다.

그런데 이 책 「노란 양동이」를 보면서 여우에게는 그 양동이가 일종의 복권이 아니었을까 싶었다. 현재 내 것은 아니지만 욕심을 낼 수 있는 것, 설렘 속에 기다리는 과정들, 결국 갖지 못했지만 씩씩하게 위로할 수 있는 부분까지도. 그러면서 '여우가 노란 양동이를 결국 갖게 됐다면, 과연 기다림의 시간 때보다 더 행복할 수 있을까'는 의문이 들기도 했다. 아마 갖게 됐다는 만족감보다 언제 주인이 나타날지도 모르는 불안감, 내 것이 아닌 것을 가졌다는 죄책감 등이 더 컸을 것 같다.

이 책은 독서치료적인 관점에서 보자면 성격이 급해서 기다릴 줄 모르는 아이들, 충동적인 경향이 짙어 과잉 행동을 보이는 아이들에게 적합할 것이다. 나름대로의 규칙을 정해 그것을 실천하는 모습은, 아이들이 스스로 계획하고 그것을 실천하기 위해 노력하는 데 적절한 모델이 될 수 있겠다. 또한 작은 물건을 귀하게 여기지 않는 아이들에게도 도움이 되겠다. 비록 작고 하찮아 보일지라도 의미를 어떻게 부여하느냐에 따라 얼마든지 달라질 수 있다는 점을 보여주기 때문이다.

우리 마음속에 간직된 순수했던 때의 기억을 떠올리게 만들어주는 책인 것 같다.

3) 청소년

(1)『진과 대니 / 진 루엔 양 지음, 이청채 옮김 / 비아북』

이미 우리나라에서도 흔한 풍경이 되어 버렸는데, 많은 사람들은 여러 이유로 미국 등의 나라로 이민을 가거나 아이들의 교육을 위한다며 조기 유학을 보내기도 한다. 필자도 한 때 미국이라는 나라로 유학을 가고 싶어 했는데, 이런 저런 이유로 결국 가지 못하고 막연한 동경만 하고 있는 상태로 남아 있다. 만약 미국에 간다면 어떤 이름을 쓰면 좋을까를 생각하면서.

하지만 다른 나라에 가서 잠깐이라도 산다는 것이 쉬운 일은 아닐 거라 생각한다. 아무래도 30년이라는 세월을 다른 나라, 다른 문화권에서 다른 언어를 사용했으니 말이다. 그렇다면 아이들은 어떨까? 이민을 간 부모님 때문에 그곳에서 태어난 경우는 적어도 언어적인 면에서의 문제는 덜겠지만, 그들과 다르다는 사실은 살아가는 내내 그들을 아프게 만들 것이다. 다른 나라에서 태어나 건너간 경우에는 언어적인 어려움까지 더해질 테고.

진과 대니, 중국계(아버지는 중국인, 어머니는 한국인) 미국인인 이 책의 주인공은 전형적인 동양인이다. 황색 피부에 검은 머리카락, 검은 눈동자까지. 또한 중국식 악센트의 영어를 구사한다. 때문에 진은 친구들로부터 놀림과 따돌림을 받는다. 이상한 냄새가 나는 것 같다, 영어를 전혀 알아듣지 못하겠다는 등의. 그래서인지 같은 반의 백인 여자 아이를 마음에 두고도, 그 앞에만 서면 한없이 작아지기만 할 뿐 표현조차 하지 못한다. 그 여자 아이가 좋아하는 백인 남자 아이처럼 헤어스타일을 바꾸어도 보는 등 미국인처럼 보이려 애도 써보았지만, 친구들로부터 이상하다는 소리만 더 듣게 되고. 덕분에 진은 점점 자신을 부정하게 되고, 나아가 자신은 누구인지에 대해 고민을 하기 시작한다. 중국인 진인지, 미국인 대니인지에 대해.

청소년기는 혼미한 정체감 속에서 자신을 확립해 나가는 시기이다. 즉 내가 누구인지, 비로소 무엇을 할 수 있을 것인지 등을 아는 시기라는 뜻이다. 따라서 이 시기에 확립한 자신에 대한 상(像)은 매우 중요하다. 왜냐하면 긍정적인 상을 갖지 못하면 이 책의 진이 처음에 그랬던 것처럼 자신을 부정하게 되기 때문이다. 그렇다면 그 결과가 어떻겠는가? 굳이 말을 하지 않아도 아실 것이다.

진과 대니, 사실 내게 이 책은 기대 이상의 감동과 재미를 주지는 못했다. 동양인으로서 백인들 틈에서 살아남아야 하는 어려움이 전해지기는 했으나, 손오공 등 중국의 유명한 이야기들을 적절하게 활용한 면이 돋보이기도 했지만, 문화적인 차이라고도 할까 우리나라 청소년들이 재미있게 읽어낼지는 의문이다.

(2) 『비를 피할 때는 미끄럼틀 아래서 / 오카다 준 글,
　　이세 히데코 그림, 박종진 옮김 / 보림』

"이 세상에 마법사가 있다고 생각하나요?"

만약 이런 질문을 받으면 나는 당연히 없다는 대답을 할 것이다. 왜냐하면 이 책에 등장하는 열 명의 친구들처럼 특별한 경험을 한 적도 없고, 직접 만나 보지도 못했기 때문이다. 즉, 나에게는 마법과 같은 일이 전혀 일어나지 않았기 때문이다. 물론 살아가면서 정말 우연과도 같은 일이 일어난 적은 있었지만, 그 일들이 누군가의 마법에 의해서일 거라는 생각은 한 번도 해본 적이 없다.

그런데 이 책을 읽으면서 '나에게는 왜 이런 경험이 없었을까?' 하는 아쉬운 생각이 들면서, 비록 지금은 많은 것들에 색깔을 담아 보게 되는 순수하지 못한 어른이지만, 내게도 이런 경험을 시켜 줄 수 있는 아마모리와 같은 아저씨를 만났으면 좋겠다는 생각이 들었다. 이는 해리 포터나 마녀 위니와 같이 특별한 힘을 갖고 있어 주문만 외우면 많은 것을 뚝딱 해낼 수 있는 마법사와는 다른, 삶의 의미와 가치를 깨닫게 해줄 수 있는 사람과의 만남에 대한 바람인 것이다. 만약 이제라도 그런 경험을 해볼 수만 있다면, 과거 내가 느끼지 못했던 부분들에 대한 깨달음을 통해 유년기의 상처를 치유할 수 있을지도 모른다는 일말의 기대감과 함께 말이다.

이런 생각들 때문인지 열 아이 모두의 이야기가 신비롭고 흥미로웠지만, 그 가운데 가장 마음을 잡은 건 '유키' 이야기이다. "이 집에는 외로운 어린아이 둘이 살고 있는 거야"라는 독백을 통해 외로움을 드러낸 유키, 그리고 그 외로움을 상징적으로 드러낸 창문 모서리와 그림자, 그림자끼리의 악수. 결국 유키는 아마모리 아저씨의 위로를 통해 마음이 따뜻해짐을 느끼고, 엄마를 생각할 수 있는 여유도 얻었다.

하지만 우리가 간과하지 말아야 할 점은, 노부코의 말처럼 어쩌면 아마모리 씨는 어딘가 신비로운 분위기가 있을 뿐이고, 실제로는 아이들 각자가 하나같이 꿈을 꾸거나 상상에 빠진 건지도 모른다. 그럼에도 불구하고 나는 이 책이 특히 치료적인 가치가 있다고 생각하는데, 이유는 그런 꿈과 상상이 아이들 자신에게 통찰과 카타르시스를 제공했기 때문이다. 이는 곧 그 상황에 대한 자각을 돕고 더 나은 삶으로의 변화를 꾀할 수 있는 힘도 제공해 주었을 것이다.

나는 이 책 「비를 피할 때는 미끄럼틀 아래서」를 읽는 내내 「키다리 아저씨」라는 이야기가 생각났다. 키다리 아저씨를 통해 자신의 정체성을 확립하고 마침내 사랑까지 쟁취한 주디처럼, 이 책에 등장하는 열 명의 아이들은, 아마모리 아저씨를 통해 특별한 경험과 용기를 얻은 것 같았기 때문이다.

과연 여러분은 아마모리 아저씨 같은 마법사와의 만남이 필요한가? 그렇다면 여러분에게는 어떤 만남이 필요한가? 어느덧 나 역시도 아마모리 아저씨와의 만남을 갈망하고 있다. 이처럼 처음과 달리 어느새 그를 마법사라고 인정하면서 말이다.

(3)『한니발의 행복 여행 : 꿈의 직업을 찾아서 / 보리스 폰 슈메르체크 지음, 진임선 옮김 / 다른우리』

언제부터인가 경제적인 어려움 때문에 대학을 졸업하고도 취업을 하지 못하는 청년들이 늘고 있다는 기사가 쏟아지기 시작하더니, 급기야 중고등학생들까지도 모험을 시도하려 하기 보다는 공무원 등 생활을 안정적으로 할 수 있는 직업을 택하고자 한다는 설문 결과가 발표되기도 했다. 점점 '꿈'이 아닌 '현실'을 택하는 사람들이 많아지고, 그런 결정을 하는 연령대 역시 점차 내려간다는 이야기인데, 결국 살아가기 위해서 하는 선택이겠지만 어쩐지 행복과는 거리가 멀어지는 것 같아 안타까운 마음부터 든다.

그렇다면 과연 행복은 무엇이고, 꿈의 직업은 또 무엇일까? 각자의 기준에 따라 다른 답을 갖고 있겠지만, 이 책의 저자는 토끼 한니발을 통해 '진정 자신이 하고 싶은 일을 찾아 하는 것'이라고 말한다. 하지만 이 답은 새롭거나 놀라움을 주지는 못한다. 왜냐하면 우리는 이미 이런 '꿈'과 '현실'은 다르다는 것을 잘 알기 때문이다.

즉 '진정 자신이 하고 싶은 일을 하는 사람'은 극히 적고, '진정 자신이 하고 싶은 일을 하더라도' 행복감을 맛보지 못하는 경우도 있음을 안다는 것이다. 그래서 '현실'이라는 측면을 택하는 경향이 있는데, 그렇다고 행복을 느끼지 못하는 것은 마찬가지이다.

정말 어려운 일임에 분명한데, 그럼에도 불구하고 이 책은 이미 '성공'이라는 위치에 오른 한니발을 통해 꿈의 직업을 찾는 과정을 통해, 그런 과정의 중요성, 결국 꿈의 직업을 찾는 모습, 그 후 진정한 성공과 행복을 거두는 결과를 보여준다.

이런 질문을 해보면 어떨까? "이 글을 읽는 여러분들은 과연 행복하신가요? 내가 원하던 꿈의 직업을 갖고 계신가요? 만약 그렇지 않다면 왜 그 일을 하고 계신가요? 당신이 진정 원하는 꿈의 직업을 찾아 나가는 여행을 하지 못하는 이유는 무엇인가요?" 쉽게 대답을 할 수 없다면 이 책을 읽어 보시라. 초등학교 고학년 아이들부터 중고생, 성인들에 이르기까지 간편하게 읽을 수 있는 책이니 말이다.

(4) 『너는 독수리야! / 작은 울타리 글, 윤진경 그림 / 느낌표』

집으로 귀가하던 중 발견한 어린 새 한 마리. 농부는 그 새를 가져와 집에서 닭과 함께 키우게 된다. 그랬더니 그 새는 영락없이 닭과 똑같은 행동을 하지만, 모습은 점점 독수리로 성장을 하게 된다. 그런데 독수리는 아주 빠른 속도로 자라 다른 닭들에게 상처를 입히게 되어, 급기야 농부는 높고도 넓은 하늘을 보여주며 독수리가 본성을 찾을 수 있도록 도와준다.

이 이야기는 「탈무드」에 나오는 것으로, 크게 두 가지 지혜를 전해주고 있다. 그 첫 번째는 자아정체성에 대해 고민하고 있는 사람들에게, '내 삶에서 가장 중요한 것이 무엇인가?'에 대해 다시 한 번 생각해 볼 수 있는 기회를 마련해 준다. 자아정체성은 결국 '내가 나'임을 알 수 있는 중요한 요소이기 때문에, 명확하게 확립할 필요가 있겠다.

두 번째는 부모와 자녀간의 관계에 대해 생각해 볼 수 있게 해 준다. 우리나라 같은 경우 자녀와의 애착 관계가 깊기 때문에, 부모들이 자녀의 삶 전반에 대한 개입도 무척 많이 하는 것 같다. 이런 관계는 자녀들의 이상과 포부를 키워주는 것이 아니라, '안전'과 '보호'를 명목으로 축소시키는 경향이 있는데, 그렇다면 앞서 말한 자아정체성의 확립도 늦고, 더불어 독립에의 의지 등도 낮기 때문에, 결과적으로 넓고 높은 창공을 활공하는 독수리가 아닌, 안마당에서만 뛰어 놀아야 하는 닭이 될 수밖에 없겠다.

따라서 이 책은 자아정체성에 대한 고민을 하는 사람들(특히 청소년들)과 심적으로나 육체적으로 자녀를 언제쯤 독립시키는 것이 좋을지 고민하는 부모님들에게도 권해주고 싶다.

마지막으로 이 책의 그림에 대해 언급하자면, 만화같이 그려져 발랄한 느낌이 들고, 중간 중간 '쉰들러 리스트 기법'을 활용해 요점을 부각시켜 준 것은 좋으나, 탈무드가 담고 있는 지혜의 깊이를 전해주기에는 좀 가볍지 않은가 하는 생각이 들었다. 그 부분이 아쉽게 느껴졌다.

(5) 『사이시옷 / 국가인권위원회 기획, 손문상 외 지음 / 창비』
해마다 전 세계인의 이목을 집중시키는 미국 아카데미 영화제가 얼마 전에 끝났다. 영화제는 준비 때부터 많은 관심을 받는데, 역시 가장 큰 관심이라면 '어떤 작품이 최우수 작품상을 받을 것인가'와, 더불어 '남녀주연상을 누가 탈 것인가'일 것이다. 그런데 올해는 사회의 소수자인(자의든 혹은 타의이든) 동성애자의 사랑과 인종에 따른 차별을 다룬 작품 두 편이 가장 강력한 작품상 후보를 놓고 격돌을 했고, 결국 인종 차별을 다룬 영화 '크래시'가 작품상의 영예를 안았다. 때문에 2006년 아카데미는 소수와 인디를 택했다는 기사가 나오기도 했다.

어쨌든, 우리 사회에서 성 소수자인 동성애자와 인종이 다른 사람들은 그야말로 '차별'을 받는 대상들이다. 이는 다수가 소수에게 가하는 폭력일 수밖에 없는데, 다행스러운 것은 이렇듯 소수자들의 삶과 인권을 조망해 보고, 향상시키려는 노력들이 일고 있다는 점이다. 물론 이런 노력조차도 최근 들어서야 시도되고 있기 때문에, 아직 그들의 삶은 드러내 놓을 수도, 마음놓고 다닐 수도 없는 처지이지만 말이다.

이 책은 일전에 출간된 「십시일반」의 2편 격이다. 역시 인권을 대변하는 '국가인권위원회'에서 기획을 했고, 뜻에 동참한 만화가 여덟 명이 저마다의 특색 있고 유머러스하면서도 예리한 거리를 던져주는 내용들을 담았다. 그들도 차별 없는 세상을 꿈꾸기 때문이리라.

그런데 과연 우리 사회에서 벌어지고 있는 다양한 분야와 사람들에게 가해지는 차별은 언제쯤 현실이 될 수 있을까? 꿈은 이루어진다는 말이 있어 꿈을 크게 갖는 것이 중요하다고는 하지만, 차별에 대한 부분은 도대체 언제쯤이나 꿈이 아닌 현실이 될까 답답하기만 하다.

혹시 '차이'에 대해 이해하고 수용하면 '차별'을 막을 수 있다는 말을 아는가? 보다 큰 이해와 존재 자체에 대한 사랑으로 그 누구도 어떤 이유로 차별을 겪지 않는 세상이 됐으면 좋겠다. 우리 모두는 소중하니까 말이다.

(6)『운하의 소녀 / 티에리 르냉 지음, 조현실 옮김 / 비룡소』

'이 이야기는 이미 앞에서 시작되었다. 그리고 어느 이야기나 다 그렇듯이, 이 책의 마지막 장에서도 끝나지 않을 것이다. 어쩌면 영원히 안 끝날지도 모른다.'

이 이야기의 시작 부분이다. 이 부분만을 읽는다면 「Never Ending Story」나 「천일야화」를 떠올릴 수도 있겠다. 하지만 책을 모두 읽고 나면 가슴 묵직하게 다가오는 그 말의 의미가 내게도 한 겹 덮인 것 같아 답답하다. 이유는 담고 있는 주제가 성폭력이기 때문이다.

20년 만에 얼어버린 운하. 그 앞에 서 있는 한 소녀. 똑같은 풍경에 자리한 소녀는 두 사람이다. 한 사람은 현재 소녀, 또 한 사람은 소녀의 담임선생님이다. 놀랍게도 자신과 닮은 현재의 소녀를 바라보는 과거의 소녀는, 그녀에게 어떤 문제가 있다는 것을 직감으로 알게 된다. 그녀의 직감은 문제의 해결 방안을 암시해 주는 복선처럼 깔리는데, 현재의 소녀는 화실의 미술 선생님에게 성폭력을 겪고, 과거의 소녀는 삼촌으로부터 성폭력을 겪은 상태다. 하지만 그 누구에게도 말을 하지 못한 채, 가슴에 응어리로 남아 있기는 두 사람 다 마찬가지. 특히 과거의 소녀는 20년 동안의 기억을 한 구석으로 억압해 둔 채 생활했는데, 현재의 소녀와 자신을 오버랩 시키며 그 때의 일을 떠올린다. 하지만 현재의 소녀에게 어떤 문제가 있다는 것을 발견하지 못하던 중, 그녀가 써 낸

글의 의미를 파악하고 떠나기로 한 여행을 멈춘 채 현재의 소녀를 구하러 간다.

이 이야기는 두 사람의 이야기이면서, 동시에 한 사람의 이야기이다. 과거의 소녀와 현재의 소녀, 각각 겪은 일이 똑같지만 상황이나 가해자가 다른 점 등은 두 소녀를 각각의 개체로 인식하게 하지만, 결국 같은 유형의 사건으로 상처받고, 고통 받은 것은 같기 때문이다. 결국 현재 고통을 겪은 소녀가 그대로 성장을 하면, 끝내 내면의 치유를 이루지 못한 담임선생님, 즉 과거의 소녀와 같은 생을 살 것이기 때문이다. 그런 면에서 이 이야기는 두 사람의 이야기이면서 동시에 한 사람의 이야기인 것이다.

아무튼 이 이야기에서는 같은 주제를 다룬 다른 책들에서 보여주는 양상과 비슷한 면을 다루어가고는 있으나, 피해자 스스로도 그 상황을 기쁨으로 받아들인 면이 있다는 측면으로까지의 접근을 보여준다. 이런 면은 피해자 스스로가 깊은 수렁에서 빠져 나올 수 있는 힘을 제한하는 요소로 작용을 하는데, 바로 그 점을 간파한 것이다. 실제로 성폭력을 겪은 피해자가 법정에서 진술을 하게 될 때 함께 즐긴 것이 아니냐는 식의 발언을 듣는 경우도 있다고 하니, 미묘하면서도 중요한 부분임에 틀림없다. 물론 피해자 당사자에게는 또 한 번 커다란 수치심을 불러일으킬 테지만.

나는 이 책의 서평을 쓰면서 그 제목을 '끝나지 않는 일'이라고 정했다. 과거에도, 현재에도, 미래에도 일어났고, 일어나고 있으며, 일어날 일인 성폭력. 과연 이 부분은 어른들의 윤리에만 맡겨야 하는 것인지 싶다. 어떤 누구라도(특히 여자) 피해갈 수 없는 비밀스런 통과의례로 남겨져야 하는 일인지 싶다.

두 소녀가 바라보던 운하는 어쩌면 모든 소녀의 운하일지도 모른다. 그렇다면 그 운하의 강물은 영원히 얼어붙지 말아야 할 것이다.

(7) 『얘들아, 너희가 나쁜 게 아니야 / 미즈타니 오사무 지음,
　　김현희 옮김 / 에이지21』

벌써 그만둔 지 십 년도 넘었지만, 학교라는 공간에 머무른 적이 있던 나는, 보통의 어른들이 아무렇지도 않게 하는 말, "요즘 애들은 되바라져서…, 요즘 애들은 건방져서…, 요즘 애들은 자기만 알아서…." 등의 말이, 일종의 낙인찍기이자 편견이라는 것을 직접 느낄 수 있었다. 물론 개중에는 그런 아이들도 있었지만, 그렇다고 그 몇몇 아이들 때문에 모두가 싸잡혀 낙인에 찍힌다는 것은 참으로 안타깝고도 억울한 일이라고 생각하기 때문이다. 그런데 그런 내 마음과 같은 생각을 하고, 13년간 아이들이 그렇지 않음을 아이들 자신에게 일깨워 주기 위한 노력을 하신 '미즈타니 오사무' 선생님의 이야기는 감동을 넘어서 '세상에는 이런 사람도, 이런 선생님도 있구나'라는 경외감마저 가져다주었다.

"얘들아, 너희가 나쁜 게 아니야." 이 말은 이 책의 제목이자 오사무 선생님께서 아이들을 만나면 반드시 해주는 말이라고 한다. 특히 "괜찮아"라는 말은 아이들이 가장 많이 듣는 말이라고 하는데, 그 말 한 마디가 갖고 있는 힘은 실로 놀라운 것 같다. 아마 그 말들 속에는 오사무 선생님의 진심이 녹아 있기 때문일 텐데, 밤거리를 떠도는 아이들이 오사무 선생님께는 마음을 열고 그에게 이야기를 털어놓는다고도 하니, 진심으로 아이들에게 다가간 오사무 선생님을 느낄 수 있었다. 아울러 그 아이들에게 진정 필요한 것이 무엇이었는가도 새삼 깨달을 수 있었다. 그 가운데서도 폭력조직에

서 아이를 빼내기 위해 자신의 손가락을 희생한 부분이나, 마약 상인에게 옆구리를 찔리기도 했다는 부분은, 아이들을 구해내겠다는 선생님의 의지를 엿볼 수 있음과 동시에 왜 그가 그렇게까지 하는가에 대한 의구심도 들게 만들었는데, 역시 어린 시절 비슷한 생활 환경 속에서 자라온 개인의 경험이 크게 작용한 것을 알 수 있었다. 결국 이는 스스로의 치유 과정인 것이다. 아이들을 만나야 외롭지 않다는, 아이들을 만나는 것이 살아 있는 것이라는….

나는 이 책을 읽으며 과거 학교에 근무할 때의 내 모습과, 현재 독서치료를 하고 있는, 상담을 공부하고 있는 사람으로서의 입장을 생각해 봤다. 나는 과연 나를 찾는 이들에게 진심으로 모든 것을 던져줄 수 있는가? 나는 과연 그들에게 오사무 선생님처럼 언제라도 달려갈 테니 힘들 때 주저하지 말고 전화하라고 말하고 있는가? 나는 아직 결단코 그런 모습을, 그런 행동을 하고 있지 못하다. 대신 내 삶도 있는데 난 항상 그럴 수 없다는 합리화 등의 그럴듯한 방어기제가 먼저 떠오른다. 하지만 난 이런 내 모습을 비겁하다고 말하지 않겠다. 뜻이 있다면 항상 길이 있는 법이라는 철칙을 갖고 살면서, 사회에서 소수자로 살아가는, 살아갈 수밖에 없는 사람들을 위한 일을 하겠다는 다짐을 언젠간 꼭 실천할 것이기 때문이다. 그 때가 되면 나도 그들에게 말할 수 있으리라.

"힘들면 제게 전화하세요. 언제라도 달려갈 테니까요."
"모두 괜찮습니다!"

(8) 『Who am I? = 나는 내가 만든다 : 십대를 위한 자기 탐색 교과서 / 정창현 외 지음 / 사계절』

우리나라 청소년들은 그야말로 '공부' 이외에는 아무 것도 할 것이 없다. 물론 대학입시를 위한 공부 때문에 마땅히 무엇인가를 할 만한 시간 여유도 없지만, 정작 무엇을 하려고 시간을 내도 정말 마땅히 할 것이 없는, 그야말로 혜택 받지 못하고 사는 계층이다. 때문에 자아정체감이 흔들려 방황을 하는 친구들도 많고, '무엇을 위해 공부를 해야 하는가?' 등에 대한 고민을 하는 친구들도 많다. 하지만 앞서 이야기한 것처럼 학교는 물론 그 어디에서도 청소년에 대한 관심은 부족하기만 하다. 그런 면에서 이 책은 청소년 스스로 자기 정체성을 찾아갈 수 있도록 도와준다는 측면에서 우선 반갑다.

'십대를 위한 자기 탐색 교과서'라는 부제가 붙은 이 책은, 일선 현장에 근무하는 선생님들께서 5년 동안의 연구와 실제 수업을 토대로 개발한 프로그램을 담은 것이라 한다. 때문에 얼마의 값을 치르고 구입하는 독자들은 너무도 쉽게 그 프로그램을 만나고, 직접 활용할 수도 있으니, 이 역시 좋은 점이다. 그런데 사실 그동안 많이 출판되었던 '집단 상담 프로그램' 등에 제시된 것들과 방법적인 차이만 약간 있을 뿐 아주 새롭다는 느낌은 적은 것도 사실이다.

교과서. 교과서는 말 그대로 학교 상황에서 학생들 모두가 보고 배우는 책이다. 그렇다면 이 책을 실제 교과에 반영하면 어떨까? 그렇다면 보다 많은 청소년들이 자신의 길을 쉽게 택할 수 있을 것이다. 그것이 어른이나 사회의 잣대로 바라보는 우등생이 아닐지라도.

(9)『보름달의 전설 / 미하엘 엔데 글, 비네테 슈뢰더 그림, 김경연 옮김 / 보림』

몇 백 년 전, 아직 사람들이 천사와 악마가 있다고 믿던 때의 일이다. 깊은 산골짜기에 살던 은자는 사랑하던 여인의 배신과, 토마스 아퀴나스가 남긴 말, '자신이 쓴 모든 책은 진실로 속이 빈 지푸라기에 지나지 않는다'를 읽고, 자신의 모든 것을 버리고 떠난다. 그렇게 오랫동안 세상을 떠돌다 산골짜기에 이른 은자는, 꿈속에서 "이곳에 머물라! 내가 여기서 너를 만나고 싶으니라"라는 목소리를 듣고, 오랜 시간동안 그곳에 머물며 약속이 이루어지기를 기다리게 된다. 그사이 은자의 모습은 늙고 여위었으나 그의 정신세계만은 어느 것과도 비교할 수 없을 만큼 숭고해졌다.

그러던 어느 날, 산골짜기에는 모든 것이 달라져야 한다는 결정을 내린, 세상 사람들로부터 쫓기고 있는 도둑이 들어온다. 하지만 그는 산골짜기에서도 본성을 버리지 못하고 행동하다가, 은자를 만나 오랫동안 그를 들쑤시던 가시가 없어진 느낌, 즉 평온을 찾는다. 하지만 은자는 보름달이 뜨는 밤에는 절대 그에게 와서는 안 된다고 말하지만, 결국 도둑은 은자가 믿고 있던 대천사 가브리엘이 실은 나쁜 정령임을 밝힘으로써 오히려 은자를 구원하게 된다.

"내 삶을 바꾸려 하지 말거라. 오히려 삶을 바꿔야 할 사람은 너다. 그렇지 않으면 사탄의 먹이가 될 거다."라고 말하는 절대적 가치 체계 및 신념을 갖고 있는 은자. 반면 세상의 모든 죄를 갖고 있었던, 나쁜 면들을 먼저 발견할 수 있었기에 나쁜 정령을 물리치고 은자를 구할 수 있었던 도둑.

나는 이 책을 읽고 우선 사람들의 '신념' 즉, '가치체계'에 대한 생각을 해봤다. 신념은 한 사람이 이 세상을 살아가는 데 있어서의 방향키와 같은 것일 텐데, 그것이 어느 한 쪽 면에서만 확고부동했을 때 오는 결과는 이처럼 어리석게 비춰질 수도 있으리라. 또한 나는 도둑이었기 때문에 나쁜 정령을 먼저 볼 수 있었던 도둑을 통해, 어떤 경우에도 절대 선(善)은 존재하지 않는다는 것을 깨달았다.

미하엘 엔데는 실로 위대한 작가이다. 그의 진지한 철학적 사유가 담긴 글과, 사실적이면서도 초현실적인 비네테 슈뢰더의 그림은, 우리를 삶에 대한, 신념에 대한, 절대적인 가치, 진실에 대한 통찰로 이끈다. 따라서 이 책은 확고부동한 가치체계를 갖고 있어 주변의 것들을 제대로 인식하지 못하는 사람들과, 교만과 집착, 욕망에 사로잡힌 사람들에게도 권하고 싶다.

(10) 『너는 유일해 / 루드비히 아스케나지 글, 헬메 하이네 그림,
　　이지연 옮김 / 베틀북』

남자는 자신을 알아주는 주인을 위해 죽는다. 반평생 중원을 떠돌아 주군을 만났고, 이제 그를 위해 죽는다. 후회가 있을게 무엇이고, 미망이 있을게 무엇이것냐만은, 허도의 흙을 주군의 토봉에 뿌리지 못하고 가야하는 것이 진정 아프다.　　　　　　　　「위문장(文長)」

삼국지에 나오는 문장으로, 많은 분들이 알고 사용하는 것이다. 나 역시 얼마 전 이 문장을 사용하기도 했는데, 이 문장에서 가장 마음에 와 닿는 부분은 역시 '자신을 알아주는'이다. 사실 어떤 대상을 온전히 이해하고 인정해 준다는 것이 쉽지 않은 일인데, 위 문장의 화자는 바로 그 온전한 이해를 받은 것이고, 그렇기 때문에 자신을 알아주는 사람을 위해 목숨까지 바칠 수 있다고 말하는 것이다.

그런데 이 책 '너는 유일해' 역시 존재 그 자체만으로도 유일하며 소중하다는 내용이 담긴 열편의 동화로 구성되어 있다. 모두 남과

다른 독특한 점을 지닌 존재들이지만, 있는 그대로 자신을 받아들이며 사랑과 삶을 가꾸어 나가는 존재들…. 우리가 보기에는 이미 많은 편견들 때문에 왠지 바람직하지 않고, 부적절하기만 한데도 말이다. 따라서 이 책은 자아존중감이 낮은 사람들은 물론, 존재의 가치를 일깨워 줄 필요가 있는 사람들에게도 권하면 좋을 것 같다.

(11)『유리 소녀 / 베아트리체 알레마냐 지음, 윤정임 옮김 / 베틀북』

'유리로 태어난 아이 지젤, 너무나 맑고 투명해서 모든 것을 투영하고…. 지젤은 사람들의 관심을 받다가 점점 따돌림을 당하게 된다. 그 이유는 무엇일까?' 책의 뒷면에 있는 글을 간단하게 요약하면서 나름대로 의문이 남은 부분을 옮겨 본 것이다. 왜 그랬을까? 처음에는 신기했지만 점점 익숙해지기도 했고, '다름'의 차이를 인정하지 않기 위해? 너무 많은 사람들이 좋아하기 때문에 질투심에서? 물론 그렇게도 생각할 수 있지만, 유리 소녀의 문제는 자신의 생각을 고스란히 드러내 보일 수밖에 없다는 점이었다. 이는 좋은 생각은 물론 나쁜 생각까지도 포함하는 문제점을 내포하고 있는데, 사람들은 바로 그 점을 싫어했다는 것이다. 이는 부모가 아이를 양육할 때 '자신의 모습 중 아주 싫은 모습을 닮아 그대로 표출하는 아이를 심하게 야단치는 행동'으로 나타나는 '전이'와 '역전이' 현상으로 볼 수 있는데, 심리학적인 면에서의 정의를 살펴볼 필요가 있겠다.

전이(transference)란 원래 프로이드가 대상자에게 정신 분석요법을 사용하여 치료할 때 확인하게 된 현상이다. 전이란 대상자가 아동기에 중요한 인물에게 나타냈던 행동양상이나 정서적 반응을 무의식적으로 치료자에게로 옮겨오는 것이다. 예를 들면, 대상자가 어린 시절에 어머니를 미워하였던 감정이 지금의 치료자인 간호사를 미워하게 되는 감정으로 옮아오는 것이다. 이와 같은 전이현상은 무의식적인 갈등에 근거한 것으로서 인간관계에서는 어쩔 수 없이 일어나는 결과이기도 하다.

또한 역전이(counter-transference)란 치료자의 과거 갈등 경험이 무의식적으로 대상자에게로 옮아 대상자에 대해 부적절하고 왜곡된 반응을 보이는 현상이다. 만약 치료자인 간호사가 대상자에 대하여 지나치게 긍정적이거나 부정적인 반응을 나타낸다면 역전이가 일어나고 있는 신호일 가능성이 높다. 간호사에게 있어서 가장 흔한 역전이 증거는 대상자에 대한 지나친 동일시이다. 이러한 상황에서는 간호사가 대상자가 가진 문제와 자신의 문제를 구별할 수 없기 때문에, 대상자의 문제를 인식하거나 이해하는 데 어려움을 겪게 된다.

결국 사람들은 유리 소녀의 생각 속에서 자신들의 모습을 본 것이 아닐까? 부정적인 생각이나 감정 가운데 극구 숨기고 싶었던 모습을 본 것은 아닐까? 그랬기 때문에 유리 소녀는 그들에게 따돌림을 당한 것 같다.

사람의 생각이나 감정만큼 다양성을 띠는 것도 없을 것이다. '오만가지 생각이 다 든다'는 말도 있을 만큼, 우리의 생각과 그에 따른 감정의 변화는 다채로울 수밖에 없는데, 유리 소녀처럼 그 감정들을 고스란히 누군가에게 내보일 수밖에 없다면 너무 힘들지 않을까 싶다. 그렇다고 밝은 생각만 하고 살 수도 없으니 말이다. 밝은 면은 밝은 면대로, 어두운 면은 어두운 면대로 적극 표출할 수 있도록 하고, 제대로 이해해 줄 수 있는 친구나 가족이, 이웃이, 아니면 그 누군가가 있다면, 그 사람의 삶은 행복으로 가득 찰 것이다. 유리 소녀와 같이 삶의 밝고 어두운 면을 모두 갖고 있는 '우리들'에게 권하고 싶은 책이다. 자신은 물론 이 세상을 함께 살아가는 사람들에 대한 통찰을 위해….

(12) 『오, 보이! / 마리 오드 뮈라이 지음, 도화진 옮김 / 솔』

유머는 인간 존엄성의 선언이자 자신에게 닥치는 일에 대한 우월성의 확인이다. - 로맹 가리 -

이 세상을 살아가는데 있어 필요한 것이 정말 많지만, 그 가운데서도 '유머'라는 것은 우리 인생에 활력소가 되기 때문에 꼭 있어야 하지 않을까 생각된다. 특히 요즘 여자 분들이 배우자를 찾을 때 중요시 여기는 것 중 하나가 바로 '유머감각'이라고도 하니, 저 같은 총각들은 이제 필수요건으로 갖추고 있어야 할 만큼 중요해지기도 했지만, 사실 아직까지도 우리나라의 경우 유머보다는 엄숙주의가 더 팽배해 있다고 보는 것이 맞을 것 같다. 반대로 서양 사람들은(미국이나 유럽 쪽, 물론 아닌 경우도 있지만) 유머와 위트를 더 갖고 있다고 보는데, 그런 긍정적인 생각들이 판타지는 물론 재치 넘치는 책을 써내는 기질로도 연결되는 것 같다.

이번에 소개해 드리는 이 책 「오, 보이!」 역시 진부하고 무겁다 할 수 있는 주제를 작가 특유의 유머로 풀어내어 너무나 재미있게 읽힌다는 매력이 있다. 아내는 물론 자식들까지 버리고 나가버린 아빠, 세제를 마시고 자살한 엄마, 백혈병에 걸린 고아와 그 동생들, 변변한 직업조차 없는 동성애자 이복 형, 매 맞고 사는 아내

등이 주요 인물로 등장해, 가정 해체라는 문제에 직면한 세 남매가 다시금 가족이라는 틀 안으로 들어가게 되는 과정이 여러 에피소드와 함께 펼쳐진다. 그런데 이 소설에서 우리가 주의 깊게 봐야 할 것은 무엇보다 '인간에 대한 존중'이 작품 전체에 녹아 있다는 것이다. 아마 우리나라에서 같은 상황이 벌어졌다면 모두들 짐으로만 여기며 서로 떠넘기기 바쁘고, '누구 한 사람 온정을 보내주기나 할까?'라는 의구심이 들기도 하는데, 이 소설의 상황에서는 사회복지사, 후견담당 판사, 의사, 심리 상담의사 등 사회 시스템 내에서 일정 역할을 맡고 있는 사람들이 모두 제 몫을 해주고 있다. 이것이 바로 복지국가와 그렇지 않은 국가의 차이점이겠지만.

이 소설은 결국 우리에게 행복한 결론을 선사해 준다. 아마 그렇지 않았다면 세 남매가 너무나 불쌍했을 것이다. 요즘 우리나라에도 높아진 이혼율로 가정 해체를 경험한 청소년들이 많은데, 그 청소년들에게 이 책을 권하고 싶다. 그들은 물론 우리의 인생에도 항상 유머가 함께 하기를 바라며….

(13) 『아이들의 별 푸른 행성 / 안드리 스나이어 마그나손 글,
오스라우크 존스도터 그림, 유정화 옮김 / 서울문화사』

나는 가끔 어린 왕자와 같은 상태로 평생 늙지 않고, 나만의 별이 있어 그곳에 산다면 어떨까 하는 상상을 해본다. 그런데 이런 생각은 비단 나만 해본 것은 아닐 것이다. 중국의 시황제도 그랬고, 다른 많은 사람들 가운데에는 '늙지 않음', 혹은 '늙어 보이지 않음'을, 이는 결국 '죽음에 이르는 길'을 부정하려는 사람들도 있기 때문이다. 하지만 이는 상상에서만 가능한 일이어야지 실제 그렇게

된다면 한 마디로 끔찍하리라. 나이 들어가는 즐거움도 느껴보지 못할 테니까.

그런데 이 책에는 아이들만 살고 있는 푸른 행성이 등장한다. 잔소리를 하는 어른들도 없고, 간섭을 하는 사람도 없는, 때문에 신나고 행복하게만 지낼 수 있는 그런 행성 말이다. 하지만 호사다마 격으로, 행복하기만 한 푸른 행성에 도착 시 괴물(?)로 비쳐진 '굿데이 아저씨'가 등장한다. 굿데이 아저씨라는 어른의 출현은 결국 아이들의 젊음을 빼앗아 가는 대신, 나비 가루와 고정되어 있는 해의 도움으로 하늘을 날 수 있고, 먼지 등의 오물이 묻지 않는 등 원초적인 즐거움을 맛보게 해준다. 그런데 얻는 것이 있으면 잃는 것도 있는 법! 원초적인 즐거움을 맛보며 살아가는 아이들은, 친구들과의 우정, 소중한 관계, 자연의 이치 등을 잊고 거스른 채 살아가는데, 브리미르와 훌다의 뜻하지 않은 여행으로 친구들은 자신들이 처한 상황을 깨닫게 되며, 다시 모든 것이 정상화 된 아이들의 별 푸른 행성을 되찾게 된다.

아이들만 사는 푸른 행성, 그런데 그 아이들이 어디서 왔는지, 왜 영영 자라지 않는지, 도대체 어떻게 태어난 것인지는 아무도 모른단다. 사실 이 그림책은 판타지 장르에 포함되기 때문에 작가가 충분히 설정할 수 있는 부분이지만, 읽는 이의 호기심을 가중시키기 위한 장치인지 '아무도 모른다'고 규정하고 있다. 그런데 읽는 이들은 오히려 그 부분을 더 재미있고 신선하게 느낄 것 같다. 또한 많은 수상을 한 작품답게 탄탄한 글의 구성이나 그림도 돋보이는 책이다.

네버랜드. 피터 팬 하면 쉽게 떠오르는 상상의 세계, 어린이들의 낙원. 푸른 행성과 마찬가지로 아이들이 꿈꾸는 공간임에 분명하다. 하지만 상상은 상상일 뿐! 굿데이 아저씨처럼 어른은 괴물과 같은 존재라는 생각을 하는 어린이들에게, 우리가 사는 세계도 얼마든지 행복할 수 있다는 점을 알려 주는 것이 어른들의 몫이리라. 그렇다면 어린 시절의 행복한 경험들을 바탕으로 어른이 되어가는 과정 역시 즐겁게 받아들일 수 있을 테니까.

(14) 『삼봉 이발소 1-3 / 하일권 글·그림 / 소담출판사』

나는 일요일마다 실시간 VOD로 KBS-2TV의 「개그콘서트」를 본다. 워낙 재미있는 코너가 많아서 실컷 웃고자 하는 이유도 있고, 유행어를 익혀두어야 아이들과의 소통에도 도움이 되기 때문이다.

그런데 지난해부터 목소리도 또랑또랑하고 발음 또한 좋은 개그우먼이 출연하기 시작하더니, 어느덧 한 회도 빠지지 않고 매회 얼굴을 내미는 터줏대감이 되어 있다. 그녀의 이름은 박지선. 하지만 그녀가 맡는 배역은 늘 못생긴 외모로 인해 제대로 된 대접을 받지 못하거나 상대방이 과장된 반응을 하는 실마리가 되는 역할일 뿐이다. 물론 개그이기 때문에 웃기는 것이 중요하지만, 가끔은 씁쓸함을 감출 길이 없는데 왜냐하면 그녀는 고려대학교 출신이면서 얼마 전에는 「1대 100」이라는 퀴즈 프로그램에 출현을 하여 최후의 1인으로서 2천만 원이 넘는 상금도 받는 등 지적인 면이 많은 사람임을 알기 때문이다. 물론 그녀가 개그우먼으로 성공을 하기까지는 외모가 오히려 득이 되었다고도 하지만, 스스로를 비하하면서까지 위상이 높아지는 측면에는 어쩐지 안타까운 마음이 든다. 그래도 그 정도면 유명해졌으니 자신의 꿈을 이루었다는 뿌듯함과 외모로 인해 고민을 하는 사람들에게는 또 다른 희망을 제공해 준 측면도 있겠지만 말이다.

"너무 불공평해, 태어날 때부터 인생의 반이 결정되어 있잖아."

살아가면서 외모로 인해 어떤 차별이나 멸시, 혹은 스스로 자괴감을 느껴본 적이 있다면 위 문장이 마음에 바로 와 닿을 것이라 생각된다. 사람은 자기 잘난 맛에 살아간다는데, 자신의 장점이나 다른 사람들이 미처 모르는 긍정감보다는, 다른 사람들의 외적인 평가에만 민감해서 잘난 맛은 전혀 없다고 느끼는 이들이 있다. 머리는 부스스하거나 뻣뻣하고, 피부도 깨끗하지 않으며, 크지 않은 눈에 벌름 벌어져 있는 콧구멍, 짧은 목에 작은 키, 게다가 통통한 몸매까지…. 그런데 텔레비전에서 보는 연예인들은 하나같이 예쁘고 늘씬하며 잘하는 것도 많다. 나와는 정반대로 말이다. 그러니 부러움을 넘어 자괴감으로까지 연결이 된다. 나는 도대체 왜 나로 태어났을까 하는 생각과 함께.

혹 그런 생각 때문에 생활하는데 어려움이 있다면 삼봉이발소에 들러보시라 권하고 싶다. 여자가 무슨 이발소에 가느냐고 반문하실 수도 있겠으나, 이 이발소에서는 파마도 해준다. 게다가 외모로 인해 자존감이 떨어져 있는 사람들의 마음까지도 말끔하게 깎아내 준다.

"변하는 건 두렵고, 현실에 머무는 건 힘들다!"

혹 지금 그런 마음은 아닌가? 부족한 외모라는 생각 때문에 자신감이 없어 바꾸고는 싶지만 선뜻 용기는 나지 않고. 아니면 우리 사회에서 두루 쓰이는 말 "얼굴이 예쁘거나 잘 생기면 용서가 된다.", "여자는 머리 좋아야 아무 소용없고 얼굴만 예쁘면 된다." 등의 말을 신봉하고 있는가? 그렇다면 두 유형 모두 삼봉이발소로 가서 변신이 아닌 치유를 하시기 바란다.

이 만화는 현대인의 신종 정신병인 '외모 바이러스'를 치료해주는 삼봉이발소의 김삼봉과, 그녀의 이발소에서 아르바이트를 하는 박장미, 그리고 정체를 알 수 없는 고양이 인간 믹스를 주인공으로, 외모지상주의를 지향하는 사회를 비판하고 있다. 더불어 아직도 거울을 보며, 텔레비전을 보며 자신의 외모를 비하하고 있는 사람들에게 더욱 중요한 가치는 결국 스스로의 마음과 생각에 따라 달라질 수 있음도 알려주고 있다. 따라서 사춘기에 접어들어 한창 자신의 외모에 관심이 많은 아동 및 청소년들은 물론, 외모로 평가받는 사회에서 스트레스를 받으며 살아가는 성인들에게도 도움이 되겠다.

(15) 『여름이 준 선물 / 유모토 가즈미 지음, 이선희 옮김 / 푸른숲』

죽음에서 비롯된 여러 에피소드들을 다룬 영화 가운데 임권택 감독의 작품 「축제」가 있다. 나는 그 영화(원작 소설 역시 이청준의 「축제」이다)를 보면서, 죽음이라는 것은 죽은 자가 살아 있는 사람들에게 베풀어주는 일종의 선물이라는 생각을 했었다. 흩어져 있는 가족들은 물론 일가친척들, 게다가 동료 및 친구들까지 한 자리에 모일 수 있게 해주기 때문에. 그래서인지 죽은 자를 떠나보내는 살아남은 자들은 화려한 상여를 만들었고, 구슬픈 노래를 부르는 등 성대하다고도 할 수 있는 의식을 거행해 준 것이 아닐까 싶다는 생각까지도.

이런 생각은 청소년기까지의 기간을 시골에서 보내며 여러 죽음들을 지켜보면서 다져진 것이 아닐까 싶다. 지금도 남아 있는지 모르겠지만 내 고향마을에는 상여집이라는 것이 있어 죽은 사람들을 태워 갔던 상여를 보관하는 집이 있었다. 당연히 그곳은 우리들에게 두려움의 대상이었기 때문에 근처를 지나갈 기회가 있으면 혹여 귀신이라도 나올까봐 뒤도 돌아보지 않고 잰걸음을 걸었던 기억도 난다. 어디 그 뿐이랴? 상을 당한 집에서 문 앞에 거는 '근조'라고 쓰인 등을 볼 때도, 공동묘지 앞을 지날 때에도 두려움이 엄습했던 것은 마찬가지이다. 그렇듯 내 유년기와 청소년기에서 느끼는 '죽음'은, 그것을 상징하는 것들만으로도 충분히 두려웠던 시기였다고 할 수 있다.

그런데 이 책에도 내 경험 속의 한 장면을 닮고 있는 소년들이 나온다. 그들은 죽음은 고사하고 어두움, 귀신이라는 이야기에도 겁을 낼만큼 유약해 보인다. 하지만 직접 죽음이라는 것을 경험해 보고 싶은 마음에 마침 혼자 살고 있는 할아버지를 그 대상으로 선택한 뒤 끊임없는 관심(?)을 기울인다. 그로부터 소년들은 할아버지에 대한 많은 것을 알게 되고, 결국 그의 죽음까지 맞이하게 된다. 비로소 소년들은 '죽음'이라는 것을 몸소 체험하게 되었지만 할아버지를 잃었다는 깊은 슬픔이 더 크게 밀려온다. 하지만 그들에게는 공기 속을 떠돌고, 비에 녹으며, 흙에 스며들어도 영원히 지워지지 않을 추억이 남아 있고, 그 추억은 또 다른 삶을 꿋꿋하게 살아가게 하는 원동력이 되어준다. 이 역시 죽은 자가 산 자에게 남긴 또 하나의 선물이 아니었을까?

구슬픈 이야기지만 인간은 태어날 때부터 죽음이라는 종착지를 향한 경주를 시작한다고 한다. 결국 삶과 죽음은 하나일 수밖에 없다는 뜻으로, 죽음은 살아 있음의 마지막 열림이요, 살아 있음은 죽음의 시작이라는 것이다. 결국 나 자신도 그 안에서 열외일 수는 없다는 생각을 하면 서글프지만, 지나온 날들을 추억하고 하루하루를 감사하며 삶과 죽음의 합일을 이루고 싶은 마음이다. 나를 추억할 수 있는 사람들에게 작은 선물을 남기면서 말이다.

4) 성인

(1) 『따뜻한 슬픔 / 조병준 지음 / 샨티』

슬픔을 가까이 두어 본 사람들은 아리라. 모순적이게도 그 찢어질 듯한 슬픔과 아픔을 통해 더욱 따뜻한 기쁨과 위안을 얻을 수 있음을. 또한 기쁨을 가까이 두어 본 사람들은 아시리라. 그 행복과 충만함 속에도 슬픔이 있다는 것을. 어쩌면 그것이 더욱 슬프게 느껴질 수도 있다는 것을.

나이가 들면서 사진을 덜 찍게 된다. 흘러가는 세월을 고스란히 담아내고 있는 내 육신의 흔적들을 작은 프레임 속에 가두고 싶지 않아서인지, '찰칵' 소리에 맞춰 인위적인 자세와 표정을 지어 보이는 것은 여전히 어색한 일이기 때문인지, 그도 아니면 채 1분도 걸리지 않는 작업으로 어쩌면 평생의 추억으로 간직해야 하는 부담을 떠안게 되는 것이 싫어서인지…. 사실 앞서 말한 모든 것이 이유이지만 가장 큰 이유는 기쁜 일보다는 슬픈 일이 더 많기 때문인지도 모르겠다. 누가 그러지 않았는가, 인간의 삶 자체가 슬픈 일이라고. 그런데 왜 그동안에는 슬픔에도 따뜻함이 있다고 말해준 사람은 없었을까, 나는 왜 그 생각을 하지 못했을까?

'따뜻한 슬픔'. 표지를 장식하는 사진 속의 두 사람은 마치 「내 짝

꿈 최영대」의 주인공 영대의 뒷모습을 닮아서, 그 빛깔은 어둠을 닮아서 자연스레 슬픔이 묻어났다. 그런데 그와 대비되는 흰색 궁서체의 '따뜻함'이라는 글자가 두 사람의 정적을 깨는 듯 싶다. 비록 슬퍼 보이지만 슬프게 바라보면 안 된다고 말하는 것 같다. 따뜻한 구석이 있는 슬픔이라고 강변하는 것 같다. 어서 책 속으로 들어가고 싶은데, 표지 그림은 한동안 나를 붙들어 둔다. 저들에게 따뜻한 눈길을 더 주라는 듯이. 그래서 마음이 시키는 대로 했다. 그들에게 무슨 일이냐고, 어떻게 하면 그 슬픔을 조금이나마 덜어낼 수 있을까에 대해 물었다. 내 알량한 관심이라는 온기를 더한 셈이다.

내게도 이처럼 따뜻한 슬픔이 필요한 때가 종종 있다. 누군가의 온기가 몸 전체로 전해졌으면 싶은 그런 날이, 내가 슬프다고 말하기 전에 먼저 알아서 그 슬픔을 어루만져 줄 수 있는 그런 따뜻함이. 하지만 내 슬픔은 그 울음이 이미 '반가움'과 '기쁨'의 상징으로 굳어 버린 까치의 그것처럼 달리 해석된다. 저 사람에게는 슬픔이 없다는 말로.

하지만 이제는 내게도 따뜻함을 나누어 줄 한 권의 책이 더 늘었다. 그동안 내 온 몸과 마음을 보듬어준 책에 '따뜻한 슬픔'이라는 제목의 책을 추가했으니 말이다. 동병상련(同病相憐)! 슬픔을 치유하는 유일한 힘은 슬픔이다. 그리고 책이다. 마지막으로 '따뜻한 슬픔'이라는 제목의 시를 옮겨 본다. 누군가에게 역시 위로가 될 수도 있는 이 시를!

따뜻한 슬픔

따뜻한 슬픔.

어떤 슬픔들은 따뜻하다.

슬픔과 슬픔이 만나 그 알량한 온기로
서로 기대고 부빌 때,
슬픔도 따뜻해진다.
차가운, 아니다, 이 형용사는 전혀 정확하지 않다.
따뜻한 슬픔의 반대편에서 서성이는 슬픔이 있다.
그 슬픔에 어떤 형용사를 붙여주어야 하는가.
시린 슬픔?
아니다, 여전히 부족하다.

기대고 부빌 등 없는 슬픔들을 생각한다.
차가운 세상, 차가운 인생 복판에서 서성이는 슬픔들….

(2) 『여자로 산다는 것 / 김지영 외 지음 / 위즈덤하우스』

나는 분명 남자다. 엄마라는 여자에 의해 태어났고, 누나들이라는 여자들 속에서만 살았지만, 한 집안의 귀한 아들로 태어나 남자가 갖고 있어야 할 세계 속에서 자라온 남자란 말이다. 그런데 여느 남자들과는 달리 여자에 대해서 많은 것을 알고 있다. 앞서 말했듯 세상에 태어날 수 있게 해준 엄마라는 여자에서부터 할머니, 누나들과 오랜 시간을 함께 했음은 물론, 대학교에 들어가면서부터 여자들이 절대적인 비율을 차지하는 분야에서만 몸을 담고 있었다.(중·고등학교는 남자들만 있는 학교를 나왔다) 그러다 보니 자연스럽게 남자들보다는 여자들과 어울릴 수 있는 기회가 많아져서 그런 면도 있다.

하지만 지금까지 내가 알고 있던 '여자'는 여러 모습들 가운데 극히 일부분이었음을 새삼 깨달았다. '여자로 산다는 것'이 어떤 것인지 남자인 내가 다 모르는 것이 당연하다며 자위를 해보기도 하지만, 마땅히 시험에 나올 문제라고 생각해 열심히 준비를 했건만, 정작 시험지에서 만난 문제는 전혀 생소한 것과 같은 느낌이다.

이 책은 우리 시대 여자들이 말하는 리얼 공감 스토리라는 관제가 말해주듯, 이 시대를 '여자'의 신분으로 살아가는 사람들이 직접 쓴 글을 모은 것이다. 한 인터넷 사이트가 주최한 행사에 응모된 글 가운데 잘 된 작품들을 모은 것이라는데, 주최 측에서 어떤 기준으로 선정을 했는지는 모르겠으나, 꽤 좋은 글들이 많다는 생각이다.

특히 치료적인 면에서 보자면 이 책은 '여자'분들의 공감을 100% 보장할 것이기 때문에 동일시와 카타르시스를 쉽게 유발시켜줄 것이다. 그렇다면 통찰을 가져오기도 쉬워 심리정서적인 면에서의 치료에 큰 도움이 되겠다. 또한 글쓰기치료적인 면에서 보자면, 각각의 글을 쓰신 분들부터가 치료적인 경험을 하셨을 것은 물론이고, 앞으로 글쓰기치료를 하실 분들에게는 좋은 예시자료가 되기도 하겠다.

책의 내용 중 첫 번째 이야기 '여자의 탄생'에 이런 구절이 나온다. '여자의 인생은 태어나면서 시작되는 것이 아니다. 자라면서, 스스로 허물을 벗으면서, 끊임없이 변신하면서, 시작을 반복하는 것이다. 시작을 반복하는 것이다.' 지금 이 시간에도 변신을 거듭하고 계신, 또 다른 시작을 하고 계신 여자 분들에게 권하고 싶은 책이다.

(3) 『책 읽어주는 여자 / 레몽 장 지음, 김화영 옮김 / 세계사』

"선생님, 오늘은 어떤 책 읽어주실 거예요?"
"글쎄, 오늘은 어떤 책을 읽어 줄까? 우리 ○○처럼 씩씩한 어린이가
주인공으로 나오는 책을 읽어 줄까, 아니면 말썽꾸러기 강아지가 나
오는 책을 읽어 줄까, 아니야 역시 마법사가 나오는 책이 좋겠어! 자
그럼 지금부터 시작한다!"

벌써 오래 전의 일이지만, 한 초등학교 도서관에서 사서교사로
일을 하면서 나는 안양에 있는 종합병원 소아병동에서 그림책 읽어
주기 자원봉사를 했다. 당시 그렇게 크지 않았던 소아병동에는 다
양한 어려움을 겪고 있는 아이들이 입원해 있었는데, 일주일에 한
번씩 새로운 책을 들고 찾아오는 남자 선생님이 신기했던지, 텔레비
전에서는 한참 재미있는 만화를 할 시간이었음에도 불구하고 아이
들은 선뜻 그림책을 읽어달라고 했다. 행여 나 대신, 아니 그림책
대신 텔레비전 만화를 택하면 얼마나 실망스러울까 생각했던 내게
는, 아이들의 선택에 힘이 절로 났다. 따라서 즐겁게 책 나누기 활
동을 할 수 있었고, 급기야는 아이들과의 헤어짐이 아쉬워 2년이나
봉사를 이어가기도 했다. 당시 스스로를 '책 읽어주는 선생님(줄여서
책주샘)'이라 불렀는데, 여기 나보다 훨씬 전에 그것도 직업적으로 책
을 읽어주는 여자가 있었으니, 그 이름은 마리-콩스탕스 G.이다.

마리는 34살의 주부로 남편은 있지만 아직 아이와 직업 또한 없
다. 그러던 어느 날 친구 프랑스와즈가 해준 기막히게 아르다운 목
소리를 써먹지 않고 있는 것은 어리석다는 충고를 듣고 책 읽어주
기 서비스를 시작한다는 광고를 신문에 낸다. 하지만 난생 처음 이
런 일을 계획한 마리는 자신을 찾는 사람이 한 명도 없을까봐 걱

정을 하게 되는데, 우려와는 달리 신체장애자인 아들에게 책을 읽어주는 것은 물론 보살펴 달라는 의뢰를 시작으로 뜻밖에도 그녀의 사업은 장군 부인, 미셸 도트랑, 클로렝드로 이어지며 어느 정도 안정을 찾아 나간다. 하지만 그녀의 직업의식에도 한계가 찾아와 결국 다시 실업자의 길을 택하는 것으로 이야기는 끝을 맺는다.

나는 이 책의 주인공 마리가 책 읽어주기 활동을 통해 듣는 대상들에게 치료를 시행한 독서치료사라고 생각한다. 마침 그녀가 만난 사람들만 생각하더라도 발달적, 임상적으로 무엇인가 어려움이 있는 이들이었다. 특히 에릭은 장애아였고, 클로렝드는 바쁜 엄마와 살아가다 보니 많은 부분에서의 결핍을 드러낸다. 따라서 마리는 그들과 함께 책을 읽는 것은 물론 많은 시간을 함께 보내는데, 이런 노력이 대상자들에게는 상호작용을 통한 새로운 경험이었음과 동시에 치료적인 힘을 갖게 만드는 요인이었을 것이다.

'책 읽어주는 여자', 독서치료는 책이 갖고 있는 심리·정서적 치료 효과에 주목하는 분야인데, 치료를 위해 선정한 자료를 제시하는 방법에는 이처럼 직접 읽어주는 것도 있다. 어쩌면 유아들에게는 엄마가 품에 안고 읽어주시던 것처럼 직접 읽어주는 것이 더 효과가 크다는 생각인데, 마리는 다양한 사람들을 만났고, 그들에게 적정한 자료를 골라 아름다운 목소리로 이야기까지 들려줬으니, 그녀는 이미 독서치료를 실시하는 치료사였던 것이다.

"만약 나이가 더 들어서 은퇴를 하면 어떤 거 하실 건가요?" 더러 이런 질문을 받으면 근래 들어 가장 많이 하는 답은 "아이들이 있는 곳에 찾아가 다시 책 읽어주기 봉사를 하겠다"이다. 이유는 다양한 어려움을 겪고 있는 사람들에게 책과, 치료사와 상호작용할 수 있는, 그럼으로 인해 갖고 있는 문제를 해결할 수 있도록 돕기 위함이다.

(4)『사랑 후에 오는 것들 / 공지영 지음 / 소담출판사』

공지영 작가의 책을 오랜만에 읽었다. 운전을 할 때 라디오에서 소개하는 것을 들은 적이 있는데, 일본 작가와 공동으로 집필했다는 점 등이 끌리는 요소였다. 하지만 정작 책에는 '공지영 지음'이라고만 적혀 있어 궁금증이 생기기도 했고, '결국 사랑…'인 내용에 허탈감이 들기도 했다.

왜냐하면 국적이 다른 남녀가 열렬히 사랑하다 결국 헤어진 뒤 오랜만에 다시 만나 결국 사랑을 이룬다는 구성, 오랜만에 만난 남자 앞에서 이제는 쿨하게 모두 잊은 듯 행동하려는 여자, 그런 여자를 오래 전부터 사랑해 왔기에 변함없이 그 자리에서 기다리고 있는 또 다른 한 남자의 등장이 식상했기 때문이다.

'사랑'이란 과연 무엇일까? 어떤 가수는 '눈물의 씨앗'이라고도 했고, 어떤 철학자는 '같은 곳을 바라보는 것'이라고도 했다. 과연 그것이 사랑을 대표할 수 있을지 모르겠지만, 아무튼 우리는 '사랑'이라는 것이 없으면, 그것을 하지 않으면 죽을 것처럼 행동한다. 결국 그것 때문에 상처받아 아파하고 힘들어하면서도 말이다. 결국 다시 돌아가는 것은 '사랑'이 아닌가?

비록 필자의 관점에서는 식상했지만, 책의 구성처럼 간절히 원하던 사랑을 외부적인 요인에 의해 이루지 못했던 분들, 난관을 헤치고 결국 사랑을 이룬 분들께는 치료적인 면에서 도움이 되겠다. 사랑 후에 오는 사랑은 아프고 힘들지 않은 사랑이기를 바라며….

(5) 『감옥으로부터의 사색 / 신영복 / 돌베개』

근래에는 편리하다는 이유로 이메일이나 문자를 보내고 말지만, 어렸을 때부터 무수히 많은 편지를 써온 내게도 '편지'라는 단어는 많은 것들을 떠오르게 한다. 따라서 20년이 넘는 세월을 감옥에서 무기수로 지내며 쓰셨던 편지글의 모음집인 이 책 역시 남다르게 다가왔는데, 이 책을 읽으면서 가장 감동적이었던 점은 무기수였기 때문에 육신의 자유를 빼앗겼지만, 그로 인해 '사색'에 덧붙여 깊이 있는 인생 전반에 관한 성찰을 보여주시는 등, 육신의 자유 대신 정신의 자유를 얻으신 듯한 신영복 선생님의 모습이셨다. 물론 이는 '무기수'나 '감옥', '20년 20일'이라는 단어와 세월이 주는 무게와 깊이를 모르는 나의 얄팍한 생각일 뿐이지만 말이다.

또 한 가지 이 편지 모음집을 읽으며 들었던 생각은, 다산이 유배지에서 자녀들에게 보냈던 편지들과 닮은 점이 많다는 것이었다. 물론 타지에서 가장 먼저 떠올릴 수 있는 대상이 가족들이고, 그러다 보니 안부 등의 내용 역시 비슷하기 때문일 수도 있겠는데, 다산이나 신영복 선생님의 편지글은 단순한 안부 수준을 넘어 후대의 많은 사람들에게도 깨닫게 해주시는 바가 있으니, 이 역시 닮았다고 할 수 있는 부분이다.

독서치료적인 관점에서 보자면, 이 편지들은 신영복 선생님 자신에게 글쓰기치료(Journal Therapy)적인 효과를 주었을 것이다. 이렇듯 자기 성찰적인 글쓰기는 자신의 내면세계를 진솔하게 표현할 수 있게 하고, 외상에 대한 감정을 표현하도록 도와 카타르시스와 통찰이 일어나도록 해주기 때문에 말이다. 단편적인 관점에서만 봐도 20년이 넘는 세월 동안 무기수라는 신분으로 몇 평 되지 않는 공간에서 지내셨는데, 이는 많은 심적 고통을 유발했을 것이다. 어쩌면 이 편지들은 그런 정서를 풀어 낼 수 있는 통로 역할을 해 준 셈이 아닐까?

우리는 여러 목적으로 글을 쓴다고 한다. 그 목적에 따라 실용적인 글쓰기, 심미적인 글쓰기, 그리고 치료적인 글쓰기로 대별해 볼 수 있는데, 편지는 안부와 하고 싶은 말을 전하는 실용적인 글쓰기이자, 소설이나 시 등의 문학에 미치지는 못하겠지만 심미성을 담을 수 있는 글쓰기이며, 나아가 치료적인 글쓰기이기도 하다.

따라서 우리도 편지 쓰기를 통해, 씀으로 인해 얻을 수 있는 여러 효과들을 누렸으면 하는 바람이다. 이 점이 신영복 선생님께서 내게 새삼 일깨워 주신 또 하나의 선물이다. 마지막으로 본문에 실렸던 시 한 편을 적으며 마무리 짓고자 한다. 시의 모습을 꼭 닮은 우리 어머니를 생각하며!

어머니가 된 여자는 알고 있나니

이성부

어머니 그리워지는 나이가 되면
저도 이미 어머니가 되어 있다.
우리들이 항상 무엇을
없음에 절실할 때에야
그 참모습 알게 되듯이,

어머니가 혼자만 아시던 슬픔,
그 무게며 빛깔이며 마음까지

이제 비로소
선연히 가슴에 차오르는 것을
넘쳐서 흐르는 것을,

가장 좋은 기쁨도
자기를 위해서는 쓰지 않으려는
따신 봄볕 한 오라기,
자기 몸에는 걸치지 않으려는
어머니 그 옛적 마음을
저도 이미
어머니가 된 여자는 알고 있나니,
저도 또한 속 깊이
그 어머니를 갖추고 있나니.

(6) 『기발한 자살 여행 / 아르토 파실린나 지음, 김인순 옮김 / 솔』

글쎄, 그것이 정확한 통계인지는 모르겠으나 해마다 사람들의 자살률이 높아진다고 한다. 또한 미수에 그치는 사건도 많아진다고 하니, 점점 문명의 발달로 살기에는 편해지는 것 같으나, 정작 그 안에서 살아가는 사람들에게는 또 다른 고뇌가 생기는 것이 아닐까 싶기도 하다. 결국 더욱 잘 살기 위한 노력들이 사람을 다시금 죽음으로 몰아가는 지극히 모순적인 상황을 연출하는 것이 아닐까 싶다.

어쨌든 우리나라도 해마다 자살률이 높아지는 것은 사실이고, '요람에서 무덤까지'를 실천하기 때문에 부러워하는 복지국가들이 몰려 있는 북유럽에서도 자살률과 우울증의 발생빈도는 높다고 하니 어떤 해석이 정확한지 모르겠는 것이 사실이다.

'기발한 자살여행' 이 이야기는 핀란드를 배경으로 한다. 운이 좋아 필자는 북유럽 국가들을 두루 여행할 기회를 가졌는데, 그 때 핀란드는 마지막으로 경유한 나라이다. 자연 경관도 깨끗하고 수려했으며, 독특한 제도도 많았기에 나중에 유학을 가거나 살아 보고 싶기까지 했는데, 그 나라에도 많은 자살자들이 있는가 보다.

핀란드 축제일인 성 요한의 날! 온니 렐로넨은 자살을 결심하고 어느 외진 곳에 있는 헛간에 죽기 위해 간다. 그런데 그보다 먼저 도착해 목숨을 끊으려던 육군 장교 켐파이넨 대령을 만나게 되고, 그의 죽음을 말리면서 두 사람은 모두 죽을 수 없게 된다. 결국 허무하게 죽을 것이 아니라, 자신들과 같은 고민을 갖고 있는 사람들에게 도움을 주기 위한 방법을 모색하자는데 의견을 모으고, 두 사람은 그들의 고민을 들어주기 위한 편지 접수와 함께 모임을 헬싱키에서 연다는 내용의 기사를 신문에 공고하게 된다. 이 때 두 사람을 도와주기 위해 헬레나 푸사리라는 여성이 참여하면서, 세 사람은 아주 중요한 예비 자살자들을 위한 조직이 된다. 결국 헬싱키에서 모임을 가진 사람들 가운데 강성파인 몇몇 사람들은, 보다 의미 있는 죽음을 함께 실행하고자 하는데, 처음부터 그들의 리더였던 세 사람이 그 여행에 동참하게 된다.

그렇다면 그들은 결국 어떻게 됐을까? 불행인지 다행인지 결과적으로 그들 가운데 실제 자살을 감행한 사람은 몇 명 없다. 오히려 다른 인연을 만나 결혼을 하거나, 새로운 직업을 찾아 행복한 삶을 예고하기도 한다. 때문에 멋진(?) 죽음을 기대한 사람들에게는 허무할 수도 있지만, 그들 모두가 그렇게 생을 마감했다면 더욱 우울해졌을 것이고, 이 책을 읽는 사람들에게도 '자살을 종용하는 결과를 빚을 수도 있었겠다'는 걱정도 되었다. 왜냐하면 실제 핀란드에서는 이 책에 등장하는 모임을 추종한 유사 모임들까지 만들어 졌다고 하기 때문이다. 실제 우리나라에서도 자살을 도와주거나 함께 자살을 하자는 내용의 공고를 인터넷에 내거나, 카페를 만들어 물의를 빚은 경우도 있었는데, 비록 그것조차 하고자 하는 사람들의 자유이고 의도일 수 있지만, 사회에 미치는 파장 등을 고려하면 결코 바람직한 일은 아닌 것 같다.

우리는 종종 죽고 싶다는 말을 한다. 그 말이 실제인지, 아니면 그 상황을 합리화 시키거나 피하고 싶기 때문에 하는 것인지는 경우에 따라 다르겠지만, 아무튼 부정적인 말을 자꾸 되뇌는 것이 좋지는 않을 것이다. 만약 주변에 자살에 대한 고민을 하는 사람이 있거나(실제로 드러내놓고 말을 할지는 모르겠지만), 혹은 내 자신에게도 그런 기분이 계속 든다면 이 책을 읽어 보라. 그렇다면 또 다른 희망이 당신 앞에 얼마든지 놓여 있다는 것을 알 수 있을 것이다. 우리 세상이 아직은 살만한 가치가 있지 않은가?

(7) 『내가 가장 슬플 때 / 마이클 로젠 글, 퀜틴 블레이크 그림, 김기택 옮김 / 비룡소』

우리는 누구나 행복을 꿈꾼다. 때문에 그 반대급부인 슬픔과 불행은 누구도 원하지 않는다. 하지만 인생을 살아가다 보면 누구에게나 슬픔과 불행이 찾아온다. 흔히 쓰는 표현처럼 슬픔과 불행은 바로 행복의 뒤에 있기 때문에.

그런데 그 슬픔을 겪어 내는 모습은 저마다 다르다. 남자와 여자가 다르고, 어른과 아이가 다르고, 직업에 따라서, 성향에 따라서 모두 다르다. 그런 슬픔은 아주 클 때도 있고, 쉽게 이겨낼 수 있을 때도 있다. 그렇다면 이 세상에서 가장 큰 슬픔은 무엇일까? 물론 이 역시도 생각하는 사람에 따라 다르겠지만, 그래도 상실에 대한 슬픔을 많이 떠올릴 것 같다. 누군가를 잃는다는 것, 무엇을 잃어버린다는 것.

이 책에 등장하는 '나'는 사랑하는 에디를 잃었다. 크고도 강했던 사랑조차도 아들의 죽음을 막아낼 수는 없었던 것이다. 그래서 나는 깊은 슬픔에 빠져 있다. 슬픔의 깊이가 깊지만, 가끔은 누군가에게 모든 걸 말하고 싶기도 하고, 아무에게도, 전혀 말하고 싶지 않을 때도 있다. 그냥 혼자서만 마음속으로 생각하고 싶은 것이다. 그런데 에디 생각을 멈출 수 없고, 또 다시 생각이 날 때면 그 생각을 떨치기 위한 이상한 행동을 하기도 한다. 물론 생각을 바꿔 모든 사람들에게도 슬픔은 찾아오고, 슬픈 것과 무서운 것은 다른 것이며, 날마다 즐거운 일을 하나씩 생각해 보기도 한다. 슬픔에 대한 글도 써 보고, 시도 써 본다. 그리고 옛 기억을 더듬어 보기도 한다. 가족과 함께 했던 행복한 기억들을 말이다.

이 책에 등장하는 주인공 '나'는 '아버지'라는 위치에 있다. 우리 주변에 계신 보통의 아버지를 떠올리면, 아버지는 감정 표현에 참 미숙하다. 하고 싶어도 하지 않으시다 보니, 어느덧 안 하는 것인지, 할 수 없는 것인지도 구분할 수 없는 상태로 변한다. 하지만 우리의 '아버지'들도 나름대로의 감정을 느끼고 계시다. 이렇듯 강렬한 슬픔이라는 감정을 말이다.

이 책은 「곰 사냥을 떠나자」라는 작품으로 우리에게 잘 알려진 마이클 로젠이라는 글 작가와 안데르센 상을 받기도 한 퀜틴 블레이크라는 그림 작가가 만나 만들어낸 것이다. 경쾌한 전작에 비해 절제되어 있으면서도 슬픔의 정서를 잘 전해주는 글과 그림은 우리 모두를 슬프게 만들기에 충분하다.

　혹시 지금 슬픔이라는 손님이 내 곁에 찾아와 있는가? 그렇다면 이 책을 통해 자신의 슬픔이 어떤 것인지, 그 슬픔이 내게 어떤 영향을 미치고 있는지, 아울러 그 슬픔을 어떻게 이겨내면 좋을 것인지 생각해 보시기 바란다. 모든 사람이 슬프다는 것은 진리이지만, 그렇다고 그 말이 우리에게 위안까지 주는 것은 아니다. 자신의 앞에 촛불을 켜는 사람도 결국 자신이 되어야 하니까!

(8) 『쿠슐라와 그림책 이야기 / 도로시 버틀러 지음, 김중철 옮김』

　나는 이 책을 읽는 내내 '쿠슐라'라는 아이는 정말 행운아라는 생각을 했다. 그 이유는 우선 신체장애에 정신장애까지 갖고 있는 아이로 태어나, 병원의 의사들조차 희망적인 말을 전해주지 않음에도 불구하고 흔들리지 않는 믿음과 사랑을 보여준 부모를 만났다는 점이고, 두 번째는 그 부모들이 책이라는 것의 힘을 알고 쿠슐라가 만날 수 있게 해줬기 때문이다.

　사실 우리는 책이라는 것이 우리의 삶을 얼마나 풍요롭게 해줄 것인지에 대한 이야기를 많이 하지만, 그 결과가 가시적으로 판단되기는 어렵기 때문에 썩 믿음이 가지 않을 수도 있다. 실제로 책이라는 것이 얼마나 많은 사람들의 운명을 바꾸었는지, 감성이 어떻게 풍부해졌다는 것인지 알기는 힘들다는 말이다. 그런 이유들 때문에 아직도 많은 어른과 아이들은 책을 그다지 가까이 하지 않는 경향이 있다. 물론 이는 쿠슐라처럼 어렸을 때부터 책을 접하기 쉬운 환경에 놓여 있지 않아 그 재미나 유용성을 잘 모르기 때문일 수도 있고, 인터넷 등 여타의 요소들이 작용하기 때문이기도 하다.

그런데 그 사람들이 이 책을 본다면 생각이 조금은 달라질 것 같다. 물론 쿠슐라의 경우를 모든 사람에게 확대 적용하기에는 무리가 있겠지만, 중복 장애를 앓고 있는 아이의 정서나 지적인 부분의 발달을 이루는 과정과 결과가 자세하게 기록되어 있기 때문에 수용할 수 있는 부분이 있을 것이다.

이 책은 책과 독서가 갖고 있는 치유적인 힘을 보여주고 있다. 이를 우리는 독서치료(bibliotherapy)라는 용어로 부르는데, 이 책 쿠슐라와 그림책은 그 분야의 대표 격이자 고전이라 할 수 있다. 마치 놀이치료 분야의 「딥스」처럼 말이다.

독서교육과 독서치료 활동을 하고 있는 나는 평소 책의 효과에 관한, 책을 활용한 치료 효과에 관한 질문을 자주 듣는다. 그 때마다 주저 없이 권할 수 있는 책이 많지는 않은데, 그 가운데 한 권이 바로 이 책이다.

책은 분명 아이들에게, 청소년들에게, 어른들에게도 풍요로운 삶을 위한 많은 부분을 채워준다. 때문에 우리는 책이라는 열매를 자주 따먹어야겠다. 책은 마음의 비타민이다.

(9) 『사람으로부터 편안해지는 법 : 소노 아야코의 경우록(敬友錄) / 소노 아야코 지음, 오경순 옮김 / 리수』

어느 책에서 본 경구인지 기억나지 않지만 공감되는 바가 커 기억하고 있는 내용이 있다. 그것은 '그리운 것도 사람이고, 지겨운 것도 사람이다!'라는 내용이다. 항상 하는 말이지만 우리는 사회적 동물이기 때문에, 사회 속에서 관계를 맺고 살아갈 수밖에 없다. 따라서 고립되어 있으면 자연 그리움이 발생하는데, 관계 맺기가 항상 내 마음대로 될 수는 없기 때문에 때로는 사람 자체가 지겨울 때도 있는 것 같다.

그런데 만약 후자처럼 사람 자체가 지겨울 때가 더 많아 관계 자체를 회피하고 싶은 상태라면 이 책을 권하고 싶다. 왜냐하면 이 책은 사람과의 관계에서 행복과 만족을 얻을 수 있는 방법들을 설명해 주고 있기 때문이다. 물론 내용을 읽다 보면 결국 내 마음에 따라 달라지는 면이 있다는 것도 다시금 느낄 수 있겠지만 말이다.

저자는 책의 내용을 크게 11개의 범주로 나누어 놓았는데, 그 가운데 특히 마음에 와 닿았던 부분들을 옮기는 것으로 글을 마무리 짓겠다. 사람으로부터 편안해지라, 그렇다면 우리가 행복해질 것이다.

"단지 친구에게 한 가지 탁월한 면이 있고 그것을 인정해주는 안목이 서로에게 있다면 우정은 지속된다."

"표현이 서투르면 지긋지긋한 말이 되는 푸념조차도, 정리가 잘 되면 예술이 되기도 한다."

"기본적으로 남자든 여자든 혼자 살아갈 수 없어서는 안 된다. 이것이 불가능한 사람은 자유인이 아니라, 혼자가 되면 어떡하나 하는 두려움에 사로잡혀 있는 부자유인이다."

"진실은 어지간히 성격이 특이한 사람이 아닌 한, 조용하고 은밀한 장소에서 자신이 좋아하는 사람에게만 이야기하는 법이다."

"누군가를 용서하기 쉽다고 해도 자식 용서 만큼 쉬운 일은 없다. 그러나 그와 정반대로 자식으로부터 받은 잔인한 처사만큼 진한 독이 되어 몸속을 파고드는 것도 없다."

(10) 『아주 특별한 용기 = The Courage to Heal / 엘렌 베스, 로라 데이비스 지음, 한국성폭력상담소 기획, 이경미 옮김, 이원숙 감수 / 동녘 / 2000년』

내가 치료 관련된 공부를 시작하고, 상담심리 전문대학원에서 수

학하면서 가장 관심을 두었던 대상은 어린이와, 성(性), 재소자 관련 분야였다. 이 세 분야는 나름대로 사회에서 소수의 입장이라고 볼 수 있기 때문인데, 이 책은 특히 여성들에게 많은 성폭력 피해자와 그 가족, 나아가 상담자를 위한 안내서이다.

사실 우리 주변에서 성폭력은 많이 발생해 왔고, 현재도 발생하고 있으며, 앞으로도 발생될 것이다. 이는 근친에 의해 일어나는 비율이 크기 때문이기도 한데, 특히 저항할 힘이 없거나 상황에 대한 명확한 판단력이 부족한 어린이들을 대상으로 한 경우가 많기 때문에 그 심각성이 크다고 하겠다.

이렇게 어린 시절에 겪게 된 성폭력은 피해자가 자라나는 동안은 물론, 성인이 되어 애인을 만나거나 결혼 후에도 많은 영향을 미치는데, 무엇보다 피해자 자신의 내적 고통이 심할 수밖에 없겠다. 따라서 그들을 위한 통찰과 훈련이 필요한데, 사실 우리나라의 경우는 성이라는 부분에 대해 더욱 민감하기 때문에, 여러 모로 어려움이 더한 것 같다.

하지만 이 책의 제목처럼 용기가 필요하다. 그 용기가 특별한 것으로 규정해야 하는 점에는 반감이 들지만, 아무튼 스스로 용기를 냈을 때 치유 과정을 만날 수 있기 때문에 피해자 본인의 의지가 필요한 것은 사실이다. 그렇게 피해자가 용기를 낸다면 그는 이미 치유의 절반 이상을 해냈다고 생각된다.

이 책을 보면서 얼마 전 보았던 「여자, 정혜」라는 영화가 떠올랐다. 잔잔하기 그지없는 영화였는데, 그 여자 정혜의 내면 한 구석에는 어린 시절 겪은 성폭력에 대한 분노가 자리 잡고 있었다. 하지만 그녀는 끝내 그를 용서하고야 만다.

그런데 이 책에서는 치유를 위해서 용서가 반드시 수반되어야
하는 것은 아니라고 말한다. 때로는 용서 이전의 분노와 같은 격렬
한 감정의 분출도 필요하다는 의미일 것이다.

우리는 성폭력 상황에 대해 이야기 할 때, 피해자 쪽에서도 어떤
잘못이 있을 것이라는 추측을 하곤 한다. 하지만 앞서 말한 것처럼
성폭력의 대부분은 어린이가 그 대상이라는 점에서 봤을 때, 그런
시각은 오히려 피해자들을 더욱 힘들게 만들 수 있을 것만 같다. 따
라서 그런 시각을 거두는 대신, 언제든, 누구나 대상이 될 수 있는
우리 어린이들에게 적절한 교육을 시키는 과정이 필요하겠다. 이는
건강한 성인으로 살아가기 위한 '아주 특별한 준비'가 될 것이다.

(11) 『(야누슈 코르착의) 아이들 / 야누슈 코르착 지음, 노영희 옮김 /
    양철북』

나는 이 책을 선물 받았다. 그런데 '선물'이라는 것은 주는 사람
의 마음이 담긴 것은 물론, 받는 사람에게 어떤 면에서든 '필요'가
있을 것 같기 때문에 주는 것이라는 생각이 든다. 그런 면에서 나
는 받은 사람이기 때문에 이 책을 내게 주신 이유에 대해 생각해
보지 않을 수 없었다. 왜 그 분은 '아이들'이라는 제목의 책을 내게
주셨을까? 나는 그에 대한 답을 이 책의 마지막 장을 넘기고 난 뒤
비로소 깨달았다.

야누슈 코르착! 1879년 7월 폴란드 바르샤바에서 태어났고, 본명
은 헨리크 골드슈미트라 한다. 의사이자 작가이며, 교육자, 철학자,
휴머니스트이자 아동 인권 옹호의 선구자이기도 하다. 그는 이렇듯
여러 분야의 일을 하면서 나름대로 성과를 내기도 한 사람이지만,

오늘날 우리가 그를 위대하다고 칭송하는 이유는 '아동'을 위한 헌신적인 삶을 살았기 때문이다. 이 책은 그런 그가 아이들을 어떤 대상으로 봤는지 단적으로 드러내주고 있다.

1939년 9월 1일, 독일군은 폴란드를 침공했다. 그 뒤 독일군은 바르샤바의 모든 유대인들을 유대인 주거 지역으로 옮겼는데, 그곳은 죽음과 질병이 만연했다. 하지만 코르착은 아이들을 돌보고 먹이겠다는 임무에 헌신했다. 또한 고아원에서 아이들을 가르치고 놀아주며 돌보는 한편, 길에서 죽어 가는 아이들을 보면 거두기를 계속했다. 그 아이들이 기댈 수 있는 유일한 구원은 그의 보살핌이었기 때문이다. 그런 그를 친구들과 추종자들은 나치의 위협 앞에서 구해 내려고 애썼지만, 그러나 그는 다음과 같은 말로 의연하게 맞서며, 끝내 아이들과 함께 가스실에서 생을 마감한다.

"당신 아이가 아프고 불행하고 위험에 처해 있는데 이 아이를 버리지는 않겠지요? 그런데 내가 어떻게 200명이나 되는 아이들을 버릴 수 있겠습니까?"

또한 그는 안네 프랑크의 일기만큼이나 유명해진 일기를 통해 유언을 남겼다고 하는데, 그의 일기 마지막 장에는 이렇게 쓰여 있다고 한다.

"나는 누구에게도 화가 나지 않는다. 어느 누구도 저주하고 싶지 않다. 나는 그럴 수가 없다. 그렇게 하는 방법을 모른다."
"모든 사람이 비인간적으로 행동하면 어떻게 해야 합니까?'라고 누군가가 물으면 '더 인간적으로 행동해야 한다'라고 대답해야 한다."

코르착의 삶은 이와 같았다. 이는 마치 성인으로 추앙받고 있는 예수가 전한 말씀과 비슷하게 느껴지는데, 그만큼 그의 삶이 우리에게 주는 메시지는 숭고하기 그지없다.

아이들! 우리는 보통 아이들이 미래의 희망이고 천사와 같은 존재라고 말한다. 하지만 그들을 대하는 태도에서는 어른이라는 지위를 빌어 위압적이고 폭력적이지 않은가 싶다. 아이들은 아이들일 뿐이다. 어른의 축소판도, 인격이 없는 존재도 아닌 것이다. 이 책을 이 세상의 모든 어른들에게 권하고 싶다. 비록 코르착의 육신은 한 줌 재와 연기로 사라졌지만, 그의 사상은 어른에서 어른으로, 세상 곳곳으로 퍼져 나가기를 바라면서 말이다.

(12) 『사랑하라 한 번도 상처받지 않은 것처럼 / 류시화 엮음 / 오래된미래』

우리나라에서는 독서치료(Bibliotherapy)의 하위 영역 정도로 시작된 시 치료(Poetrytherapy)가, 미국에서는 더욱 대중적인 말로 쓰이고 있을 뿐만 아니라, 굉장히 많은 활동들과도 연계되었다고 한다. 그런데 우리나라에서도 시 치료를 접해 본 사람들은 '시'가 갖고 있는 상징 및 은유로 인해 굉장한 역동이 일어남을 몸소 느낄 수 있다. 따라서 한국시치료연구소도 생겨나 미국 시 치료 학회의 전 회장이었던 '존 폭스' 교수를 초청해 세미나를 갖기도 했는데, 이 책은 그런 시의 치료적인 효과를 시인 자신이 느끼고 있음을 고백하고 있다. 혹자는 '시인 스스로 시를 쓰면서 치료받지 못했다면 그 시는 좋은 시가 아니다'라고 말을 할 정도였다니, 글쓰기, 특히 시가 갖는 치유의 힘은 이렇듯 대단하다고 할 수 있겠다.

시인 류시화. 우리는 그를 잠언 시집을 많이 엮어 내는 시인으로 알고 있다. 세계 여러 나라의 시들 가운데 울림이 강한 시들을 그

동안 우리에게 많이 소개해 주기도 했고, 자신이 직접 써서 보여주기도 했다. 그래서인지 그는 시를 인간 영혼의 자연스러운 목소리라고 말한다. 그 영혼의 목소리는 속삭이고, 노래하며, 그 목소리를 듣기 위해서는 잠시 멈추고 귀를 기울여야 한다고 말한다. '삶을 멈추고 듣는 것'이 바로 시라고 말하면서.

나는 그의 말에 전적으로 동감은 하면서 아직 치료사로서도 시인으로서도 그 정도 경지에 오르지는 못했다는 것을 안다. 따라서 직접 쓰는 활동보다, 이렇게 적절한 시를 찾는 데에 더욱 매진하는데, 스스로의 고백과 좋은 시들을 많이 묶어주고 있어 참 많은 도움이 될 것 같다. 그 가운데서도 아이를 잃은 엄마가 쓴 시 '옳은 말'은 시 쓰기가 치유의 힘을 갖고 있음을 단적으로 보여주는 작품이라고 할 수 있겠다. 여러 시 가운데 내 마음을 울린 낸시 함멜의 '여행'이라는 시를 소개하면서 마치겠다.

여행

낸시 함멜

길을 선택해야만 했을 때 나는 서쪽으로 난 길을 택했다.
길은 유년기의 숲에서 성공의 도시로 이어져 있었다.

내 가방에는 지식이 가득했지만
두려움과 무거운 것들도 들어 있었다.
내가 가진 가장 소중한 재산은
그 도시의 황금 문으로 들어가리라는 이상이었다.
도중에 나는 건널 수 없는 강에 이르렀고

내 꿈이 사라지는 것만 같아 두려웠다.
하지만 나무를 잘라 다리를 만들고 강을 건넜다.
여행은 내가 계획한 것보다 더 오래 걸렸다.
비를 맞아 몹시 피곤해진 나는 배낭의
무거운 것들을 버리고 걸음을 재촉했다.

그때 나는 숲 너머에 있는 성공의 도시를 보았다.
나는 생각했다.
'마침내 난 목적지에 도착했어. 온 세상이 부러워할 거야!'
도시에 도착했지만 문이 잠겨 있었다.
문 앞에 있는 남자가 눈살을 찌푸리며 목쉰 소리로 말했다.
'당신을 들여보낼 수 없어. 내 명단엔 당신의 이름이 없어.'

나는 울부짖고, 비명을 지르고, 발길질을 해댔다.
내 삶은 이제 끝이라는 생각이 들었다.
그때 처음으로 나는 고개를 돌려
내가 걸어온 동쪽을 바라보았다.
그곳까지 오면서 내가 경험한 모든 일들을.

도시에 들어갈 순 없었지만
그것이 내가 승리하지 못했다는 뜻은 아니었다.
나는 강을 건너고, 비를 피하는 법을 스스로 배웠다.
그리고 무엇보다 마음을 여는 법을 배웠다.
때로는 그것이 고통을 가져다줄지라도.
나는 알았다. 삶은 단순히 생존하는 것 이상임을.
나의 성공은 도착이 아니라 그 여정에 있음을.

(13)『아범아, 어멈아 니들이 내 맘을 아냐? / 원성원 등 저 / 중앙M&B』

특히 아이들 수업을 가게 되면 늘 따라오는 질문이 하나 있는데, 그것은 나이에 관한 것이다. "선생님 나이는 몇 살이세요?" 이런 질문을 받으면 '도대체 처음 만난 사람의 나이가 궁금한 이유는 무엇일까?'라는 생각을 해보는데, 지금은 종영이 된 KBS-2TV에서 방송되었던 「미녀들의 수다」라는 프로그램에서도 영국에서 온 에바 포피엘이라는 분이, 우리나라에 오래 살다보니 사람들을 만날 때 자연스럽게 나이부터 묻게 되더라는 말을 할 정도로 나이를 묻는 것이 자연스러운 현상이기는 한 것 같다.

어쨌든 질문은 질문이니 가감 없이 답을 해주는데, 대답을 들으면 놀라는 게 대부분이다. 하긴 아이들로서는 자신들이 상상할 수 있는 나이가 아니니 그럴 수도 있겠다 싶으면서도, '어느새 내가 나이를 그렇게 많이 먹었는가' 다시금 생각을 해보게도 된다.

사실 나는 나이를 먹는 것이 좋다. 물론 몸의 곳곳에서 하루가 다르게 달라짐을 느끼지만, 그 나이가 되어야 만이 할 수 있는 일들이 있기 때문이다. 머릿속 계획으로만 가득했던 일들을 실행할 수 있으니 왜 좋지 않으랴?

아무튼 어릴 때는 빨리 먹고 싶다가도, 서른이 넘고 마흔이 넘으면 점점 먹기 싫어하는 나이, 아무도 거스를 수 없음을 잘 알지만, 나만은 비껴가기를 바라는 세월, 이 책은 그 세월을 60년 넘게 살아오신 분들의 진솔한 이야기를 담고 있다.

「아범아, 어멈아 니들이 내 맘을 아냐?」 이 책은 필자로부터 독서치료 강좌를 수강하시는 분의 소개로 알게 됐다. 과제물로 독서치료 장면에서 활용할 수 있는 책을 골라오는 것을 냈는데, 어르신들께 관심이 있던 분께서 이 책을 골라 오셨던 거였다. 그래서 마침 어르신들을 만날 수 있는 기회도 주어져 서둘러 구입해 보았는데, 정말 가슴 찡하면서도 생생한 이야기들이 많이 담겨 있었다.

무엇보다 '건강', '돈', '자식', '고독', '이성', '취미', '죽음' 등으로 주제를 나누고, 노인 복지 관련 일을 하시는 저자들이 각 주제마다 실제 만났던 분들의 사례를 다루어 주고 있는 점이 좋았다. 또한 필요한 곳마다 팁으로 관련 정보들도 전해주고 있는 점이 유용하게 다가왔다.

희로애락. 우리 인생을 압축하는 네 글자이다. 여러분들은 현재 이 네 글자 중 어떤 글자에 어울리는 인생을 살고 계신지 모르겠다. 부디 자식들을 위해 한 평생 고생만 하신 어르신들께는 희(喜)와 락(樂)만이 함께 하길 바란다.

우리 부모님들의 이야기, 하지만 멀지 않은 미래에는 우리들의 이야기가 될 이 책을 상담 및 심리치료 장면에 계신 분들께, 어르신들을 이해하고자 하시는 분들께 권하고 싶다.

(14)『시와 삶의 오솔길 / 문병란 엮음 / 솔과학』

이 시집은 문병란 시인이 뽑아서 엮은 '서정시 모음집'이다. 담고 있는 시는 100여 편에 이르는데, 원로라 불리는 시인에서부터 현재 왕성한 활동을 보이고 있는 시인들의 작품까지 다양하게 담고 있다. 사실 이런 모음집들은, 책을 선택한 독자들에게 한 권 한 권의 책들을 통해 만나봐야 할 작가들을 한꺼번에 만나볼 수 있다는 점에서는 긍정적인 부분을, 어차피 엮은이의 주관이 개입되어 있기 때문에 자칫 코드가 맞지 않으면 개운치가 않다는 부정적인 면을 줄 수도 있다. 하지만 종합선물세트와 같은 느낌 덕분에 쉽게 동화될 수 있을 것 같다는 생각이 드는데, 나는 치료 상황에 적합한 측면에서의 접근을 했기 때문에 특히 다음과 같은 시에 다음이 더 닿았다.

야생화

조병화

네가 작게 잡풀에 가려져 있다해서
신이 어찌 너의 이름을 잊으시겠는가
다 제 자리 자리에서 잘 피어 있는 것을

모두 제 자리 자리에서
신께서 나눠주신 목숨 잘 키우고 있는 것을
신의 보살핌은 한낱 같으신 것을
신의 사랑은 한낱 평등하신 것을

네가 큰 잡풀에 가려져 작게 있다고 해서
어찌
어진 신께서 너의 이름을 잊으시겠는가

사람도.

이 시는 특히 자아존중감이 낮은 사람들에게 도움이 되겠다. 실패를 경험했기 때문에, 주어진 환경 등에 대해 부정적인 생각이 많은 경우, 독자는 이 시를 통해 공감을 통한 동일시를 이룰 것이고 통찰을 통해 본인의 모습을 볼 수 있을 것이다. 또한 긍정적인 피드백을 받을 것이다. 비슷한 주제로 접근할 수 있는 시를 한 편 더 소개해 볼까 한다.

패랭이 꽃

이은봉

앉아 있어라
쪼그려 앉아서 피워 올리는 보랏빛 설움이여
저기 저 다수운 산빛, 너로 하여,
네 아픈 젖가슴으로 하여 한결같아라
하나로 빛나고 있어라

보랏빛 이슬방울이여
눈물방울이여
언젠가는 황홀한 보석이여
앉아서 크는 너로 하여,
네 가난한 마음으로 하여 서 있는 세상, 온통 환하여라
환하게 툭, 터지고 있어라.

시 치료는 시가 담고 있는 은유나 상징을 자신의 처지에 맞게 해석해 보도록 유도하기 때문에 치료 효과가 크다고 한다. 따라서 문학 시간이나 국어 시간에 배웠던 것처럼 자세히 분석하는 것에 대해 부정적이다. 다만 문학적인 부분에서의 해석이 다르더라도, 그 사람 나름대로의 해석, 느낌, 역동이 충분히 일어난다면 그것으로 만족한다. 그 점이 문학적인 접근에서의 시 읽기와 치료적인 접근에서의 시 읽기의 차이점이다.

(15)『정신분석에로의 초대 / 이무석 지음 / 이유』
혹자는 모든 심리상담 치료의 기본에는 정신분석이 깔려 있다고

한다. 따라서 심리상담 치료를 하는 사람들, 또는 하고자 하는 사람들은 정신분석에 대한 이론을 알고 있어야 하고, 또한 본인의 정신분석도 받는 것이 중요하다고 말한다. 여기에 덧붙여 또 다른 이론을 받아들이는 것이라는데, 난 그 말에 전적으로 동감한다. 왜냐하면 저자의 말처럼 정신분석은 인간의 내면세계를 찾아주기 때문이다. 자기 마음이면서도 모르고 그 마음의 함정에 빠져서 고통 받는 사람들, 암흑 속의 동굴과 같은 무의식에 갇혀 있는 사람들은 신경증 환자가 되기 쉽다. 그런 사람들에게 정신분석은 실로 유용한 치료법이 될 것이다. 따라서 정신분석은 프로이트 박사가 인류에게 준 선물과도 같다.

그렇다면 프로이트 박사가 '심리 수술(psychotherapeutic operation)'이라고 칭한 정신분석의 목적은 무엇일까? 그는 이에 대한 대답으로 비의식의 갈등의 사슬을 벗어나서 사랑하며 인생을 즐기고, 자기 일을 잘 수행할 수 있게 해주는 것이라고 말했다. 이는 인간 정신의 이해를 합리적으로 접근하자는, 의식과 비의식, 과거와 현재를 통합한 전체 인간으로 이해하는 것이라는, 비교적 겸손한 목적이다. 결국 자기 내부의 혐오감을 주는 욕구들, 질투심, 경쟁심, 탐욕, 죄책감, 수치심, 잊고 싶은 지독한 기억들의 진실을 통해, 정직한 자기 인생을 받아들여 용기를 회복하는 것이라 할 수 있다.

하지만 정신분석은 어려울 수밖에 없다. 왜냐하면 참 자아를 찾기 위한 과정은 물론이고, 그것을 분석하는 것, 또한 참 자기로 인정하는 과정까지가 모두 포함되기 때문이다. 그래서 프로이트는 정신분석을 '조각그림 맞추기'에 비유했는데, 작은 조각들이 짝을 만나 맞춰지면 비로소 비의식의 갈등이 보인다고 한다. 때문에 모든 그림이 맞춰지기 전까지는 정확한 분석을 할 수 없다고도 한다.

　이 세상에 갈등과 고민이 없는 사람은 없을 것이다. 하지만 그것이 과하면 결국 병이 되는 법! 본인은 물론 다른 사람의 조각그림을 맞춰주고자 하는 사람들에게 유용할 책이다.

2. 동시·시 자료

1) 아동

(1) 뽐내지 마

뽐내지 마

신형건

노랑 빨강 파랑 풍선 풍선 풍선이
서로 잘났다고 고개 빼들며 뽐내지만
다 소용 없는 일이야.
어디 제 힘으로 뱃속을 채웠나
남이 불어 주어서 그런 모습이 됐지.
주둥이에 맨 실을 풀어 볼까, 어찌 되나?
가시에 한 번 찔려 볼래?
빵!

『거인들이 사는 나라 / 신형건 글, 김유대 그림 / 푸른책들』

(2) 놀고 싶다

놀고 싶다

권세호

요즈음 나는 자꾸만 놀고 싶다.
공부는 하기 싫고 놀고만 싶다.
엄마는 영어 공부하라 한다.
하지만 나는 하기 싫다.
그러나 안 하면 혼나니
할 수밖에 없다.

많이 자고 싶어도 많이 잘 수 없다.
나가 놀고 싶어도 그럴 수 없다.
오락실 가고 싶어도 갈 수가 없다.
장난감 사고 싶어도 살 수가 없다.
만화책 사고 싶어도 살 수가 없다.

나는 오늘 아침 놀랐다.
시험지를 나누어 준대서.
안 나누어 주었으면 좋겠다.
하지만 피할 수 없다.
시험을 안 봤으면 좋겠다.
지금도 내 심정은 놀고 싶은 거다.

『엄마의 런닝구 / 한국글쓰기연구회 엮음 / 보리』

(3) 나도 쓸모 있을 걸

나도 쓸모 있을 걸

서울 송정초등학교
6학년 홍의용

나는 내가 왜 태어났는지
생각해 봤어요

생각 끝에 하느님께서
내가 이 넓은 세상에
뭔가 살며시 빛을 쐬도록,
내가 무언가 꼭 쓸모가
있도록 태어난 걸 거예요.

하늘의 뜻에 따라 노력할 테예요.
그래서 샛별처럼 빛낼 거여요.

『나도 쓸모 있을 걸 / 이오덕 엮음 / 창작과비평사』

(4) 어른과 아이

어른과 아이

최영재

어른은 눈길, 얼음길을 피해 다니고
아이는 눈길, 얼음길을 골라 다니고

분수 앞 어른들은 물 기둥 구경만 하고
분수 앞 아이들은 물에 홈빡 젖어 깔깔거리고

눈이 오면 어른들은 우산을 펴고
눈이 오면 아이들은 두 팔을 벌리고
내 입으로 쏙 들어오렴, 입을 크게 벌리고.

『어린이였던 어른 / 최영재 글, 이명선 그림 / 지경사』

(5) 이를 거야

이를 거야

정진아

이도 안 닦고
김치도 안 먹고
양말 홀랑 뒤집어 벗지 말랬지?
너,
선생님한테 이를 거야.

엄마는 자꾸 겁준다.

1학년 됐는데
또 군것질이니?
동생은 왜 때려?
너,
선생님한테 혼내 주라고 할 거야.

야단치는 엄마에게

1학년답게 말했다.

선생님이
이르는 사람은 나쁘대.
자꾸 그러면
선생님한테 이를 거야.
엄마,
혼내 주라고 할 거야.

『난 내가 참 좋아 / 정진아 동시, 조미자 그림 / 청개구리』

(6) 어른들은 모른다

어른들은 모른다

서정홍

높은 산골짜기로
넓은 들판으로 강둑으로 바다로
새가 되어 날아다니고 싶다.
실컷 돌아다니고 싶다.

눈만 뜨면 공부해라 공부해라는
어머니 없는 곳으로,
때리고 못살게 구는
동무들 형들 없는 곳으로,
툭 하면 짜증내고 회초리 드는
선생님 없는 곳으로,

어른들은 모른다.
내가 왜 새가 되고 싶은지.

『우리 집 밥상 / 서정홍 지음, 허구 그림 / 창작과비평사』

(7) 나 보란 듯이

나 보란 듯이

서정홍

1

우리 어머니와 아버지가
이혼했다는 소문이 우리 반에 쫙 퍼졌다.
소문이 퍼지자마자
동무들이 나를 바라보는 눈빛이 달라졌다.

나는 그때부터
선생님이나 동무들이 말을 걸어도
대답을 하지 않았다.
대답을 하고 싶지 않았다.

2

꽃밭에 꽃들은
어제도 오늘처럼 예쁘게 피어 있는데
내 마음은 둘 곳이 없다.
"진주야, 같이 밥 먹으러 갈래?"
"먼저 가. 나는 먹고 싶지 않아."

동무들이 점심시간이라고

같이 밥 먹으러 가자며 몇 번이나 불렀지만
나는 꿈쩍도 하기 싫었다.
배는 고픈데 먹고 싶은 마음이 떠나 버렸다.

하루라도 안 보면 못 살 것 같은
친한 동무들도 아무런 도움이 되지 않고
하나 둘 떠나갔다.
나는 날이 갈수록 작아졌다.

3
부모가 이혼하는 바람에
아버지와 사는 동무가 둘
어머니와 사는 동무가 셋
우리 반에 벌써 다섯 명이나
따로따로 떨어져 산다.

어느덧 여름이 가고 가을이 왔다.
나도 다른 동무들처럼
하루하루 잘 참고 견뎌 나갔다.

부산에서 혼자 살고 있을 아버지 이야기도 하고
식당에서 일하고 있는 어머니 이야기도 하고
세 살 아래인 동생 진민이가 울 때
가장 가슴이 아프다는 이야기까지 해 가며…….

'그래, 어머니는 어머니고
아버지는 아버지가 나는 나야.
이제 고민하지 말자.
지금도 식당에서 그릇 씻고 있을
어머니를 생각해서라도

철이 바뀌도록 아무 소식도 없는
아버지를 생각해서라도.'

굳게 마음먹고 또 마음먹고 창밖을 보니
코스모스가 예쁘게 피어 있다.
나 보란 듯이……

『닳지 않는 손 / 서정홍 지음, 윤봉선 그림 / 우리교육』

(8) 문제 아이

문제 아이

김형창

눈을 꼴쳐도 문제 아이가 되고
욕만 해도 문제 아이가 되고
뺨만 때려도 문제 아이가 되고
장난쳐도 문제 아이가 되고
문제 아이가 되는 건 쉬워도
보통 아이가 되는 건 어렵다.

『엄마의 런닝구 / 한국글쓰기연구회 엮음 / 보리』

(9) 마음대로 나라

마음대로 나라

정진아

먹지 마, 몸에 나쁜 거야.
뛰지 마, 위험하잖니.
자지 마, 공부해야지.

마음대로 할 수 있는 게
아무것도 없는 아이
마음대로 나라에 가고 싶었대.

그런 나라가 어딨냐구?
어딨긴, 여기 있지.

마음대로 생각하고
마음대로 먹고
마음대로 뜀박질에
마음대로 늦잠
하고 싶은 대로 다 하는
마음대로 나라.

마음대로 임금님
마음대로 할 수 있는 게
아무것도 없는 아이 가여워,
마음대로 나라에 초대하기로 했어.

마음대로 쓴

마음대로 초대장
아이를 찾아가다 말고
마음대로 풀밭에 누워
뒹굴뒹굴
아직도 뒹굴뒹굴.

『난 내가 참 좋아 / 정진아 동시, 조미자 그림 / 청개구리』

(10) 엄마 생각 내 생각

엄마 생각 내 생각

정진아

시험 끝난 날,
내 생각
'신나게 놀자'
엄마 생각
'몇 점일까?'

숙제가 남았을 때,
내 생각
'놀고 해야지!'
엄마 생각
'다 하고 놀겠지.'

맛있는 음식 앞에서
내 생각
'맛있겠다, 내가 다 먹어야지.'
엄마 생각

'맛있겠다, 뒀다 두성이 줘야지.'

엎드려 자는 것
뒷짐지고 걷는 모습
한쪽 눈만 쌍꺼풀진 것까지
꼭 닮은 엄마랑 나,
생각은 왜 이리 다를까?

『난 내가 참 좋아 / 정진아 동시, 조미자 그림 / 청개구리』

(11) 내가 아플 때

내가 아플 때

장승련

엄마는 종일
아무 데도 가지 않고
아무 일도 하지 않고
내 곁에만 있었으면 좋겠다.

내 얼굴을 들여다보고
걱정을 하고
거친 손이지만 이마도 만져 줬으면 좋겠다.

오늘 만큼은
나만 낳은 엄마가 되었으면 좋겠다.

참,
찡그린 내 얼굴을 보고
많이 아프냐는 친구도 보고 싶다.

그러고 보니
나도 친구의 얼굴들을 찬찬히 들여다봐야지
아파서 나처럼 얼굴을 찡그릴 때가 있을지 몰라

엄마도 잘 봐야지
아빠도 잘 봐야지
동생도 잘 봐야지
아니 내가 만나는 모든 얼굴들을 잘 봐야지.

『우산 속 둘이서 / 장승련 지음 / 21문학과문화』

(12) 아토피 귀신

아토피 귀신

서정홍

하느님은 왜 내게
아토피를 주셨을까?

가려워서, 온몸이 가려워서
피가 나는 줄도 모르고 긁어 대는데…….

어머니는 맑은 공기 마시고
음식 잘 가려 먹으면
저절로 낫는 병이라 하지만
동무들은 나를 보고
아토피 귀신이라 놀려 댑니다.

햄버거, 피자 먹지 마라.

콜라, 사이다 먹지 마라.
아이스크림 먹지 마라.
과자 먹지 마라.

어른들이 만들어 놓고
어른들이 먹지 마라 합니다.
나는 먹을 게 거의 없는
아토피 귀신입니다.

『닳지 않는 손 / 서정홍 지음, 윤봉선 그림 / 우리교육』

(13) 유엔이 선정한 최고의 동시

유엔이 선정한 최고의 동시

영국의 한 초등학교에 다니는
아프리카계 어린이가 씀

태어날 때부터 내 피부는 검은 색
자라서도 검은 색
태양아래 있어도 검은 색
무서울 때도 검은 색
아플 때도 검은 색
죽을 때도 여전히 나는 한 가지 검은 색이죠.

그런데 백인들은
태어날 때는 핑크색이잖아요.
자라서는 흰색
태양아래 있으면 빨간색
추우면 파란색

무서울 때는 노란색
아플 때는 녹색이 되었다가
또 죽을 때는 회색으로 변하잖아요.

그런데 백인들은 왜 나를 유색인종이라 하나요?

『유엔에서 일하고 싶어요 / 김정태 지음, 홍연주 그림 / 국일아이』

(14) 참새네 말 참새네 글

참새네 말 참새네 글

신현득

참새네는 말이라는 게
'짹짹' 뿐이야
참새네 글자는
'짹' 한 자뿐일 거야.

참새네 아기는
말 배우기 쉽겠다.
'짹' 소리만 할 줄 알면 되겠다.
사투리도 하나 없고
참 쉽겠다.

참새네 학교는
글 배우기 쉽겠다.
국어책도 "짹, 짹, 짹"
수학책도 "짹, 짹, 짹"
참 재미나겠다.

『섬진강 작은학교 김용택 선생님이 챙겨 주신 저학년 책가방 동시 /
김용택 엮음, 조민정 그림 / 파랑새』

참새의 얼굴

박목월

얘기가 하고 싶은
얼굴을 하고
참새가 한 마리
기웃거린다.

참새의 얼굴을
자세히 보라.
모두들
얘기가 하고 싶은 얼굴이다.

아무래도 참새는
할 얘기가 있나 보다.
모두 쓸쓸하게 고개를 꼬고서
얘기가 하고 싶은
얼굴들이다.

『그림으로 만나는 우리 동시 / 김상욱·이승미 지음 / 천둥거인』

2) 청소년

(1) 그깟 학교

그깟 학교

박성우

무단결석을 했어
학교에서는 나를 퇴학시킬 거래

차라리 잘 되었다 싶었어
그깟 학교, 안 다니면 그만이니까
간섭받고 혼나는 일도 지긋지긋하니까
그깟 학교, 그만두고
돈이나 벌면서 내 맘대로 살고 싶었어
누가 뭐래도 난 나니까
뭐든, 내가 하고 싶은 거만 할 거니까
그깟 학교, 확 때려치우고 싶었어

할머니가 사정사정해서
못 이기는 척, 며칠간 학교에 나갔어
그런데 할머니가 또, 학교에 불려 왔어
난 엄마 아빠가 이혼해서 할머니랑 살거든
담임선생님이건 교감선생님이건
할머니는 비굴하게 무릎까지 꿇어가며 빌었어
잘못 가르쳤으니 한 번만 봐달라고,
싹싹 비는 할머니도 말리는 선생님도 싫었어
나중엔 아빠까지 불려 와서 죽어라 빌고 갔어

학교에서 자른다는 거
겨우 자퇴서로 돌리고 마무리 되었어
핏, 나중에 생각 바뀌면 다른 학교로 갈 수도 있대나

그깟 학교, 확 때려치우고 나니까
얼마간은 좋았어 빈둥빈둥 며칠은 대충 놀 만했지
근데 뭐든, 내 맘대로 될 줄 알았는데
딱히 할 일도, 할 수 있는 일도 없었어
알바도 어리다고 안 써주고
어쩌다 일을 해도 힘들어서 금방 때려치우게 돼
애들은 날 만나주기는커녕, 내 전화는 받지도 않아
하루하루가 정말 끔찍해, 그저 눈앞이 깜깜해

『난 빨강 / 박성우 시 / 창비』

(2) 한 마리 곰이 되어

한 마리 곰이 되어

박성우

한 마리 곰이 되어 겨울잠에 들고 싶어 으음 나흘만 더 잘게요, 잠꼬대도 해대면서 코를 드르렁드르렁 지치도록 자고 싶어 음냐 음냐, 달콤한 꿈을 꾸는 동안 함박눈은 펑펑 내려 동굴 입구까지 쌓이겠지 정말이지 한 마리 곰이 되어 겨울잠에 들고 싶어 알람시계 따위는 동굴에 가져가지 않을 거야 아침 잔소리도 절대 들어오지 못하게 할 거야 알람 소리도 잔소리도 없는 깊은 동굴에 들어 잠만 잘 거야 아무도 찾아올 수 없는 깊은 산속 동굴에 들어 곰곰 생각하지 않는 미련한 곰이 되어 실컷 잠만 잘 거야 자다가 자다가 지치면 기지개를 켤 거야 내가 쭈욱 쭉 기지개를 켜며 울면 골짜기가 쩌렁쩌렁 울리겠지 푸릇푸릇한 봄이 성큼 와 있겠지

『난 빨강 / 박성우 시 / 창비』

(3) 사춘기인가?

사춘기인가?

박성우

요샌, 아무 말도 하기 싫다

엄마랑 아빠가 뭘 물어 와도
대답은커녕 그냥 짜증부터 난다
이게 사춘기인가?

엄마 말이 안 들리니? 들려요
너 요새 무슨 일 있지? 없어요
너 요새 누구랑 노니? 그냥 놀아요
너 요새 무슨 생각 하니? 아무 생각 안 해요
쉬는 날 식구들끼리 놀러 갈까? 싫어요
너 요새 진짜 왜 그래? 뭐가요
엄마랑 말하기 싫어? 고개만 끄덕끄덕
대충대충 설렁설렁 대답하고는
내 방으로 휙 들어가 버린다
제발 신경 끄고 내버려 두라고
신경질을 내기도 한다

엄마든 아빠든 다 귀찮아서
방문도 틱 잠가버린다

넌 안 그러니?

『난 빨강 / 박성우 시 / 창비』

(4) 삼촌

삼촌

김영롱

삼촌이 돌아가실 적에
나는 엉엉 울었다.
누가 죽었는지도 모르고 어른들이
울길래 따라 울었다.

그러나 숟갈을 놓을 적에
일곱 개를 놓다가 여섯 개를 놓으니
가슴 속에서
눈물이 왈칵 나왔다.

『국어시간에 시 읽기 1 / 배창환 엮음 / 나라말』

시장에서

이은민

스산한 갈바람을 맞고,
긴 그림자를 드리우며
엄마와 함께 나와 본 시장,
저도 어엿한 숙녀예요.
아무 거나 막 입고 잘 수 없다구요.
잠옷이 필요해요.

몇 주일 전부터
잠옷 타령을 한 내 말을 기억하며
'오늘 중에는 사 주겠지' 하며
돌려다 본 엄마의 얼굴은
그리 밝지는 않았어요.

고등어 몇 마리에,
덤으로 주는 콩나물 몇 움큼에
아름답던 여자의 순정을 뒤로 하고,
생멸 걸고 투쟁하는,
막 갈 대로 간 시장의 억센 아주머니와
오랜 고생에 익숙해 있는 어머니와의
잠깐 실랑이가
배추 리어카 주변에 파리하게 시들어 널려 있는
배춧잎을 주워다 넣는 엄마의 모습에
오늘 아침 맛없다고 투정했던

시래기 국이 생각났어요.

그리고,
그것이 우리 네 식구 겨울을 나게 하는 걸
훔친 내 눈물을 보고 알았어요.

생선 몇 마리, 동전 몇 개를
다부지게 들고 가시는 엄마의 눈엔
알지 못할 기쁨과 씁쓸함이 교차되고,
바삭거리며 골목길로 들어가시는
엄마의 뒷모습은
내가 공부 잘하는 아이들 틈에 비집고 들어갈 때의
괴로움, 서글픔이 서려 있었어요.

잠옷 얘기를
꺼낼 수 없었어요.
내가 산 잠옷 때문에
자꾸만 자꾸만 이를 악물고 살아가실
엄마를 생각하니,
내 자신이 밉고 싫었습니다.

스산한 갈바람을 맞고
긴 그림자를 드리우며
엄마와 함께 나와 본 시장.

『국어시간에 시 읽기 1 / 배창환 엮음 / 나라말』

(6) 기대

기대

양정자

공부도 신통찮은데
남에게 지기 싫어하고 참견 안 하는 데가 없어
친구들과 유난히 잘 다투는
입이 참새처럼 뾰족 튀어나온 박현주
아무리 야단쳐도 말다툼 그칠 날 없네
생각다 못해 1학기 성적표 가정통신란에
'마음이 너그럽게 이해심이 깊어
친구들과 유난히 사이가 좋습니다'라고
은근히 정반대로 부추겨주었더니
아니, 이게 웬일인가
2학기부터는 싸움 한번 안 하고
밀가루 반죽처럼 부드러워졌네
눈부신 꽃으로 보면 더욱 눈부신 꽃이 되고
하찮은 돌멩이로 보면 여지없이 돌멩이로 돼버리는
기대한 만큼보다 훨씬 더 이루는
무한 가능성의 놀라운 아이들

『국어시간에 시 읽기 2 / 이명주 엮음 / 나라말』

(7) 시험

시험

공동창작

시험 때마다 나는 공상에 빠진다.
시험지를 누가 탈취한다거나
홍수로 교통이 두절된다거나
아니면 문제지에 답이 찍혀 나온다거나
문제지가 들은 캐비닛에만
불이 난다거나 하는 공상에 말이다.
그러나 공상은 언제나 공상
다른 때보다 한 시간 먼저 일어나
오랜만에 아침밥을 먹다보니
아차! 오늘이 바로 중간고사 시작 날
무대책이 상책이라 믿고
뱃심 하나로 치루는 3교시 영어 시험
물음표에서 긴장하고
마침표에서 한숨 쉬고
가렵지도 않은 머리를 연필로 긁적거린다.
가슴을 옥죄는
째깍째깍 시계 초바늘 소리
'5분 남았다. 수험번호 이름 과목코드 확인하도록.'
선생님의 최후통첩
텅 빈 주관식 답란이 민망스러워
화장실도 안 가고 누런 시험지를 보고 있는데
오늘 하루도 시험에 의해 매겨질
내 인생 점수는

평균치 고작 56점.

그러나 언젠가는 올 것이다.
오고야 말 것이다.
시험 점수에 의해 인생 점수가 매겨지지 않고
우리의 착함과
성실함으로 점수 매겨지는
그런 날이.

『국어시간에 시 읽기 2 / 이명주 엮음 / 나라말』

(8) 너희들에게

너희들에게

조재도

싹수있는 놈은 아닐지라도
공부 잘하고 말 잘 듣는 모범생은 아닐지라도
나는 너희들에게 희망을 갖는다
오토바이 훔치다 들켰다는 녀석
오락실 변소에서 담배 피우다 걸렸다는 녀석
술집에서 싸움박질 하다 끌려왔다는 녀석
모두 모두가 더 없는 밀알이다
공부 잘해 대학가고 졸업하면 펜대 굴려
이 나라 이 강산 좀먹어 가는
관료 후보생보다
농사꾼이 될지 운전수가 될지
공사판 벽돌 나르는 노동자가 될지

모르는 너희들에게 희망을 갖는다
이 시대를 지탱해가는 모든 힘들이
버려진 사람들 그 굵은 팔뚝에서 나오는 것이기에
나는 너희들을 믿는다
공무원 관리는 되지 못해도
어버이의 기대엔 미치지 못해도
동강난 강산 하나로 이을 힘이 바로 너희들
두 다리 가슴마다 들어 있기에
나는 믿는다. 통일의 알갱이로 우뚝우뚝 커 가는
건강하고 옹골찬 너희 어깨를.

『국어시간에 시 읽기 2 / 이명주 엮음 / 나라말』

(9) 상처받는 가슴

상처받는 가슴

강진영

엄마 아빠 싸울 때
아빠 말씀은

하나하나 가시 되어
엄마 가슴 찌르고,

아빠 엄마 싸울 때
엄마 말씀은

하나하나 바늘 되어
아빠 가슴 찌르고,
그러나 아무도 모를 거야,

아빠 가시, 엄마 바늘
우리 가슴 찌르는 것을.

『국어시간에 시 읽기 2 / 이명주 엮음 / 나라말』

(10) 이상한 세상

이상한 세상

학생

내가 아주 어릴 적
엄마는 늘 이렇게 말씀하셨습니다.
"예쁘게 자라 착한 사람이 되라."고
착한 게 뭔지 잘 몰랐지만
그냥 그 말이 좋았습니다.
그러다 성적표라는 것을
받아 오기 시작하면서
엄마는 이렇게 말씀하셨습니다.
"공부 열심히 해서
훌륭한 사람이 되라."고
그냥 공부라는 것이 싫었습니다.
그래서 훌륭한 사람 말고
착한 사람이 되겠다고 했더니
"바보 돼서 뭐하냐?"고
말씀하셨습니다.
어릴 적은 착해지라더니
엄마가 바본지 내가 바본지.

그냥 나는 사람이 되고 싶습니다.

『국어시간에 시 읽기 2 / 이명주 엮음 / 나라말』

(11) 엄마는 그래도 되는 줄 알았습니다

엄마는 그래도 되는 줄 알았습니다

심순덕

엄마는 그래도 되는 줄 알았습니다
하루 종일 밭에서 죽어라 힘들게 일해도

엄마는 그래도 되는 줄 알았습니다
찬밥 한 덩이로 대충 부뚜막에 앉아 점심을 때워도

엄마는 그래도 되는 줄 알았습니다
한겨울 냇물에 맨손으로 빨래를 방망이질해도

엄마는 그래도 되는 줄 알았습니다
배부르다 생각 없다 식구들 다 먹이고 굶어도

엄마는 그래도 되는 줄 알았습니다
발뒤꿈치 다 헤져 이불이 소리를 내도

엄마는 그래도 되는 줄 알았습니다
손톱이 깎을 수조차 없이 닳고 문드러져도
엄마는 그래도 되는 줄 알았습니다
아버지가 화내고 자식들이 속 썩여도 전혀 끄떡없는

엄마는 그래도 되는 줄 알았습니다
외할머니 보고 싶다
외할머니 보고 싶다, 그것이 그냥 넋두리인 줄만…

한밤중 자다 깨어 방구석에서 한없이 소리 죽여 울던

엄마를 본 후론

아! 엄마는 그러면 안 되는 것이었습니다

『엄마는 그래도 되는 줄 알았습니다 / 심순덕 지음 / 대희』

(12) 버림받은 성적표

버림받은 성적표

장기준

"성적표 갖고 와봐."

"여기요."

"이게 뭐고. 이게 성적표라고 갖고 왔나?

니 이 실력으로 대학 갈 수 있는지 아나?

내일 당장 공고로 옮겨."

"싫습니다."

찌익~ 사정없이 성적표를 찢어버린다.

주먹이 불끈 쥐어졌다.

벽을 맘껏 후려치고 싶다.

"장기준"

"예"

"니 정말 이랄래? 아버지는 니 하나만 믿고 사…"

말을 이으시지 못했다. 또 다른 아버지 모습이 보인다.

'못난 아들이구나.'

성적표가 싫다.

'이깟 게 뭔데 나와 아버지 사이를 갈라놓아'

『버림받은 성적표 / 고등학생 81명 시, 구자행 엮음 / 보리』

악어가 왔어

권영상

사물함을 열어보고 깜짝 놀랐어.
연필이랑 책이랑 다 없어진 거야.
크레파스랑 삼각자까지도.
알고 봤더니 악어가 먹어치운 거야.
글쎄, 그 녀석이 책상이며 의자며 칠판이며 선생님
출석부까지 다 먹어치운 거야.
우리 반만이 아니야.
옆 반까지 먹어치우는 거야.
교장실의 소파도, 운동장의 국기봉도, 국기봉 위의 국
기까지도.
우리 교실을 먹고 있어요! 악어가!
일학년 애들은 파래가지고 소리쳤어.
그날 그 일을 다른 학교 친구들한테 말했더니 뭐라는
지 알아?
그 악어 즈네 학교로 좀 보내 달래. 글쎄 말이나 되
는 소리니?
왜? 악어가 우리 학교를 아직 덜 먹었잖아.

『신발코 안에는 생쥐가 산다 / 권영상 / 문원』

이해의 계단

이외수

이해의 나무에는 사랑의 열매가 열리고
오해의 잡초에는 증오의 가시가 돋는다.
이해는 내면적인 안목에 의존해서
대상을 바라볼 때 숙성되고, 오해는 외형적인 안목에 의존해서
대상을 바라볼 때 발아된다.
그대가 사랑하는 사람을 외형적인 안목에 의존해서 바라보는
성향이 짙을수록 오해의 소지는 많아진다는 것을 명심하라.
지나치게 외형적인 안목을 중시하게 되면
그대가 사랑하는 사람의 내면적 가치를 소홀히 하게 된다.
진정한 사랑은 마음속에 있는 것이지
마음밖에 있는 것이 아니다.
그대가 사랑하는 사람이 가지고 있는 어떤 결함도
내면적 안목에 의존해서 바라보면
아름답게 해석될 수 있는 법이다.
걸레의 경우를 생각해 보라. 외형적 안목에 의존해서 바라보면
비천하기 그지없지만, 내면적 안목에 의존해서 바라보면
숭고하기 그지없다. 걸레는 다른 사물에 묻어 있는 더러움을
닦아내기 위해 자신의 살을 헐어야 한다.
이해란 그대 자신이 걸레가 되기를 선택하는 것이다.

『그대에게 던지는 사랑의 그물 / 이외수 지음 / 해냄출판사』

너의 하늘을 보아

박노해

네가 자꾸 쓰러지는 것은
네가 꼭 이룰 것이 있기 때문이야

네가 지금 길을 잃어버린 것은
네가 가야만할 길이 있기 때문이야

네가 다시 울며 가는 것은
네가 꽃피워 낼 것이 있기 때문이야

힘들고 앞이 안 보일 때는
너의 하늘을 보아

네가 하늘처럼 생각하는
너를 하늘처럼 바라보는

너무 힘들어 눈물이 흐를 때는
가만히 네 마음의 가장 깊은 곳에 가 닿은

너의 하늘을 보아

『당신이 그리운 건 내게서 조금 떨어져 있기 때문입니다 /
박노해 지음 / 책만드는집』

3) 성인

(1) 가시論

가시論

심재휘

오늘은 가시에 대해 얘기 하겠습니다

그보다 먼저 식탁에 대해 말하자면
식탁이 네모난 것이나 둥근 것만 있는 것이
아니라는 것을 물론 알고 계시지요?

아버지가 바다로 걸어 들어가시고 나자
나는 미루나무 식탁 하나를 깎아야 했습니다
아침마다 젖은 몸으로 식탁에 돌아와야 했습니다

그러던 어느 날
먼 길 걸어 내 식탁에 오른
꽁치 한 마리 낯이 익기도 하였습니다

창 밖 나무의 가지들이 무심한 아침이었는데
가시는 길 잃은 별처럼 내 목 깊숙이 박혀
밥을 밀어 넣어도 거친 생각을 삼켜보아도
두 눈을 말똥거릴 뿐이었습니다

오늘도 내가 문을 나서면
아내는 식탁을 치울 것이고
식기들은 다시 허공에 걸려 달그락거릴 것입니다

그러나 가시는
오랫동안 내 목구멍에 걸려 까끌거리고 따갑겠지만
그도 삭으면 내 몸이 되지 않겠습니까?

『적당히 쓸쓸하게 바람부는 / 심재휘 지음 / 문학세계사』

(2) 감옥 같은 날

감옥 같은 날

용혜원

당신은 감옥 같은 날을 알지요
가슴이 터지도록 아파서
어디론가 떠나고 싶었지만

나서면 강이요
나서면 산이요
나서면 바다요
어디든 인생의 벼랑이어서
돌아서면 갈 곳이 없어

하루가 지나고
이틀이 지나고
세월이 가면
그런 마음도 잊고 살지요

『한 그루의 나무를 아무도 숲이라 하지 않는다 /
용혜원 / 책만드는집』

그럼에도 불구하고

사람들은 때로 믿을 수 없고, 앞뒤가 맞지 않고,
자기중심적이다.
그럼에도 불구하고 그들을 용서하라.

당신이 친절을 베풀면
사람들은 당신에게 숨은 의도가 있다고 비난할 것이다.
그럼에도 불구하고 친절을 베풀라.

당신이 어떤 일에 성공하면
몇 명의 가짜 친구와 몇 명의 진짜 적을 갖게 될 것이다.
그럼에도 불구하고 성공하라.

당신이 정직하고 솔직하면 상처받기 쉬울 것이다.
그럼에도 불구하고 정직하고 솔직하라.

오늘 당신이 하는 좋은 일이
내일이면 잊혀질 것이다.
그럼에도 불구하고 좋은 일을 하라.

가장 위대한 생각을 갖고 있는 가장 위대한 사람일지라도
가장 작은 생각을 가진 작은 사람들의 총에 쓰러질 수 있다.
그럼에도 불구하고 위대한 생각을 하라.

사람들은 약자에게 동정을 베풀면서도 강자만을 따른다.
그럼에도 불구하고 소수의 약자를 위해 싸우라.

당신이 몇 년을 걸려 세운 것이

하룻밤 사이에 무너질 수도 있다.
그럼에도 불구하고 다시 일으켜 세우라.

당신이 마음의 평화와 행복을 발견하면
사람들은 질투를 느낄 것이다.
그럼에도 불구하고 평화롭고 행복하라.

당신이 가진 최고의 것을 세상과 나누라.
언제나 부족해 보일지라도,
그럼에도 불구하고 최고의 것을 세상에 주라.

『인도 캘커타의 마더 테레사 본부 벽에 붙어 있는 시』

(4) 그리운 말 한 마디

그리운 말 한마디…

유안진

나는 좀 어리석어 보이더라도
침묵하는 연습을 하고 싶다.
그 이유는 많은 말을 하고 난 뒤일수록
더욱 공허를 느끼기 때문이다.
많은 말이 얼마나 사람을 탈진하게 하고
얼마나 외롭게 하고 텅 비게 하는가?

나는 침묵하는 연습으로
본래의 나로 돌아가고 싶다.
내 안에 설익은 생각을 담아두고
설익은 느낌도 붙잡아 두면서

때를 기다려 무르익는 연습을 하고 싶다.
다 익은 생각이나 느낌 일지라도
더욱 지긋이 채워 두면서
향기로운 포도주로
발효되기를 기다릴 수 있기를 바란다.

침묵하는 연습,
비록 내 안에 슬픔이건 기쁨이건…
더러는 억울하게 오해받는 때에라도
해명도 변명조차도 하지 않고
무시해버리며 묵묵하고 싶어진다.
그럴 용기도 배짱도 지니고 살고 싶다.

『그리운 말 한마디 / 유안진 지음 / 고려원』

(5) 나를 위로 하는 날

나를 위로하는 날

이해인

가끔은 아주 가끔은
내가 나를 위로할 필요가 있네

큰일 아닌데도
세상이 끝난 것 같은 죽음을 맛볼 때

남에겐 채 드러나지 않은
나의 허물과 약점들이 나를 잠 못 들게 하고

누구에게도 얼굴을 보이고 싶지 않은

부끄러움에 문 닫고 숨고 싶을 때

괜찮아 괜찮아 힘을 내라구
이제부터 잘하면 되잖아

조금은 계면쩍지만
내가 나를 위로하며 조용히
거울 앞에 설 때가 있네

내가 나에게 조금 더
따뜻하고 너그러워지는 동그란 마음
활짝 웃어주는 마음

남에게 주기 전에
내가 나에게 먼저 주는
위로의 선물이라네

『외딴 마을의 빈집이 되고 싶다 / 이해인 / 열림원』

(6) 남편

남편

문정희

아버지도 아니고 오빠도 아닌
아버지와 오빠 사이의 촌수쯤 되는 남자
내게 잠 못 이루는 연애가 생기면
제일 먼저 의논하고 물어보고 싶다가도
아차, 다 되어도 이것만은 안 되지 하고
돌아누워 버리는

세상에서 제일 가깝고 제일 먼 남자

이 무슨 원수인가 싶을 때도 있지만
지구를 다 돌아다녀도
내가 낳은 새끼들을 제일로 사랑하는 남자는
이 남자일 것 같아
다시금 오늘도 저녁을 짓는다

그러고 보니 밥을 나와 함께
가장 많이 먹은 남자
전쟁을 가장 많이 가르쳐준 남자

『양귀비꽃 머리에 꽂고 / 문정희 / 민음사』

(7) 누수

누수

문숙

사월의 한낮
인터폰이 울리고
아랫집 여자의 다급한 목소리
뭐 하시는 거예요, 아래층이 다 젖어요,
새는 곳을 찾아 빨리 막으세요,

뭐라구요…… 샌다구……

구멍 난 곳을 찾기 위해
누수탐지기가 동원되고
집안 구석구석을 살핀다

축축한 거실바닥을 파헤치며
이렇게 새도록 몰랐냐며
내 안을 들여다보는 수리공

아뿔싸,
또 다른 나를 찾겠다고
내부수리를 하면서
낡은 배관을 건드렸구나
봄꽃에 마음 주고 있는 사이
조금씩 내가 새고 있었구나
내 주위가 흠뻑 젖었구나

『단추 / 문숙 지음 / 천년의 시작』

(8) 슈나이더의 시

슈나이더의 시

그대는
남의 손끝에서 놀기 위하여
태어난 것이 아닙니다.

군중 가운데 한 사람이 되기 위하여
태어난 것도 아닙니다.

그대는
그대만이 이룩할 수 있는
독특한 인간이 되기 위하여
태어났습니다.
그대를 제쳐 놓고,

지구사의 그 누구도,
그대가 될 수 있는
그 인간이 될 수는 없습니다.

『친밀감 / 이무석 지음 / 비전과리더십』

(9) 너에게 묻는다

너에게 묻는다

안도현

연탄재 함부로 발로 차지 마라.
너는
누구에게 한 번이라도 뜨거운 사람이었느냐.

『국어시간에 시 읽기 1 / 배창환 엮음 / 나라말』

(10) 나무 1 - 지리산에서

나무 1 - 지리산에서

신경림

나무를 길러본 사람만이 안다
반듯하게 잘 자란 나무는
제대로 열매를 맺지 못한다는 것을
너무 잘나고 큰 나무는
제 치레하느라 오히려
좋은 열매를 갖지 못한다는 것을
한 군데쯤 부러졌거나 가지를 친 나무에

196

또는 못나고 볼품없이 자란 나무에
보다 실하고
단단한 열매가 맺힌다는 것을

나무를 길러본 사람만이 안다
우쭐대며 웃자란 나무는
이웃 나무가 자라는 것을 가로막는다는 것을
햇빛과 바람을 독차지해서
동무 나무고 꽃 피고 열매 맺는 것을
훼방한다는 것을
그래서 뽑거나
베어버릴 수밖에 없다는 것을
사람이 사는 일이 어찌 꼭 이와 같을까만.

『국어시간에 시 읽기 1 / 배창환 엮음 / 나라말』

(11) 좋겠다

좋겠다

백창우

1
끝까지 다
부를 수 있는
노래 몇 개쯤 있었으면
좋겠다

2
매일
시 한 편씩 들려주는
여자사람 하나 있었으면
좋겠다

3
하루에
서너 시간밖에 안 가는
예쁜 시계 하나 있었으면
좋겠다

4
몹시 힘들 때
그저 말없이 나를 안아 재워줄
착한 아기 하나 있었으면
좋겠다

5
내가 바람을 노래할 때
그 바람 그치기를 기다려
차 한 잔 끓여줄
고운 사람
하나
있었으면
좋겠다

『국어시간에 시 읽기 2 / 이명주 엮음 / 나라말』

(12) 그랬다지요

그랬다지요

김용택

이게 아닌데
이게 아닌데
사는 게 이게 아닌데
이러는 동안
어느새 봄이 와서 꽃은 피어나고
이게 아닌데 이게 아닌데
그러는 동안 봄은 가며
꽃이 집니다
그러면서,
그러면서 사람들은 살았다지요
그랬다지요

『국어시간에 시 읽기 2 / 이명주 엮음 / 나라말』

(13) 폭풍

폭풍

정호승

폭풍이 지나가기를
기다리는 일은 옳지 않다

폭풍을 두려워하며
폭풍을 바라보는 일은 더욱 옳지 않다

스스로 폭풍이 되어
머리를 풀고 하늘을 뒤흔드는
저 한 그루 나무를 보라

스스로 폭풍이 되어
폭풍 속을 나는
저 한 마리 새를 보라

은사시나뭇잎 사이로
폭풍이 휘몰아치는 밤이 깊어갈지라도

폭풍이 지나가기를
기다리는 일은 옳지 않다

폭풍이 지나간 들녘에 핀
한 송이 꽃이 되기를
기다리는 일은 더욱 옳지 않다

『국어시간에 시 읽기 2 / 이명주 엮음 / 나라말』

200

아들에게

문정희

아들아
너와 나 사이에는
신이 한 분 살고 계시나보다

왜 나는 너를 부를 때마다
이토록 간절해지는 것이며
네 뒷모습에 대고
언제까지 기도를 하는 것일까?

네가 어렸을 땐
우리 사이에 다만
아주 조그맣고 어리신 신이 계셔서

사랑 한 알에도
우주가 녹아들곤 했는데

이제 쳐다보기만 해도
훌쩍 큰 키의 젊은 사랑아

너와 나 사이에는
무슨 신이 한 분 살고 계셔서
이렇게 긴 강물이 끝도 없이 흐를까?

『어린 사랑에게 / 문정희 지음 / 미래사』

바닷가에서

오세영

사는 길이 높고 가파르거든
바닷가
하얗게 부서지는 파도를 보아라
아래로 아래로 흐르는 물이
하나 되어 가득히 차오르는 수평선,
스스로 자신을 낮추는 자가 얻는 평안이
거기 있다

사는 길이 어둡고 막막하거든
바닷가
아득히 지는 일몰을 보아라
어둠 속에서 어둠 속으로 고이는 빛이
마침내 밝히는 여명,
스스로 자신을 포기하는 자가 얻는 충족이
거기 있다

사는 길이 슬프고 외롭거든
바닷가,
가물가물 멀리 떠 있는 섬을 보아라
홀로 견디는 것은 순결한 것,
멀리 있는 것은 아름다운 것,
스스로 자신을 감내하는 자의 의지가
거기 있다

『꽃들은 별을 우러르며 산다 / 오세영 / 시와시학사』

3. 노래 가사

1) 아동

(1) 어른들은 몰라요

어른들은 몰라요

드라마 주제곡

우리가 무엇을 좋아하는지 어른들은 몰라요

우리가 무엇을 갖고 싶어 하는지 어른들은 몰라요. 어른들은 몰라요.

장난감만 사주면 그만인가요. 예쁜 옷만 입혀주면 그만인가요.

어른들은 몰라요. 아무것도 몰라요.

마음이 아파서 그러는 건데, 어른들은 몰라요. 아무것도 몰라요.

알약이랑 물약이랑 소용 있나요.

언제나 혼자이고 외로운 우리들을 따뜻하게 감싸주세요.

사랑해주세요

(2) 문제아

문제아

김형창 시, 백창우 곡

눈을 흘겨도 문제아 욕을 해도 문제아
장난을 쳐도 문제아 싸움을 해도 문제아
문제아가 되는 건 쉽지만 보통 아이가 되는 건 어려워
눈을 흘겨도 문제아 욕을 해도 문제아
장난을 쳐도 문제아 싸움을 해도 문제아

지각을 해도 문제아 결석을 해도 문제아
숙제를 안 해와도 문제아 시험을 못 쳐도 문제아
문제아가 되는 건 쉽지만 보통 아이가 되는 건 어려워
지각을 해도 문제아 결석을 해도 문제아
숙제를 안 해와도 문제아 시험을 못 쳐도 문제아
문제아가 되는 건 쉽지만 보통 아이가 되는 건 어려워

눈을 흘겨도 문제아 욕을 해도 문제아
장난을 쳐도 문제아 싸움을 해도 문제아

(3) 전학가기 전 날

전학가기 전 날

채경록 작사·작곡

고마웠던 친구들아 내일이면 나는 전학 갈 거야
함께했던 시간들을 생각하니 눈물이 날 것 같아

즐거웠던 시간들이 하나 둘 씩 생각이 나
소풍갔던 기억 운동회 달리기 시험공부 함께 하던 날
모두가 나에게 너무 소중했던 간직하고픈 시간이야
착한 너 예쁜 너희들과 함께했던 너무 행복했던 시간이야
너희들을 생각하며 오늘 밤엔 꿈을 꿀 거야
함께 이다음에 멋진 어른 되어 세상을 밝게 하는 꿈을
세상을 아름답게 하는 꿈을

(4) 나의 꿈 보따리

나의 꿈 보따리

박주만 작사·작곡

우리의 마음속에는 커다란 보따리 있죠
뭐든지 담을 수 있는 희망의 보따리
담아요 (디자이너) 담아요 (요리사) 우리가 소망하는 꿈
담아요 (축구선수) 담아요 (아나운서) 세상 꿈 가득 차도록
우리의 마음속에는 커다란 보따리 있죠
뭐든지 담을 수 있는 희망의 보따리

우리의 마음속에는 커다란 보따리 있죠
꿈으로 사랑 나누는 희망의 보따리
담아요 (발레리나) 담아요 (선생님) 우리가 소망하는 꿈
담아요 (영화감독) 담아요 (수영선수) 세상 꿈 가득 차도록
우리의 마음속에는 사랑의 보따리 있죠
꿈으로 사랑 나누는 희망의 보따리
나의 꿈 보따리

(5) 덜렁이와 개구쟁이

덜렁이와 개구쟁이

이봄 작사, 이성복 작곡

나는 나는 덜렁이 이걸 어쩌나 알림장을 잘못 적었네
단축 수업인데 단추 수업으로 기역받침 빼고 적어
한 아름 단추 챙겨 들고서 교실 안에 으쓱으쓱 들어가서
모두 나 나눠주고 덜어주며 안 가져온 친구들 도와줬네 야호
실수한 게 창피해 숨어버리자 선생님은 위로하셨죠
함께 살아가는 마음 간직하면 큰 사람이 된다셨죠

개구쟁이 내 친구 저걸 어쩌나 알림장을 잘못 적었네
파일 준비인데 과일 준비라고 피읍 기역 혼동했네
한 아름 과일 챙겨 들고서 교실 안에 으쓱으쓱 들어가서
모두 다 나눠주고 덜어주며 안 가져온 친구들 도와줬네 야호
실수한 게 창피해 숨어버리자 선생님은 위로하셨죠
함께 살아가는 마음 간직하면 큰 사람이 된다셨죠

(6) 뚱보새

뚱보새

신천희 작사, 정재원 작곡

낭창낭창 나뭇가지 끝에 앉아 있는 참새 한 마리
뚱뚱보가 될까봐 남들이 놀릴까봐 걱정이 태산 같아요
먹는 것도 없는데 언제 이렇게 몸이 불었지
혹시라도 저울이 고장 났을까봐

이 가지 저 가지 옮겨 다니며
자꾸자꾸 몸무게를 재본답니다

(7) 축구 이야기

축구 이야기

이순형 작사·작곡

학교 수업이 끝나자마자 축구 시합이 벌어졌어
상대는 5학년 1반
우리 반이 이길 거라 자신 만만 했었는데
결과는 그게 아니야
탱크처럼 밀려오는 1반 아이들
1반 아이들 앞에서
우리 반은 맥도 없이 이리 비틀 저리 비틀
끝내는 참담하게도
4대 0으로 지고 말았어
이 일을 어떻게 해 아이고 창피해
와와와 와와와 와와와 와와와
그렇지만 우리들은 냉정하게 반성하고
손에 손 굳게 잡았지
작전을 짜고 (랄랄랄라) 투지를 살려 (랄랄랄라)
다음엔 이겨보자고 (야야야)
일주일만 기다려라 (일주일만 기다려라)
일주일 후 재도전 재도전
재도전 재도전이야
그 날은 꼭 꼭 이기고 말거야

그 날은 꼭 꼭 이기고 말거야
이기고 말거야

(8) 너와 나는

너와 나는

이성동 작사·작곡

네게 좋은 일 생기면 같이 기뻐해줄게
네게 슬픈 일 생기면 슬픔 같이 나눌게
너와 나는 (너와 나는 친구니까) 친구니까
기쁨도 슬픔도 함께해 (기쁨도)
슬픔도 (기쁨도 함께해) 함께 하는 거야 (함께 하는 거야)
슬픔은 나눌수록 작아지고 (슬픔은 나눌수록 작아지고)
기쁨은 나눌수록 커진다지 (커진다지)
너는 내게 가장 멋진 (너는 내게 우 가장 멋진)
소중한 친구야

내게 좋은 일 생기면 같이 기뻐하겠니
내게 슬픈 일 생기면 슬픔 같이 하겠니
너와 나는 (너와 나는 친구니까) 친구니까
기쁨도 슬픔도 함께해 (기쁨도)
슬픔도 (기쁨도 함께해) 함께 하는 거야 (함께 하는 거야)
슬픔은 나눌수록 작아지고 (슬픔은 나눌수록 작아지고)
기쁨은 나눌수록 커진다지 (커진다지)
너는 내게 가장 멋진 (너는 내게 우 가장 멋진)
소중한 친구야

(9) 미안 미안해

미안 미안해

김교현 작사, 김신혜 작곡

짝꿍하고 다투고서 나 혼자 집에 온 날
책을 펴고 앉아도 친구 얼굴 떠오르고
TV 앞에 앉아도 친구 음성 들려오고
내가 조금 양보할 걸 내가 먼저 악수할 걸
미안 미안 정말 미안 보고 싶다 내 짝꿍아

(10) 꾸러기 삼총사

꾸러기 삼총사

남진원 작사, 이성복 작곡

말썽 많은 우리는 꾸러기 삼총사
장난치다 선생님께 꾸중도 듣지만
교실이 웃음바다 되는 것은
암 암 우리들 힘이죠
어깨가 으쓱으쓱 정의의 사나이들
우리는 우리는 꾸러기 삼총사

용감한 우리는 꾸러기 삼총사
친구들의 어려운 일 우리가 나서면
모든 것 척척 해결되는 것도
암 암 우리들 힘이죠
어깨가 으쓱으쓱 정의의 사나이들
우리는 우리는 꾸러기 삼총사

어린이답게

이강산 작사·작곡

날더러 공부 못한다고
너무 야단치지 말아요
공부가 우리들의 삶에
전부는 아니잖아요
마음껏 뛰어다니고 (마음껏 뛰어다니고)
마음껏 노래 부르며 (마음껏 노래 부르며)
어린이답게 자라는 것이
더 중요해요
날더러 공부 못한다고
너무 야단치지 말아요
공부는 남보다 못하지만
마음은 착해요

날 더러 공부만 하라고
너무 강조하지 말아요
공부도 물론 중요해요
더 중요한 게 있어요
마음껏 나래를 펴고
마음껏 꿈을 키우며
미래를 향해 희망을 갖고
사는 거예요
날 더러 공부만 하라고
너무 강조하지 말아요

올바른 생각과 몸과 맘이
더욱 중요해요

(12) 꿈꾸는 고래

꿈꾸는 고래

홍재근 작사, 조혜진 작곡

들어봐요 저 푸른 바다 꿈꾸는 고래의 노랫소리
넓고 넓은 바다 바라보며 넓은 세상 꿈꾸던 고래죠
옛날 옛적 바다가 좋아 땅에서 내려온 고래들
하늘 날 듯 헤엄치며 바다를 지키며 살고 있죠
꿈꾸던 고래처럼 나도 바다 바라보며
아름답고 소중한 꿈을 노래 할래요
들어봐요 저 푸른 바다 꿈꾸는 고래의 노랫소리
하늘 날 듯 헤엄치며 바다를 지키며 살고 있죠

(13) 사랑의 꽃

사랑의 꽃

이성동 작사·작곡

너는 이 세상에 가장 귀한 엄마의 보석
너는 이 세상에 가장 귀한 아빠의 선물
나는 엄마 아빠의 사랑을 머금고
아름답게 피어나는 사랑의 꽃이죠
우리가 함께 가꾼 사랑의 꽃에는

사랑의 향기가 가득하죠
온 세상이 다 변해도 변하지 않는 건
그건 바로 엄마와 아빠의 사랑이죠

우리는 엄마 아빠의 미래라 했죠
우리는 엄마 아빠의 희망이랬죠
엄마 아빠 가르침 가슴에 담아서
우리들은 예쁘게 자라날 거예요
세상에 가족보다 더 귀한 것 있을까
서로가 서로를 사랑해요
이 세상에 가장 아름다운 꽃이 있다면
그건 바로 우리 가족 사랑의 꽃이죠

(14) 괜찮아

괜찮아

박수남 작사·작곡

오늘 본 시험 너무 못봤네
어이쿠 엄마한테 혼나게 됐네
괜찮아 괜찮아 걱정하지마
다음부터 잘 하면 되지
반 대항 축구 오늘도 졌네
어이쿠 우리 반은 언제나 지네
괜찮아 괜찮아 걱정하지마
다음부터 잘 하면 되지
깜빡 잊고서 숙제 못했네
어이쿠 선생님께 꾸중 듣겠네

괜찮아 괜찮아 걱정하지마
다음부터 잘 하면 되지
나도 잘하고 싶은데
왜 이리 나는 안 되는 걸까
괜찮아 괜찮아 걱정하지마
다음부터 잘 하면 되지

책을 펴 들면 하품만 나네
어이쿠 피곤하고 너무 졸립다
괜찮아 괜찮아 걱정하지마
다음부터 잘 하면 되지
새로 산 우산 잃어버렸네
어이쿠 도대체 몇 번째인가
괜찮아 괜찮아 걱정하지마
다음부터 잘 하면 되지
운동하려고 계획 세웠네
어이쿠 첫날부터 늦잠 잤다네
괜찮아 괜찮아 걱정하지마
다음부터 잘 하면 되지
나도 잘 하고 싶은데
왜 이리 나는 안 되는 걸까
괜찮아 괜찮아 걱정하지마
다음부터 잘 하면 되지

(15) 참 좋은 친구

참 좋은 친구

김원겸 작사, 유재봉 작곡

처음 그 때처럼 나만 보면 생글생글 웃던 얼굴
달려가다 넘어졌을 때 일으켜주던 작은 손
나를 먼저 생각해 주는 해님 미소 꽃내음 마음
너 때문에 즐거워 힘든 일 다 이길 수 있어
친구야 친구야 언제나 내 곁에 있어야 한다
나도 널 위해 그런 친구 될 거야 참 좋은 친구

2) 청소년

(1) 한다고 했는데

한다고 했는데

유영석 작사·작곡, 화이트 노래

한다고 했는데 이렇게 떨어지는 이유는 뭘까
결과보단 과정이라는 말도 아무 위로가 안 돼
언제쯤 성적과 나는 이별할 수 있나
남들은 공불 못하면 다른 길이 있지
음악과 미술 또는 뛰어난 체력
연예인을 꿈꾸는 외모
하지만 난 아무것도 발견한 게 없어

고민만 많고 소극적인 성격과
즐기는 건 오로지 사색
이 세상에 너 혼자만 그런 건 아니지
널 비롯한 많은 사람들의 얘기
그 속에서 뭔가 다른 것이 또 있겠지
모두 그걸 찾아 헤매는 걸 거야

밤마다 난 별생각 다 해 얘기하긴 유치하지만
전교 일등 농구선수 때로는 가수와 배우
갑자기 깨어나 느끼게 되는 그 허무함
그래도 난 발견하고 말래 나만의 무엇을
다른 사람이 가진 걸 많이 부러워 해
어쩌면 작은 생각의 차이인데
이런 얘기 많이 듣잖아
난 한번만 예뻐 봤으면 좋겠어 정말
우유 빛의 피부 군살 없는 몸매
재벌 2세로 태어나 외국어 능통
멋진 여자들과 어울리고 싶어
하고 싶고 또 되고 싶은 게
어디 한 두 가지뿐일까
그냥 즐거운 상상의 시간
그래 그런 거지

한다고 했는데 안 되는 일도 많을 거야
그래도 난 발견하고 말래 나만의 무엇을
한다고 했는데 이렇게 떨어지는 이유는 뭘까
결과보단 과정이라는 말도 아무 위로가 안 돼
언제쯤 한 만큼 난 만족할까

(2) 아버지

아버지

싸이 작사·작곡,
싸이·이승기 노래

YO~ 너무 앞만 보며 살아 오셨네
어느새 자식들 머리 커서 말도 안 듣네
한평생 제 자식 밥그릇에 청춘 걸고
새끼들 사진보며 한 푼이라도 더 벌고
눈물 먹고 목숨 걸고 힘들어도 털고 일어나
이러다 쓰러지면 어쩌나
아빠는 슈퍼맨이야 얘들아 걱정 마
위에서 짓눌러도 티낼 수도 없고
아래에서 치고 올라와도 피할 수 없네
무섭네 세상 도망가고 싶네
젠장 그래도 참고 있네 맨날
아무것도 모른 체 내 품에서 뒹굴 거리는
새끼들의 장난 때문에 나는 산다
힘들어도 간다 여보 얘들아 아빠 출근한다

아버지 이제야 깨달아요
어찌 그렇게 사셨나요
더 이상 쓸쓸해하지 마요
이제 나와 같이 가요

어느새 학생이 된 아이들에게
아빠는 바라는 거 딱 하나
정직하고 건강한 착한 아이 바른 아이
다른 아이 보단 잘 할 테니

학교 외에 학원 과외 다른 아빠들과의 경쟁에서
이기고자 무엇이든지 다 해줘야 해
고로 많이 벌어야 해 너네 아빠한테 잘해
아이들은 친구들을 사귀고 많은 얘기 나누고
보고 듣고 더 많은 것을 해주는 남의 아빠와 비교
더 좋은 것을 사주는 남의 아빠와 나를 비교
갈수록 싸가지 없어지는 아이들과
바가지만 긁는 안사람의 등살에 외로워도 간다
여보 애들아 (애들아) 아빠 출근한다

아버지 이제야 깨달아요
어찌 그렇게 사셨나요
더 이상 쓸쓸해하지 마요
이제 나와 같이 가요

여보 어느새 세월이 많이 흘렀소
첫째는 사회로 둘째 놈은 대학로
이젠 온가족이 함께 하고 싶지만
아버지기 때문에 얘기하기 어렵구만
세월의 무상함에 눈물이 고이고
아이들은 바뻐 보이고 아이고
산책이나 가야겠소 여보
함께 가주시오

아버지 이제야 깨달아요
어찌 그렇게 사셨나요
더 이상 쓸쓸해하지 마요
이제 나와 같이 가요 오오~
당신을 따라 갈래요

So Hot

박진영 작사·작곡,
원더걸스 노래

왜 자꾸 쳐다보니 왜 왜 왜
내가 그렇게 예쁘니 이이
아무리 그렇다고 그렇게 쳐다보면
내가 좀 쑥스럽잖니 이이

내가 지나갈 때마다 아아
고갤 돌리는 남자들 을을
뒤에서 느껴지는 뜨거운 시선들
어떻게 하면 좋을지 이이

(후렴)
I'm so hot 난 너무 예뻐요
I'm so fine 난 너무 매력 있어
I'm so cool 난 너무 멋져 I'm so so so hot hot

언제나 나를 향한 눈길들이 이
항상 따라오는 이 남자들이 이
익숙해 질 때도 된 것 같은데
왜 아직 부담스러운지 이

조용히 살고 싶은데 에에
다른 여자애들처럼 엄엄
엄마는 왜 날 이렇게 낳아놔서
내 삶을 피곤하게 하는지

(후렴 두 번 반복)

Everybody's Watching me Cause I'm hot hot
Everybody's Wanting me Cause I'm hot hot

(랩)
언제나 어디서나 날 따라 다니는 이 스포트라이트
어딜 가나 쫓아오지 식당 길거리 카페 나이트
도대체 얼마나 나일 들어야
이놈의 인기는 사그러들지 원
섹시한 내 눈은 고소영
아름다운 내 다리는 좀 하지 원
어쩌면 좋아 모두 나를 좋아 하는 것 같애
Oh no Please leave me alone
all the boys be loving me girls be hating me
they will never stop Cause they know I'm so hot hot

(후렴 반복)

(4) 주변인

주변인

Outsider 작사,
Rhymer·Master Key 작곡,
Master Key 편곡, Outsider 랩

삶에 대한 열정이나 희망 따위는 없어
흘러가는 대로 그냥 숨 쉬고 있을 뿐
무미건조하게 매일 반복되는 일상에 난 깨어있지만 꿈속을
헤엄치는 기분
세상은 나에게 끊임없이 계속되는 불협화음

굳게 닫힌 마음에 문에 자물쇠를 걸었다
긴긴 외로움으로 녹이 슨
키를 꺼내들어 키를 꺼내들어
풀리지가 않는 괴리감으로 나를 묶은 족쇄가 내 목을조여와
(내 목을 조여와)
울리지 않는 전화기를 들었다 놨다 밤새도록 너를 기다려
(너를 기다려)
나는 관심이필요해 나는 대화가필요해
너의 손길이필요해 작은 사랑이필요해

점 점 꺼져가는 도화선에 불을 지펴줘(불을 지펴줘)

난 여기에도 저기에도 어디에도 섞이지 못해
너에게도 그녀에게도 그 누구에게도 속하지 못해
주위를 서성거리며 너의 곁을 맴돌아
난 여기에도 저기에도 어디에도 섞이지 못해

너에게도 그녀에게도 그 누구에게도 속하지 못해
주위를 서성거리며 너의 곁을 맴돌아

달빛은 알아줄까 외로운 이 밤을
별빛은 알아줄까 상처받은 맘을
괴로움이 사무쳐서 노래를 부른다
그리움에 파묻혀서 그대를 부른다

달빛은 알아줄까 외로운 이 밤을
별빛은 알아줄까 상처받은 맘을
괴로움이 사무쳐서 노래를 부른다
그리움에 파묻혀서 그대를 부른다

주위를 서성거리며 너의 곁을 맴돌아
변화가 두려워 섞이지 못하고 주위를 걷더라
인연의 사슬은 벌어져 사람을 찾아 노래를 부르네
바람 따라 구름 따라 세상을 떠돌아
넌 어디로 갔을까 날 버리고 머머머머머 모르지
너와 저저저저저 저 멀리 아무도 모르는 곳으로 떠나가고파
사랑에 굶주린 나는 언제나 배고파

손가락질조차 그리워
관심조차 과분해서 사랑조차 사치스러워
언제부터 내안에 곁에 붙어 다니는 그림자가 달을 가릴 때
내 맘은 너를 그린다
난 끊임없이 주문을 외운다
내게는 너 없는 하루하루가 너무나 두려워
보고 싶어 만지고 싶어 느끼고 싶어서 말없이 가만있을 뿐
초라한 손톱을 깨물어

난 여기에도 저기에도 어디에도 섞이지 못해
너에게도 그녀에게도 그 누구에게도 속하지 못해
주위를 서성거리며 너의 곁을 맴돌아

난 여기에도 저기에도 어디에도 섞이지 못해
너에게도 그녀에게도 그 누구에게도 속하지 못해
주위를 서성거리며 너의 곁을 맴돌아

달빛은 알아줄까 외로운 이 밤을
별빛은 알아줄까 상처받은 맘을
괴로움이 사무쳐서 노래를 부른다
그리움에 파묻혀서 그대를 부른다

달빛은 알아줄까 외로운 이 밤을
별빛은 알아줄까 상처받은 맘을
괴로움이 사무쳐서 노래를 부른다
그리움에 파묻혀서 그대를 부른다

(5) 피너츠 송

피너츠 송

VENNY 작사,
VENNY·공인석 작곡,
상상밴드 노래

나는 키도 작지만, 손도 발도 작지만
땅콩이라 놀린 친구보단 예쁘죠

줄줄이 줄 서 있는 남자 친구들 보며
우리 아빠 나를 공주라고 늘 불러요, 좋겠죠

one two three sexy body one two

three four shake your body move in,

(원, 투, 쓰리 섹시바디 원, 투,

쓰리, 포 셰이크 유얼 바디 무브 인)

one two three 예쁜 다리 one

two three four 만들 수 있죠

(원, 투, 쓰리 원, 투, 쓰리, 포)

난 공주처럼 살고 싶어 예쁘고 작은 바비 인형들처럼

화장하고 살 빠지면 난 미스코리아

얼굴은 예쁘지만, 통통한 내 팔다리

땅콩처럼 작고 둥글 몽글한 내 얼굴

그래도 우리 엄마 내가 제일 예쁜데

그래서 엄만 날 공주라고 늘 불러요, 좋겠죠

* 난 공주처럼 살고 싶어

예쁘고 작은 바비 인형들처럼

성형하고 예뻐지면 난, 난 슈퍼모델

one two three sexy body

one two three four shake

(원, 투, 쓰리 섹시바디 원, 투, 쓰리, 포 셰이크)

your body move in,

one two three 예쁜 몸매

(유얼 바디 무브 인, 원, 투, 쓰리)

one two three four 가꿀 수 있죠.

(원, 투, 쓰리, 포)

　　* 반복

나에게 너에게

이건섭 작사·작곡,
박진우 편곡,
한스밴드 노래

난 지켜갈 수 있어 소중한 나의 꿈 나에겐 다가올 많은 날이 있잖아

오늘이 지나가면 내일은 어떻게 나에게 찾아올까

언제나 똑같은 시간 똑같은 공간 속에서

오늘도 나의 하루는 너무도 지쳐가

귓가를 스쳐가는 얘기들 내 마음 흔들릴 때도 있어

하지만 그건 모두가 아직은 나에게는 서투른 흉내라는 걸 알고 있잖아

난 지켜갈 수 있어 소중한 나의 꿈 나에겐 다가올 많은 날이 있잖아

난 견뎌낼 수 있어 이쯤의 힘겨움은 나에게는 끝내는 이뤄야 할 꿈이 있잖아

꿈은 항상 멀게만 느껴지고 힘겨움은 언제나 곁에 있나봐

그래도 포기하지 마 꿈마저 잃는다는 건

결국엔 너의 모두를 다 잃는 거야

넌 지켜갈 수 있어 소중한 너의 꿈 너에겐 다가올 많은 날이 있잖아

넌 견뎌낼 수 있어 그쯤의 힘겨움은 너에게는 끝내는 이뤄야 할 꿈이 있잖아

지금의 힘겨움도 먼 훗날에는 기쁨으로 다가올 거야

난 지켜갈 수 있어 소중한 나의 꿈 나에겐 다가올 많은 날
이 있잖아
난 견뎌낼 수 있어 이쯤의 힘겨움은 나에게는 끝내는 이뤄
야 할 꿈이 있잖아
넌 지켜갈 수 있어 소중한 너의 꿈 너에겐 다가올 많은 날
이 있잖아
넌 견뎌낼 수 있어 그쯤의 힘겨움은 너에게는 끝내는 이뤄
야 할 꿈이 있잖아

(7) 가족

가족

이승환·이지은 작사,
이승환·유희열 작곡,
이승환 노래

밤늦은 길을 걸어서 지친하루를 되돌아오면
언제나 나를 맞는 깊은 어둠과 고요히 잠든 가족들

때로는 짐이 되기도 했었죠
많은 기대와 실망 때문에
늘 곁에 있으니 늘 벗어나고도 싶고

어떡해야 내가 부모님의 맘에 들 수가 있을지 모르고
사랑하는 나의 마음들을 그냥 말하고 싶지만
어색하기만 하죠

힘겨운 하루를 보낸 내 가족들의 낮은 숨소리

어린 날 보살펴 주던 내 누이의 고마운 추억이 있죠

가족이어도 알 수 없는 얘기
따로 돌아누운 외로움이 슬프기만 해요
아무 이유도 없는데

심술궂게 굴던 나를 위해 항상 참아주던 나의 형제들
사랑하는 나의 마음들을 말하고 싶지만
어색하기만 하죠

힘이 들어 쉬어가고 싶을 때면 나의 위로가 될
그때의 짐 이제의 힘이 된 고마운 사람들

어떡해야 내가 부모님의 맘에 들 수가 있을지 모르고
사랑하는 나의 마음들을 그냥 말하고 싶지만
어색하기만 하죠

사랑해요 우리 고마워요 모두 지금껏 날 지켜준 사랑
행복해야 해요 아픔 없는 곳에 영원히 함께여야 해요

(8) 어머님께

어머님께

박진영 작사·작곡,
GOD 노래

어머니 보고 싶어요

어려서부터 우리 집은 가난했었고
남들 다하는 외식 몇 번 한 적이 없었고

일터에 나가신 어머니 집에 없으면
언제나 혼자서 끓여먹었던 라면
그러다 라면이 너무 지겨워서
맛있는 것 좀 먹자고 대들었었어
그러자 어머님이 마지못해 꺼내신
숨겨두신 비상금으로 시켜주신
자장면하나에 너무나 행복했었어
하지만 어머님은 왠지 드시질 않았어
어머님은 자장면이 싫다고 하셨어
어머님은 자장면이 싫다고 하셨어

야이야이야아아
그렇게 살아가고 그렇게 후회하고 눈물도 흘리고
야이야이야아아
그렇게 살아가고 너무나 아프고 하지만 다시 웃고

중학교 1학년 때 도시락 까먹을 때
다 같이 함께 모여 도시락 뚜껑을 열었는데
부자 집 아들 녀석이 나에게 화를 냈어
반찬이 그게 뭐냐며 나에게 뭐라고 했어
창피했어 그만 눈물이 났어
그러자 그 녀석은 내가 운다며 놀려 댔어
참을 수 없어서 얼굴로 날아간 내 주먹에
일터에 계시던 어머님은 또 다시 학교에
불려오셨어 아니 또 끌려 오셨어
다시는 이런 일이 없을 거라며 비셨어
그 녀석 어머니께 고개를 숙여 비셨어
(우리 어머니가 비셨어)

227

야이야이야아아
그렇게 살아가고 그렇게 후회하고 눈물도 흘리고
야이야이야아아
그렇게 살아가고 너무나 아프고 하지만 다시 웃고

아버님 없이 마침내 우리는 해냈어
마침내 조그만 식당을 하나 갖게 됐어
그리 크진 않았지만 행복 했어
주름진 어머니 눈가엔 눈물이 고였어
어머니와 내 이름의 앞 글자를 따서
식당이름을 짓고 고사를 지내고
밤이 깊어가도 아무도 떠날 줄 모르고
사람들의 축하는 계속 되었고
자정이 다 되서야 돌아갔어
피곤하셨는지 어머님은 어느새 깊이
잠이 들어버리시고는 깨지 않으셨어
다시는…

난 당신을 사랑했어요
한 번도 말을 못했지만
사랑해요 이젠 편히 쉬어요
내가 없는 세상에서 영원토록

야이야이야아아
그렇게 살아가고 그렇게 후회하고 눈물도 흘리고
야이야이야아아
그렇게 살아가고 너무나 아프고 하지만 다시 웃고
야이야이야아아
그렇게 살아가고 그렇게 후회하고 눈물도 흘리고

228

야이야이야아아
그렇게 살아가고 너무나 아프고 하지만 다시 웃고…

(9) 힘내(Way To Go)

힘내(Way To Go)

김정배 작사,
Kenzie 작곡,
소녀시대 노래

힘을 내라고 말해줄래
그 눈을 반짝여 날 일으켜줄래
사람들은 모두 원하지 더 빨리 더 많이
오 난 평범한 소년걸

바람은 자유로운데 모르겠어 다들 어디론지

하지만 힘을 내 이만큼 왔잖아
이것쯤은 정말 별거 아냐 세상을 뒤집자 ha!
도무지 알 수 없는 것뿐인
복잡한 이 지구가 재밌는 그 이유는 하나 Yes it's you

사랑한다고 말해줄래
지친 날 감싸 안고 함께 웃어줄래
사람들은 모두 원하지 더 빨리 더 많이
오 난 평범한 소녀인 걸
하늘은 저리도 파란데 모르겠어 다들 어디로 가

하지만 힘을 내 이만큼 왔잖아

이것쯤은 정말 별거 아냐 세상을 뒤집자 ha!
도무지 알 수 없는 것뿐인
복잡한 이 지구가 재밌는 그 이유는 하나 바로 너

I like just the way you're you set me free
Set me free my boy

니가 나타난 뒤 이 모든 게 달라졌어
이제부터 다시 시작해 좋았어!

힘을 내 이만큼 왔잖아
이것쯤은 정말 별거 아냐 세상은 뒤집혔어
도무시 알 수 없는 이것뿐인
복잡한 이 지구가 재밌는 그 이유는 하나 Yes it's you

도무지 알 수 없는 것뿐인
복잡한 이 지구가 재밌는 그 이유는 하나! 바로 너!

(10) 버터플라이(Butterfly)

버터플라이(Butterfly)

강현민 작사·작곡,
러브홀릭 노래

어리석은 세상은 너를 몰라 후회 속에 감춰진 너를 못 봐
나는 알아 내겐 보여 그토록 찬란한 너의 날개

겁내지마 할 수 있어 뜨겁게 꿈틀거리는 날개를 펴 날아올
라 세상위로

태양처럼 빛을 내는 그대여 이 세상이 거칠게 막아서도
빛나는 사람아 난 너를 사랑해 널 세상이 볼 수 있게 날아
저 멀리

꺾여버린 꽃처럼 아플 때도 쓰러진 나무처럼 초라해도
너를 믿어 나를 믿어 우리는 서로를 믿고 있어

심장에 손을 움켜봐 힘겹게 접어놓았던 날개를 펴 날아올라
세상위로

벅차도록 아름다운 그대여 이 세상이 차갑게 등을 보여도
눈부신 사람아 난 너를 사랑해 널 세상이 볼 수 있게 날아
저 멀리

태양처럼 빛을 내는 그대여 이세상이 거칠게 막아서도
빛나는 사람아 난 너를 사랑해 널 세상이 볼 수 있게 날아
저 멀리

(11) 학교를 안갔어

학교를 안갔어

박진영 작사·작곡,
량현량하 노래

야야야야야야 야야야
학! 학! 학! 학! 학교를 안 갔어 학! 학! 학! 학! 학교를 안 갔어
학! 학! 학! 학! 학교를 안 갔어 학! 학! 학! 학! 학교를 안 갔어
에~ 오에오~ 에~ 오에오~ 에~ 오에오~ 에~오에오~
어쩌면 좋겠어 학교를 안 갔어 아니 아니야 안 간 게 아니

야 실수로 못 갔어

정말이야 믿어줘 제발 좀 들어줘 일부러 그런 게 아니야 내 애길 들어봐 줘

학교를 가는 길에 시계를 들여다보니 이게 웬일이니 시간이 남는 게 아니겠니

그래서 딱 한 판만 정말 딱 한 판만 하고 가려고 오락실로 들어가게 됐어 그만

그런데 이게 웬일인지 내게 뭐가 씌였는지 한 판을 깨고 두 판을 깨도 왜 죽지를 않는 건지

결국 난 모든 기록을 깨고 내 이름을 새기고 멋있게 걸어 나오는데

아!!!!! 버스를 놓쳤어

학! 학! 학! 학! 학교를 안 갔어 학! 학! 학! 학! 학교를 안 갔어

학! 학! 학! 학! 학교를 안 갔어 학! 학! 학! 학! 학교를 안 갔어

떠나는 스쿨버스 야속한 스쿨버스 돌아와 줘 플리즈 날 구해줘 SOS

소리쳐도 버스는 멀어졌기에 나는 할 수 없이 달려가서 지하철을 탔거든

그런데 이게 웬일 믿을 수 없는 일

작년에 전학 간 내가 사랑하던 지윤일 만난 거야 갑자기

하늘의 축복이 내 가슴은 콩당 콩당 콩당 내 눈에 눈물이

어떻게 살았는지 어디에 사는지 끝없이 얘기는 오가고 웃음 꽃을 피웠지

그리고 나서 용기를 내서 연락처를 물어봤지

그러자 그녀가 말했지

"그런데 너 내릴 때 지나지 않았니?"
아!!!

학! 학! 학! 학! 학교를 안 갔어 학! 학! 학! 학! 학교를 안 갔어

학! 학! 학! 학! 학교를 안 갔어 학! 학! 학! 학! 학교를 안 갔어

결국 오후가 돼서야 학교에 도착한 거야 교문 앞에선 내 마음은 엄마야~
화난 선생님 얼굴 무서운 엄마의 얼굴, 회초리 내 종아리
그냥 도망갈까 멀리 멀리
그래도 용기를 내서 교실 문을 열었는데
"와~~~~~~~~!!"
혼나긴 커녕 매 맞긴 커녕 박수를 받았어 (후!)

에~ 오에오~ 에~ 오에오~ 에~ 오에오~ 에~오에오~
"헤 엄마 미안해요"

(12) 교실 이데아

교실 이데아

서태지 작사·작곡,
서태지와 아이들 노래

됐어 됐어 이제 그런 가르침은 됐어 그걸로 족해 족해

매일 아침 일곱 시 삼십분까지 우릴 조그만 교실로 몰아넣고
전국 구백만의 아이들의 머릿속에 모두 똑같은 것만 집어넣고 있어
막힌 꽉 막힌 사방이 막힌 너 그리고 덥석 모두를 먹어 삼킨

이 시커먼 교실에서만 내 젊음을 보내기는 너무 아까워

좀 더 비싼 너로 만들어 주겠어 니 옆에 앉아있는 그 애보다 더
하나씩 머리를 밟고 올라서도록 해 좀 더 잘난 네가 될 수가 있어

왜 바꾸지 않고 마음을 조이며 젊은 날을 헤맬까
왜 바꾸지 않고 남이 바꾸길 바라고만 있을까

됐어 됐어 이제 그런 가르침은 됐어 그걸로 족해 족해

국민학교에서 중학교로 들어가며 고등학교를 지나 우릴 포장센터
로 넘겨
걸! 보기 좋은 널 만들기 위해 우릴 대학이란 포장지로 멋지게 싸
버리지
이제 생각해 봐 대학! 본 얼굴은 가린 채 근엄한 척 할 시대가 지
나버린 건
좀 더 솔직해봐 넌 할 수 있어

좀 더 비싼 너로 만들어 주겠어 니 옆에 앉아있는 그애 보다 더
하나씩 머리를 밟고 올라서도록 해 좀 더 잘난 네가 될 수가 있어

왜 바꾸지 않고 마음을 조이며 젊은 날을 헤맬까
바꾸지 않고 남이 바꾸길 바라고만 있을까

왜 바꾸지 않고 마음을 조이며 젊은 날을 헤맬까
바꾸지 않고 남이 바꾸길 바라고만 있을까

됐어 됐어 이제 그런 가르침은 됐어

학원별곡

박기영 작사,
이윤상 작곡,
젝스키스 노래

Rap) Ah rise up Do not mess around the time is up
Gotto scream now who can mess with six
not with this mix Booh watch this
Ah rise up Do not mess around the time is up
Gotto scream now who can mess with six
not with this mix Booh watch this

아리아리 아리요 스리스리 예 아주 아주 아주 먼 길을 왔네
아리아리 아리 공부 고개를 오늘도 넘어 간다
음악 미술은 저리 미뤄두고 국·영·수를 우선으로 해야
아리 아리 아리 인정받고 인류 대학으로 간다

2) 소리가 나지 않는 전화처럼 난 아무 표현 없이 세상을
살아가고 있다
학교종이 땡 하고 울리면서 우리들의 전쟁은 다시 시작된다
모두의 친구는 모두의 적 모두가 서로 모두 밟으려고 발버
둥을 친다
이렇게 싸우다가 누가 살아남나 가엾게 뒤로 쳐진 자는 이
젠 뭔가?

Rap) Ah rise up Do not mess around the time is up
Gotto scream now who can mess with six

not with this mix Booh watch this
Ah rise up Do not mess around the time is up
Gotto scream now who can mess with six
not with this mix Booh watch this

왜? 내가 알고 싶은 사실들을 학교에서 배울 수가 없나?
내가 수학 시간 공부했던 방정식 그게 어떤 도움이 되나?
만일~영어 시험에서 백점을 맞는다고 아메리카 맹구와 말
이 통하나?
우리 가르치는 선생님은 그렇게 아나?
나는 모르겠다! 알고 싶은 것이 많다!

어디서 무얼 하다 이제 돌아와
아직도 숙제 안하고 나중에 넌 뭐할래?
어기적거리다가 남들 다 갈 때
너 혼자 인생 망치고 낙오자 돼 뭐할래?

오늘도 난 아주 변함없이 창살 없는 감옥에서
살다(살다) 잠이든 다(든다) 꿈속에서 난 새가 된다
하늘을 향해 자유롭게 날아간다
어느새 나타난 우리 부모님과 선생님이
나를 향해 총을 쏜다 예~~깜짝 놀라며 나는 떨어진다
그리고는 땀에 절어 잠을 깬다

합창) 중간고사(나 한 번 잡아 봐라) 기말 고사(화나면 잡아 봐라)
내신 성적(화나면 이겨 봐라) 수능시험(내가 일등이야)
딴 생각들은 집어 치워(그저 시키는 대로만 달달 외워라)
난 컴퓨터가 될 거야(이러다 미쳐 버리고 말 거야)

Rap) Ah rise up Do not mess around the time is up

Gotto scream now who can mess with six

not with this mix Booh watch this

Ah rise up Do not mess around the time is up

Gotto scream now who can mess with six

not with this mix Booh watch this

(14) 학교에서 뭘 배워

학교에서 뭘 배워

일리닛 작사,
MC 스나이퍼 작곡,
일리닛 노래

음 음 음 하

Hey hey c come on, Hey hey c come on,Hey hey c come
on

c c c c c c come on

Verse1〉
적당히 버무려서 사회로 내보내
어차피 상위 1프로만이 해먹네
hey 그것 참 괜찮네

소수한테만 나머지는 대참패
대체 왜 그렇게 돌아가는 걸까
보나마나 뻔할 뻔 변함없는 거란 걸

있는 자들은 계속 있고 싶고 없는 자도 있고 싶은데

그렇게 되면 있는 자들은 싫고
있는 자들의 입이 강하니까 절대
바뀌지 않아 바늘구멍이 좁히네

아이쿠 it's high school
꿈을 접어라 재벌2세 짝꿍 아유 부러워라
돈은 돈을 낳아 돈의 어머니는 누구?
빚 do you know yo
학교에서 못 배워 학교에서 못 배워 학교에서는 딴 걸 배워

Hook〉
친구를 밟고 올라서는 방법
남들과 똑같아 지는 방법
적당히 거짓말 하는 방법
반복 반복 it's a cycle
궁금해 하지 않는 방법 폭력에 익숙해지는 방법
몰래 숨어서 조는 방법
반복 반복 it's a cycle

Verse2〉
전국 명문대는 너무 부족해 그리고 넘쳐나는 것은 수험생
대학평균 신입생 정원은 정해져 있는데
떨어진 나머지 사람들은 어떡해

전국 주요 대 여러 개로 따져도
대부분은 벼랑으로 몰리고
지방 전문대도 교육인데도 뽑지 않고 무시하는 사회풍토

얼굴도 뜯어고치는데 이런 건 못 고쳐 why

고쳐봐 우리 학습 관습은 악습 안습
성적으로 판단하는 습관

자유를 원해 자유를 원해 여신상처럼
한 손을 드네 나는 자유를 원해 자유를 원해
학교에서는 뭘 배우니

Hook〉
친구를 밟고 올라서는 방법
남들과 똑같아 지는 방법
적당히 거짓말 하는 방법
반복 반복 it's a cycle
궁금해 하지 않는 방법 폭력에 익숙해지는 방법
몰래 숨어서 조는 방법
반복 반복 it's a cycle

Bridge *2〉
what u gonna learn in school
been there and done that I ain't
what u gonna learn in school
don't *** never ever get to u

(15) 빨강머리 앤

빨강머리 앤

만화주제가

주근깨 빼빼마른 빨강머리 앤 예쁘지는 않지만 사랑스러워
상냥하고 귀여운 빨강머리 앤 외롭고 슬프지만 굳세게 자라

가슴엔 솟아나는 아름다운 꿈 하늘엔 뭉게구름 퍼져나가네
빨강머리 앤 귀여운 소녀 빨강머리 앤 우리의 친구
빨강머리 앤 귀여운 소녀 빨강머리 앤 우리의 친구

3) 성인

(1) 그런 사람 또 없습니다

그런 사람 또 없습니다

강은경 작사
조영수 작곡
이승철 노래

천 번이고 다시 태어난대도
그런 사람 또 없을 테죠
슬픈 내 삶을 따뜻하게 해 준
참 고마운 사람입니다
그런 그댈 위해서 나의 심장쯤이야
얼마든 아파도 좋은데
사랑이란 그 말은 못해도
먼 곳에서 이렇게 바라만 보아도
모든 걸 줄 수 있어서 사랑할 수 있어서
난 슬퍼도 행복합니다.

나 태어나 처음 가슴 떨리는
이런 사랑 또 없을 테죠
몰래 감춰둔 오랜 기억 속에

단 하나의 사랑 입니다.

그런 그댈 위해서 아픈 눈물쯤이야
얼마든 참을 수 있는데,

사랑이란 그 말은 못해도
먼 곳에서 이렇게 바라만 보아도
모든 걸 줄 수 있어서 사랑할 수 있어서
난 슬퍼도 행복합니다.

아무것도 바라지 않아도
그대 웃어준다면 난 행복할 텐데
사랑은 주는 거니까 그저 주는 거니까
난 슬퍼도 행복합니다.

(2) 사랑, 그 쓸쓸함에 대하여

사랑, 그 쓸쓸함에 대하여

양희은 작사
이병우 작곡
양희은 노래

다시 또 누군가를 만나서 사랑을 하게 될 수 있을까
그럴 수는 없을 것 같아
도무지 알 수 없는 한 가지
사람을 사랑하게 되는 일
참 쓸쓸한 일인 것 같아
사랑이 끝나고 난 뒤에는 이세상도 끝나고
날 위해 빛나던 모든 것도 그 빛을 잃어버려

누구나 사는 동안에 한번
잊지 못할 사람을 만나고
잊지 못할 이별도 하지
도무지 알 수 없는 한 가지
사람을 사랑한다는 그일
참 쓸쓸한 일인 것 같아
사랑이 끝나고 난 뒤에는 이세상도 끝나고
날 위해 빛나던 모든 것도 그 빛을 잃어버려
사는 동안에 한번
잊지 못할 사람을 만나고
잊지 못할 이별도 하지
도무지 알 수 없는 한 가지
사람을 사랑한다는 그일
참 쓸쓸한 일인 것 같아.

(3) 봉우리

봉우리

김민기 작사·작곡·노래

(나래이션)

사람들은 손을 들어 가리키지,
높고 뾰족한 봉우리만을 골라서.

내가 전에 올라가 보았던 작은 봉우리 얘기 해줄까?
봉우리.
지금은 그냥 아주 작은 동산일 뿐이지만,

그래도 그때 난 그보다 더 큰 다른 산이 있다고는 생각
지를 않았어.
나한텐 그게 전부였거든.

혼자였지.
난 내가 아는 제일 높은 봉우리를 향해 오르고 있었던
거야.

너무 높이 올라온 것일까?
너무 멀리 떠나온 것일까?
얼마 남지는 않았는데,
잊어버려, 일단 무조건 올라보는 거야.
봉우리에 올라서서 손을 흔드는 거야, 고함도 치면서.
지금 힘든 것은 아무 것도 아냐, 저 위 제일 높은 봉우
리에서 늘어지게 한숨 잘 텐데 뭐.

(노래)

허나 내가 오른 곳은 그저 고갯마루였을 뿐
길은 다시 다른 봉우리로
저기 부러진 나무 등걸에 걸터앉아서 나는 봤지
낮은 데로만 흘러 고인 바다
작은 배들이 연기 뿜으며 가고

(내레이션)

이봐, 고갯마루에 먼저 오르더라도
뒤돌아서서 고함치거나 손을 흔들어 댈 필요는 없어.
난 바람에 나부끼는 자네 옷자락을
이 아래에서도 똑똑히 알아 볼 수 있을 테니까 말이야.

또 그렇다고 괜히 허전해 하면서 주저앉아 땀이나 닦고
그러지는 마.
땀이야 지나가는 바람이 식혀주겠지 뭐.
혹시라도 어쩌다가 아픔 같은 것이 저며 올 때는 그럴
땐 바다를 생각해.
바다, 봉우리란 그저 넘어가는 고갯마루일 뿐이라구.

(노래)

하여 친구여 우리가 오를 봉우리는
바로 지금 여긴지도 몰라
우리 땀 흘리며 가는 여기 숲속의 좁게 난 길
높은 곳엔 봉우리는 없는지도 몰라
그래 친구여 바로 여긴지도 몰라
우리가 오를 봉우리는

(4) 거위의 꿈

거위의 꿈

이적 작사, 김동률 작곡
카니발 노래, 인순이 다시 노래

난 난 꿈이 있었죠
버려지고 찢겨 남루하여도
내 가슴 깊숙이 보물과 같이 간직했던 꿈

혹 때론 누군가가
뜻 모를 비웃음 내 등 뒤에 흘릴 때도
난 참아야 했죠 참을 수 있었죠 그 날을 위해

244

늘 걱정하듯 말하죠 헛된 꿈은 독이라고
세상은 끝이 정해진 책처럼
이미 돌이킬 수 없는 현실이라고

그래요 난 난 꿈이 있어요
그 꿈을 믿어요 나를 지켜봐요
저 차갑게 서있는 운명이란 벽 앞에
당당히 마주칠 수 있어요

언젠가 나 그 벽을 넘고서
저 하늘을 높이 날을 수 있어요
이 무거운 세상도 나를 묶을 순 없죠
내 삶의 끝에서 나 웃을 그날을 함께해요

늘 걱정하듯 말하죠 헛된 꿈은 독이라고
세상은 끝이 정해진 책처럼
이미 돌이킬 수 없는 현실이라고

그래요 난 난 꿈이 있어요
그 꿈을 믿어요 나를 지켜봐요
저 차갑게 서 있는 운명이란 벽 앞에
당당히 마주칠 수 있어요

언젠가 나 그 벽을 넘고서
저 하늘을 높이 날을 수 있어요
이 무거운 세상도 나를 묶을 순 없죠
내 삶의 끝에서 나 웃을 그날을 함께해요

(난 난 꿈이 있어요
그 꿈을 믿어요 나를 지켜봐요)

거울에 비친 내 모습

유기환 작사
권진원 작곡
조현석 편곡
권진원 노래

참 멀리도 왔네 거울에 비친 내 모습
바라볼 시간도 없이 돌아보면 아쉬움뿐야

길은 멀어져가도 내일은 다시 올 텐데
자꾸만 뒤돌아보며 두 손에 얼굴을 묻네

또 이렇게 하루가 지나면 모두 사라질 것 같아
지나온 세월 못 다했던 사랑도 기억할 수가 없어

밀려오는 새벽에 서글픈 마음 달래며
기울이는 술 몇 잔에 두 눈이 뜨거워지네

가시나무새

하덕규 작사·작곡,
시인과 촌장 노래

내 속엔 내가 너무도 많아
당신의 쉴 곳 없네
내 속엔 헛된 바람들로
당신의 편할 곳 없네

내 속엔 내가 어쩔 수 없는 어둠
당신의 쉴 자리를 뺏고
내 속엔 내가 이길 수 없는 슬픔
무성한 가시나무 숲 같네

바람만 불면 그 메마른 가지
서로 부대끼며 울어대고
쉴 곳을 찾아 지쳐 날아온 어린 새들도
가시에 찔려 날아가고

바람만 불면 외롭고 또 괴로워
슬픈 노래를 부르던 날이 많았는데
내 속엔 내가 너무도 많아서
당신의 쉴 곳 없네.

사노라면

김문응 작사
길옥윤 작곡
김장훈 노래

사노라면 언젠가는 밝은 날도 오겠지
흐린 날도 날이 새면 해가 뜨지 않더냐

새파랗게 젊다는 게 한밑천인데
째째하게 굴지 말고 가슴을 쫙 펴라

내일은 해가 뜬다 내일은 해가 뜬다
비가 새는 작은방에 새우잠을 잔대도
고운님 함께라면 즐거웁지 않더냐

오손도손 속삭이는 밤이 있는 한
째째하게 굴지 말고 가슴을 쫙 펴라

내일은 해가 뜬다 내일은 해가 뜬다
내일은 해가 뜬다 내일은 해가 뜬다

어느 60대 노부부 이야기

김목경 작사·작곡·노래,
김광석 다시 노래

곱고 희던 그 손으로 넥타이를 매어 주던 때
어렴풋이 생각나오 여보 그 때를 기억 하오

막내아들 대학시험 뜬눈으로 지내던 밤들
어렴풋이 생각나오 여보 그 때를 기억 하오

세월은 그렇게 흘러 여기까지 왔는데
인생은 그렇게 흘러 황혼에 기우는데

큰 딸아이 결혼식 날 흘리던 눈물방울이
이제는 모두 말라 여보 그 눈물을 기억 하오

세월이 흘러감에 흰머리가 늘어감에
모두가 떠난다고 여보 내 손을 꼭 잡았소

세월은 그렇게 흘러 여기까지 왔는데
인생은 그렇게 흘러 황혼에 기우는데

다시 못 올 그 먼 길을 어찌 혼자 가려 하오
여기 날 홀로 두고 여보 왜 한마디 말이 없소
여보 안녕히 잘 가시게
여보 안녕히 잘 가시게

(9) 아줌마

아줌마

최준영 작사·작곡,
왁스 노래

또 학교 늦기 전에 밥 먹고 학교 가라
또 회사 늦기 전에 밥 먹고 회사 가라
돈 걱정하지 말고 공부만 잘해다오
돈 없어 죽겠으니 돈 많이 벌어 와라

우리 옆에 항상 이 험한 세상에 큰 다리가 있어
때론 지겹고 사랑스러운 단 한사람

아줌마는 너무 힘들어
아줌마는 너무 외로워
아줌마는 우릴 지켜 줘
아줌마는 우리 모두를 사랑해

처녀 땐 죽자 살자 결혼만 해 달라던
남편은 귀찮다며 술 취해 자버리고
열 달을 뱃속에서 힘들게 키워왔던
자식은 이제 와서 더 이상 간섭하지
말라며 소리피고 그렇게 나이만 먹어가고
어디서 보상받을 수 있나 아까운 청춘

아줌마는 너무 힘들어
아줌마는 너무 외로워
아줌마는 우릴 지켜 줘

아줌마는 우릴 사랑해

아줌마는 너무 힘들어
아줌마는 너무 외로워
아줌마는 우릴 지켜 줘
아줌마여 그대 이름은 천사여

(10) 또 다른 나를 찾아…

또 다른 나를 찾아…

오태호 작사,
김창권 작곡,
김장훈 노래

하늘엔 금새 비가 내릴 듯 회색빛이 물들고
사람들 속에 더 쓸쓸한 마음 먼 기억이 실려와
난 어디쯤 왔나 또 어디로 가나 무엇을 원하는가
아무 일 없듯 다 살아가지만 모두 외로운 우리

지켜야 할 꿈은 다 버린 채
정말 버려야 할일만 안고서 슬퍼지는 이유를 찾았던 나
두 눈 가득 부서지는 그 푸른 바다를 가슴에 안고 살자던
(두 눈 가득 부서지는 그 푸른 바다를 가슴에 안고 살자던)
나와의 약속 버려지기 전에 또 다른 나를 찾아가
안개 낀 도시 안개 낀 마음 차가운 이 미래에
벌거숭이로 개울가 뛰놀던 그 자연이 그리워
저 하늘 위로 날아가

지켜야 할 꿈은 다 버린 채

정말 버려야 할 일만 안고서 슬퍼지는 이유를 찾아 떠나
두 눈 가득 선명하던 그 푸른 하늘을 가슴에 안고 살자던
(두 눈 가득 부서지는 그 푸른 바다를 가슴에 안고 살자던)
나와의 약속 버려지기 전에 또 다른 나를 찾아가
안개 낀 도시 안개 낀 마음 차가운 이 미래에
벌거숭이로 개울가 뛰놀던 그 자연이 그리워
저 하늘 위로 날아가

(11) 나에게 쓰는 편지

나에게 쓰는 편지

조병석 작사·작곡·편곡
여행스케치 노래

조금씩 흐려지는
나의 눈빛을 바라보며
나도 몰래 눈물이 흘러

문득 거울에 비친 나의 모습이 스쳐갈 때
자꾸만 낯설게 느껴져…
남처럼…

* 너무 멀리 온 걸까
소중했던 나의 어린 시절
꿈들을 남겨둔 채로~

밤하늘 가득 뿌려진 작은 별빛을 하나둘 셀 때면
나의 꿈들도 저 별이 됐는데~

돌아와 줘~
지금 내 모습은 내가 아니야~
잃어버린 시간들 속에
또 다른 내가 있어~
기억해줘~ (기억해줘~)
뜨거운 가슴 그 가슴하나로~
살아온 날들이
내겐 가장 소중한 나였음을~ *

* 반복

조금씩 내 모습이 보여…
이렇게
내가 나에게 쓰는 편지 위로…

(12) 추억의 책장을 넘기면

추억의 책장을 넘기면

송시현 작사·작곡
이선희 노래

가물거리는 추억의 책장을 넘기면
오~ 끝내 이루지 못한 아쉬움과 초라한 속죄가
옛 이야기처럼 뿌연 창틀에 먼지처럼
오~ 가슴에 쌓이네 이젠 멀어진 그대 미소처럼

비바람이 없어도 봄은 오고 여름은 가고
오~ 그대여 눈물이 없어도 꽃은 피고 낙엽은 지네
오~ 내 남은 그리움 세월에 띄우고 잠이 드네 꿈을 꾸네

옛 이야기처럼 뿌연 창틀에 먼지처럼
오~ 가슴에 쌓이네 이젠 멀어진 그대 미소처럼
비바람이 없어도 봄은 오고 여름은 가고
오~ 그대여 눈물이 없어도 꽃은 피고 낙엽은 지네
오~ 내 남은 그리움 세월에 띄우고
잠이 드네 꿈을 꾸네
잠이 드네 꿈을 꾸네

(13) 고잉 홈(Going Home)

고잉 홈(Going Home)

김윤아 작사·작곡·노래

집으로 돌아가는 길에 지는 햇살에 마음을 맡기고
나는 너의 일을 떠올리며 수많은 생각에 슬퍼진다

우리는 단지 내일의 일도 지금은 알 수가 없으니까
그저 너의 등을 감싸 안으며 다 잘될 거라고 말할 수밖에

더 해줄 수 있는 일이 있을 것만 같아 초조해져
무거운 너의 어깨와 기나긴 하루하루가 안타까워
내일은 정말 좋은 일이 너에게 생기면 좋겠어 너에겐 자격이
있으니까
이제 짐을 벗고 행복해지길 나는 간절하게 소원해 본다

이 세상은 너와 나에게도 잔인하고 두려운 곳이니까
언제라도 여기로 돌아와 집이 있잖아 내가 있잖아
내일은 정말 좋은 일이 우리를 기다려 주기를 새로운 태양이
떠오르기를
가장 간절하게 바라던 일이 이뤄지기를 난 기도해 본다

미안해요

김건모·최준영 작사,
김건모 작곡, 김건모 노래

그대는 나만의 여인이여
보고 또 보고 싶은 나만의 사랑

그대는 나만의 등불이여
어둡고 험한 세상 밝게 비춰주네요

그대여 지금껏 그 흔한 옷 한 벌 못해 주고
어느새 거치른 손 한번 잡아주지 못했던
무심한 나를 용서할 수 있나요 미안해요
이 못난 날 만나 얼마나 맘고생 많았는지
그 고왔던 얼굴이 많이도 변했어요 내 맘이 아파요

그대는 나만의 여인이여
아직도 못 다한 말 그댈 사랑해요

그대의 생일날 따뜻한 밥 한번 못 사주고
그대가 좋아한 장미꽃 한 송이조차 건네지 못했던
나를 용서할 수 있나요 미안해요
사는 게 힘들어 모든 걸 버리고 싶었지만
그대의 뜨거운 눈물이 맘에 걸려 지금껏 살아요

그대는 나만의 여인이여
아직도 못 다한 말 그댈 사랑해요

나는 행복한 사람

오동식 작사·작곡
이문세 노래

그대 사랑 하는 난 행복한 사람
잊혀질 때 잊혀진 대도

그대 사랑 받는 난 행복한 사람
떠나갈 때 떠나간대도

어두운 창가에 앉아 창밖을 보다가
그대를 생각해 보면 나는 정말 행복한 사람

이 세상에 그 누가 부러울까요
나는 지금 행복 하니까

4. 일기 자료 - 초등학생

1) 일기

(1) 미움 받는 나

미움 받는 나

2000년 ○월 ○일
충남 천안 신부초등학교 류지선

나는 요즘 미움을 많이 받는 것 같다. 동생이 없을 때는 엄마가,
"아이고, 우리 예쁜 지선아."
하고 좋아했는데 요즘에는 나에게 미움을 주신다. 아빠는,
"네가 언니면 언니답게 해야지."
난 이런 말을 들으면 화가 나서 내 방으로 뛰어가서 운다.
'나는 이제 어떻게 해야 하나.'
할머니, 할아버지 모두 지혜를 귀여워하고 예뻐하니, 내 마음이 너무
나쁘다. 어쩔 땐 죽고 싶을 때도 있다. 사랑을 뺏은 동생이 밉다.
엄마, 나에게 사랑을 주세요.

『미움 받는 나 / 이주영 엮음 / 우리교육』

(2) 발표

발표

1997년 4월 10일 토요일
인천 서곶초등학교 안석진

나는 학교에서 나쁜 일이 일어날 것만 같았다. 그런데 발표할 답은 아는데 손을 들기가 싫었다. 친구들은 5, 6번씩 발표를 했다. 나는 너무 부끄러웠다. 발표 잘하는 친구들 마음속은 어떤지 참 궁금하다. 나도 마음속으로는 씩씩하고 큰 소리로 발표를 하고 싶지만 막상 책상에서 손드는 연습을 해 봐도 학교에 가서는 마찬가지다.

다음에는 꼭 용기를 내어서 발표를 해야겠다.

『미움 받는 나 / 이주영 엮음 / 우리교육』

(3) 시험

시험

1991년 10월 31일 수요일
충북 단양 가평초등학교 박성근

날씨 : 맑음.

집에 와서 엄마한테 내일 시험 본다고 말씀드렸다. 그러니 엄마가 공부를 하라고 하시는 거다. 공부를 좀 하고 나오니 엄마가 또 공부를 하라는 것이다. 그래서 나는 또 공부를 했다. 공부를 하고 있는데 엄마가 밥 먹으라고 하셨다. 밥을 먹으러 가는데 벌써 캄캄

한 밤이었다.

나는 놀지도 못했다고 생각했다.

밥 먹고 와서 좀 쉬니 엄마가 또 공부를 하라는 것이다. 공부라는 말에 미칠 것 같았다.

『미움 받는 나 / 이주영 엮음 / 우리교육』

(4) 사춘기

사춘기

2000년 11월 20일
강원 원주 명륜초등학교 김자경

날씨 : 비 오다 그침.

혹시 사춘기가 아닐까? 난 요즘 정말 이상하다. 맨날 아이들에게 씩씩 화만 내고, 칭찬은 하나도 안 하게 된다. 친구들과 다투는 일도 많고 친구들과 친하게 지내는 일이 별로 없다. 지윤이는 사춘기가 왔다는데….

그런데 나도 혹시 사춘기가 아닐까? 지윤이가 얘기를 해 주었다. 첫 번째 혼자 있고 싶고, 두 번째 남자 아이들만 보면 가슴이 두근두근 뛴다. 세 번째 화만 낸다. 정말, 정말 사춘기가 아닐까? 그런데…. 언제 텔레비전을 봤는데…. 예술적으로 아름다운 거라고 했다. 정말 사실일까?

선생님도 사춘기 있으셨죠?

『미움 받는 나 / 이주영 엮음 / 우리교육』

(5) 모빌 만들기

모빌 만들기

1997년 ○월 ○일
서울 난우초등학교 김장환

모빌 만들기를 했다. 그런데 선생님한테 매로 엉덩이를 다섯 대나 맞았다. 너무 아파서 나는 울었다. 내가 왜 선생님한테 혼이 났는지 나는 안다. 미술 준비물을 챙겨 오지 않았는데, 엄마가 돈이 없어서 안 챙겨 주셨다고 선생님한테 거짓말을 했기 때문이다.

거짓말은 나쁜 일이다. 하지 말아야지!

『뭘 사오라고 하셨더라? / 이주영 엮음 / 우리교육』

(6) 내 자유를 갖고 싶다

내 자유를 갖고 싶다

1998년 11월 30일
경기 성남 불정초등학교 박성희

난 내 자유를 갖고 싶다. 내가 밥 먹고 싶을 때 먹고, 내가 먹고 싶은 음식 먹고, 학원가기 싫다. 솔직히 피아노 하기 싫다. 엄마가,

"피아노, 할 꺼야 말 꺼야?"

할 때는 너무 떨린다. 이때는 엄마가 무섭다. 그 말을 하기 전에 입이 떨려 굳어 버린다.

"피아노 하기 싫어!"

라고 말하면 변할 것 하나 없고 나만 학원 안 가니까 좋을 텐데. 그말 하기 전에,

"할게."

라는 말과 함께 울음이 나온다.

마음속에 이 말이 걸리기 때문에….

'엄마, 내 자유 갖고 싶고, 솔직히 말해서 피아노 하기 싫어요. 지금 이 말 쓰는 데도 시간이 많이 걸려요. 엄마, 그리고 나한테 될 수 있으면 화내지 마세요.'

『미움 받는 나 / 이주영 엮음 / 우리교육』

(7) 내 비밀

내 비밀

1996년 12월 18일
서울 성자초등학교 김영훈

나는 원래 김현한이 싫다. 왜냐하면 때리기 때문이다. 옛날에도 준연이랑 짝을 하고 있었는데 '저리 가라.'고 해서 김현한이 싫다. 겉으로는 잘해주고 속으로는 나쁘다. 김현한이 심장을 때리기도 했다. 그래서 어머니가 혼내 주었는데 또 나쁜 짓을 한다.

나는 김현한이 때릴 때마다 마음이 아프다.

『개미보다 거인이니까요 / 이주영 엮음 / 우리교육』

(8) 나쁜 놈

나쁜 놈

1997년 ○월 ○일
서울 난우초등학교 서승욱

재천이 형과 재연이와 운동장에 갔다. 그런데 어떤 애가,

"미끄럼 탈 사람은 맞고 타."

하면서 자기가 미끄럼틀 주인인 것처럼 소리를 질렀다. 나는 그래도 미끄럼틀을 탔다. 그런데 소리를 질렀던 애가 옆구리를 주먹으로 두 빈 쳤다. 그래서 지나가는 아줌마가 싸움을 말렸다.

나는 여러 사람이 사용하는 놀이터에서 자기 것인 것처럼 하면 안 된다고 생각한다.

『뭘 사오라고 하셨더라? / 이주영 엮음 / 우리교육』

(9) 키 작은 것도 죈가요

키 작은 것도 죈가요

1998년 11월 18일
경기 부천 상지초등학교 이미영

아침에 엄마한테,

"엄마, 나 오늘 두꺼운 옷 입고 갈래."

하고 말하니 엄마가,

"어이구, 키도 작은 것이 큰 옷만 입고 간다고 그래."

하고 말했다. 난 울었다. 키는 왜 크지 않고 작은 건지? 난 왜 키 작은 거야. 내가 울고 있을 때 엄마가,

"너 왜 울어?"

하고 말했다. 난 목이 메어 처음에는 말을 못 하다가,

"엄마가 나 키 작다고 놀렸잖아."

하고 말하니 엄마가,

"뭐 놀렸어? 사실을 말했지. 밥도 제대로 안 먹고 삐적삐적거리니까 그러지."

하고 말했다.

키 작은 것도 죄냐구요? 정말 억울하다.

『땅콩이라고 부르지 말아 줘 / 이주영 엮음 / 우리교육』

(10) 할머니 눈물

할머니 눈물

1998년 11월 23일
경기 부천 상지초등학교 강여울

"자! 얼른 가자."

아빠 목소리, 엄마도 따라 나선다. 우리도 옷을 걸치고 신발을 신고 밖으로 나왔다. 그리고 짐도 실었다. 다 싣고 우리는 차에 앉았다.

할머니께서는 창문 사이로 우리 손도 잡으시고 얼굴도 어루만져 주셨다. 그리고 눈물을 흘리셨다. 처음에는 조금씩 흘리셨다. 부르릉, 차에 시동이 걸리고 할머니께서는 계속 눈물만 흘리고 흘리셨다.

"갑니다."

할머니께서는,

"그래."

하셨다. 골목을 나오는데 할머니께서는 소매로 눈물을 훔치셨다.

"할머니, 안녕히 계세요."

우리들의 인사에 목이 메어 대답도 못 하시는 할머니를 보니 콧등이 시큰해졌다. 골목을 빠져나와 뒤를 봐도 보이지 않는 할머니.

우리가 자주 오지도 않고 혼자 계시기에 더욱 외로우셨는데, 우리까지 가니 슬프신가 보다. 우리 차는 그곳을 점점 빠져나왔다. 자꾸 우시는 할머니 모습이 눈에 선하다.

지금도 그 생각을 하면 가슴이 아프다. 오늘은 가슴이 찢어질 듯이 아픈 하루다.

『땅콩이라고 부르지 말아 줘 / 이주영 엮음 / 우리교육』

(11) 난 누굴 위해 사는가?

난 누굴 위해 사는가?

1997년 9월 26일 금요일
경기 부천 상지초등학교 이루리

난 대체 지금 누굴 위해 사는지 모르겠다. 갑자기 이 생각이 들었다. 나도 모르는 일이다. 내가 이런 생각을 하는 것을. 울적해진다. 이런 생각이 들면 모든 시간 속에 얽매여 사는 것 같다. 나를 알고 있는, 아니 친한 사람(선생님, 엄마, 아빠, 할머니, 삼촌, 고모, 이모 등)에게 보이지 않는 긴 줄로 팔, 다리 모두가 묶여 로봇처럼 움직

이는 것 같다.

요즈음 들어 나만의 시간이 없다. 무척 슬프다. 놀 수 없어서가 아니다. 쉴 수 없어서가 아니다. 괜히 울적해져 버린다. 학년이 올라갈수록 더욱 그럴 것이다. 결국 내 삶이란 아니 내 삶의 의미란 무엇일까? 고작 외동딸이라서 죽으면 안 되어서일까? 아님 공부…? 모든 사람에게 주어진 생명 즉, 삶의 가치는 무엇일까? 나 말고 모든 사람의 삶 말이다. 모두 각각에 따라 가치가 다른 걸까? 아님 다 같은 걸까? 고민이다. 고민보다 궁금증에 속하겠지. 내 머릿속을 복잡하게 뒤흔들어 놓는다.

이것들도 언젠가 내가 크면 이 궁금증이 풀리겠지. 크면 안 되는 것이 없으니까……

『내가 좋아하는 아이 / 이주영 엮음 / 우리교육』

(12) 사랑이 뭔지!

사랑이 뭔지!

1996년 3월 9일
경기 안산 삼일초등학교 유수연

대체 사랑이 뭘까? 우리 오빠 요즘 사랑에 푹 **빠졌다**. 외모에 신경도 쓰지 않던 오빠가 머리도 서너 번 감고 진한 로션과 향수도 뿌리고 학교에 간다. 오늘은 오빠 책상에 한 통의 편지가 있었다. 궁금한 나머지 나도 몰래 뜯어 보게 되었는데, 난 어떤 뜻인지 도대체 이해가 잘 되지 않았다. 하지만 분명 심각한 짝사랑이었다.

근데 웬일인가! 그만 오빠에게 들키고 말았다. 나는 얼른 숨기려고 했지만 너무 놀라 숨기지 못하고 그 자리에서 등과 머리를 맞았다. 내가 태어나서 가장 아팠던 것 같다. 나는 그 자리에서 울음을 터뜨렸고, 소리를 들으신 엄마가 들어오셨다.

처음 몰래 본 것은 내 큰 잘못이었지만, 그땐 잘못을 깨닫지 못하고 무조건 아픈 것만 억울해 오빠 편지를 엄마에게 고자질했다. 오빠는 편지 내용을 보시는 엄마를 보고 얼굴이 홍당무로 변했다. 하지만 엄마는 아무 말씀도 하시지 않고 웃으면서 부엌으로 나가셨다.

난 아픈 것이 점점 괜찮아졌고, 울음도 그쳤다. 몇 분이나 아무 말 없이 책상에 앉아 있는 오빠 뒷모습을 보니, 너무나 미안한 기분이 들었다. 난 다가가,

"오빠, 미안해. 용서해, 응?"

아무 말이 없었다. 엄마에게 내 잘못이라며 이야기했다. 엄마는 오빠가 사춘기라서 그러니 신경 쓰지 말라고 하셨다. 나도 저런 사춘기가 올까 걱정이 된다.

하지만 오빠가 좋아하는 언니는 누굴까? 이쁠까? 궁금하다.

『내가 좋아하는 아이 / 이주영 엮음 / 우리교육』

(13) 맞벌이 부부

맞벌이 부부

1995년 3월 11일 토요일
경북 영덕 금곡초등학교 이은옥

날씨 : 흐림.

오늘 마치기 전 선생님이 책상에서 일기를 보고 계셨을 때의 일

이다. 식당 급식에서 할머니 그리고 엄마가 학교에 오시지 못해서 선생님께 선희가 말씀드렸다. 선희가 말씀드리다가 선생님이 직접 얘기를 하라 하셔서 얘기하였다. 선희가 이야기해 줄 때, 엄마가 포항에 계신다 얘기하면 될 걸.

"선생님, 야들 맞벌이 부부잖아요."

하는 말을 듣고 그 말이 거북했다. 그래서 눈에 눈물이 글썽하여 눈물이 나오지 않도록 고개를 숙였다.

나는 왜 엄마랑 같이 살지 못할까?

하지만 엄마와 아빠가 돈을 많이 벌면 집을 사서 우리 가족이 같이 산다고 하였다.

『내가 좋아하는 아이 / 이주영 엮음 / 우리교육』

(14) 인간 승리

인간 승리

1995년 9월 26일 화요일
충북 음성 무극초등학교 김시원

3째 시간에 음악 실기 평가를 하신다고 하셨다. 이번에는 번호대로가 아니고 하고 싶은 아이들이 먼저 하는 것이다.

내가 나가서 하니까, 한 번 더 연습을 하라고 하셨다. 나는 연습을 하고 또 나가서 했다.

그런데 자꾸 틀려서 3번씩이나 처음부터 다시 했다. 그래서인지 선생님께서는 인간 승리라고 말하시고 10점을 주셨다.

나는 기분이 참 좋았다.

『학원 가기 싫어! / 이주영 엮음 / 우리교육』

(15) 비밀

비밀

1995년 11월 16일 목요일
인천 주원초등학교 조병관

나에겐 말할 수 없는 수많은 비밀이 있다. 그 많은 비밀들을 말할 수 없다는 게 안타깝다. 누구한테든 이 많은 비밀을 털어놓고 싶다. 속 시원하게 말이다. 또 누구에게 비밀을 말하려고 하면 금방 입이 다물어진다. 나도 그 이유를 모르겠다.

사람들은 모두 나와 같은 생각을 할 것이다. 몇 년을 살아와도 비밀이 없는 것은 사람이 아닐 것이다. 비밀, 그 말은 누가 정했을까?

마음을 이해하고 비웃지 않는 그런 진정한 친구가 내게 1명만이라도 있었으면 좋겠다.

『학원 가기 싫어! / 이주영 엮음 / 우리교육』

5. 영화 자료

(1)『송환 / 김동원 감독 / 다큐멘터리 / 한국 / 2003년』

영화의 제목은 '송환'입니다. 이 영화는 '간첩과 지낸 12년의 기록'이라는 팸플릿의 글귀에서 드러나듯, 북한에서 남파된 비전향 장기수들의 출소에서부터 우리나라에서의 생활, 북한으로 송환되기까지의 과정을 담고 있습니다. 저는 이 영화를 보면서 '도대체 저 사람들에게 30년이 넘는 세월동안 옥살이를 할 수 있게, 모진 고문에도 전향서를 쓰지 않게 만든 것이 무엇일까?'라는 생각을 해봤는데, 그것은 비인간적인 처사에 대항하려는 의지, 나름대로 갖고 있고 완성하고자 했던 신념, 아울러 돌아갈 수 있다는 희망, 두고 온 가족들에 대한 그리움이 아니었을까 싶습니다. 중간 중간 폭소를 자아내는 장면들도 있습니다만, 전반적인 분위기는 무겁고 안타깝기만 합니다. 아마 영화를 보는 우리들의 마음이 더욱 무거웠기 때문이겠지요.

우리는 영화를 다 보고 나와서 이런 이야기를 나누었습니다. '우리나라에서만 만들어질 수 있는 영화다!' 그렇습니다. 이 영화는 우리나라에서만 만들어질 수 있는 영화였습니다. 분단이라는 질곡의 역사 속에 양쪽으로부터 버려진 비전향 장기수들의 단면이었기 때문입니다.

영화의 마지막 부분에서 비전향 장기수들을 떠나보내며 우리나라 사람들이 한 말이 떠오릅니다. "건강하십시오, 통일이 되어 다시 만납시다!" 과연 많은 사람들의 가슴 속에 '그리움'이라는 단어로 남아 있는 그들을 과연 다시 만날 수 있을까요? 그런 날이 오기는 올까요?

사람에 대한 그리움을 간직한 분들에게 띄우는 12년간의 편지 「송환」은 저에게, 우리에게 그런 질문을 남겼습니다.

(2) 『S 다이어리 / 권종관 감독 / 김선아, 이현우, 김수로, 공유 주연 / 코미디 / 한국 / 2004년』

이 영화는 배우 김선아 씨의 역할 나진희가 네 번째 실연을 당하면서 떠나간 남자가 남긴 한 마디를 통해 과거의 남자들을 찾아가 그들에게 거짓된 사랑(?)에 대한 대가를 요구한다는 발랄한 내용을 담고 있습니다. 어떻게 보면 일전에 나왔던 영화 「생과부 위자료 청구 소송」과 비슷한 테마를 좇고 있다고 볼 수도 있겠는데, 아무튼 영화이기 때문에 가능한 그 발랄한 상상의 내용 전개와 시선을 확 잡는 오프닝은 매우 인상적이었습니다. 아무튼 나진희는 결국 이런저런 복수를 통해 그 남자들에게서 돈을 받아내는데, 사실 그녀가 찾고자 했던 것은 잃어버린 자신이었다는 것을 뒤늦게 깨닫습니다. 그래서 그들로부터 받아 낸 돈을 다시금 돌려주고 지나간 사랑의 추억을 아름답게 간직합니다.

우리는 누구나 사랑을 하고, 그 사랑이라는 것을 하면서 그 사람에게 조금 더 잘 보이기 위해, 편하게 대해주겠다는 생각 등으로 점점 자신을 잃어버리게 됩니다. 이는 비단 사랑뿐만 아니라 여러 경우에도 해당되는 부분이지요. 정확하지는 않지만 극중 대사 가운데 "이젠 네게 맞는 옷을 입도록 해!"라는 것과, "난 그동안 다른 사람들이 보는 시선 속에서 살았던 것 같아!"라는 것이 나오는데, 이 대사들은 결국 자신에 대한 통찰을 통해 그동안 잃었던 자신을 찾고자 하는 주인공의 열망이 담긴 것이라 생각됐습니다. '사랑'이라는 단어가 더욱 애잔하게 다가오는 계절 가을, 그 떠나간 추억과 함께 잃어버린 자아가 있다면 이 영화를 통해 찾아보시기 바랍니다.

(3) 『세상의 중심에서 사랑을 외치다 / 유키사다 이사오 감독 /
   오사와 타카오, 시바사키 코우, 나가사와 마사미 주연 / 드라마 /
   일본 / 2004년』

이 영화는 역대 일본소설 최대 판매 기록인 239만부를 갖고 있는 무라카미 하루키의 「상실의 시대」의 기록을 무너뜨린 작가 카타야마 쿄이치의 소설 「세상의 중심에서 사랑을 외치다」를 영화화한 작품입니다. 일본에서는 이미 드라마로도 만들어져 상당한 인기를 끌었다고 하고, 영화는 무려 10주 만에 700만이라는 관객을 모아 일본 최고의 흥행작으로 떠오르고 있다고 합니다. 대략의 줄거리는 이렇습니다.

결혼을 앞두고 있는 리츠코(시바사키 코우)는 어느 날 이삿짐 속에서 오래된 카세트테이프 하나를 발견하고는 약혼자인 사쿠타로(오사와 다카오)에게 짧은 편지 한 장만을 남겨두고 사라져버린다. 리츠코의 행선지가 '시코쿠'라는 것을 알고 그녀의 뒤를 쫓는 사쿠타로. 하지만 그곳은 사쿠타로의 고향이자, 첫사랑 아키와의 추억이 잠들어있는 곳이다.
1986년 고등학교 2학년 여름. 동급생인 사쿠(고등학교 때의 사쿠타로: 모리야마 미라이)는 얼굴도 예쁘고, 우등생에 스포츠까지 만능이자 모든 남학생들이 동경하던 아키(나가사와 마사미)와 하교 길에 마주친다. 천연덕스럽게 사쿠의 스쿠터에 올라탄 아키는 이후 사쿠와 함께 라디오 심야방송에 응모엽서를 보내고, 워크맨으로 음성편지를 주고받는 등 투명한 사랑을 키워나간다.

하지만 단둘이 처음으로 무인도에서 여행을 마치고 집으로 돌아오던 날 갑자기 아키가 쓰러진다. 병원에 입원한 아키는 그녀 특유의 밝음을 잃지 않고, 사쿠는 그런 그녀의 곁에서 애정을 듬뿍 쏟아주지만, 아키가 처한 현실과 직면하게 된 사쿠는 자신이 할 수 있는 일이 아무것도 없음을 깨닫고 큰 슬픔에 빠진다.

점점 약해져만 가는 아키를 위해 사쿠는 아키가 늘 꿈꾸어 오던 세상의 중심이라 불리는 호주의 울룰루(에어즈 락)에 그녀를 데려가기로 마음먹고 병원을 몰래 빠져 나오지만, 태풍에 발이 묶여 비행를 타지도 못한 채 아키는 공항 로비에서 쓰러진다.

리츠코를 찾으러 떠났지만 어느덧 자신의 추억 속에 빠져들어 기억 속에서 살아 숨 쉬는 아키를 만난 성인 사쿠타로와 자신의 기억을 더듬어 과거를 쫓고 있던 리츠코. 마침내 두 사람은 추억 저편 한 구석에 숨겨져 있던 진실과 마주하게 된다. 그리고 이제 그 곳에서 오래전 전달되지 못했던 아키의 마지막 음성편지가 십여 년이 넘는 시간을 지나 사쿠타로에게 도착하는데….

사실 이 영화는 개봉 전부터 많은 화제를 모으기도 했는데, 각종 언론들에서는 조심스럽게 우리나라의 흥행에 대해 부정적인 견해를 내비치기도 하더군요. 지극히 일본적인 멜로의 성격을 띠고 있기도 하고 더욱 자극적인 최루에 익숙한 우리나라 관객들의 정서에는 한참 부족한 듯 보였기 때문일 겁니다. 실제로 영화를 본 많은 사람들은 지루하고 기대 이하였다는 평가를 하기도 했으니까요. 하지만 제 개인적으로는 잔잔하면서도 은은하게 표현되어 다가오는 장면 장면들이 편하고 아름답게 느껴졌답니다. 특히 영화 전반에 흐르는 피아노의 선율과 주제곡이 마음에 들었습니다.

(4) 『인형사 / 정용기 감독 / 임은경, 김유미 주연 / 호러 / 한국 /
　　2004년』

이 영화「인형사」줄거리는 대략 다음과 같습니다.

　지금으로부터 수십 년 전, 한 여자를 목숨처럼 사랑한 남자가 있었
다. 그녀에게 차마 자신의 사랑을 알리지 못한 채 그는 여인과 꼭 닮
은 인형을 만들어 대신 사랑을 쏟았다. 마침내 그녀가 그의 사랑을
받아들이고 남자는 인형을 잊은 채 행복한 날들을 보낸다. 그러나 어
느 날 여인이 끔찍하게 살해당하는 사건이 일어난다. 범인으로 몰려
죽음에 이르게 된 사내. 그가 마지막으로 본 것은 죽어가는 자신을
뚫어져라 바라보고 있는 인형, 사내 자신이 만든 인형의 싸늘한 얼굴
이었다.
　외딴 숲속 작은 미술관에 다섯 명의 사람들이 초대된다. 지적인 조
각가 해미, 발랄한 여고생 선영, 구체관절인형 데미안을 자신의 분신
처럼 여기는 내성적인 영하, 야심만만한 사진작가 정기, 그리고 직업
모델 태승이다. 그들은 이곳에서 머물며 구체관절인형의 모델이 되어
야 한다. 미술관을 채우고 있는 그로테스크한 장식들과 인형들을 보
고 흥미를 느끼는 한편 자신들을 닮은 인형이 제작된다는 사실에 설
레는 그들.
　그림처럼 아름다운 풍경과 동화 속 공간처럼 아름다운 미술관이지
만 주변을 감상하고 여유를 즐기기엔 석연치 않은 것들이 너무 많다.
일행에게 무언가 감추는 듯한 최관장. 휠체어로 이동하며 작업실에
틀어박혀 있는 인형작가 재원. 유미를 오래전부터 알고 있다고 말하
는 수수께끼의 소녀 미나. 그리고 밤만 되면 들려오는 이상한 소리
들. 또 살아있는 듯, 그들을 항상 감시하는 듯한 인형들의 이상한 기
운…. 어느 날, 영하의 인형이 목이 잘리고 눈알이 뽑힌 처참한 모습
으로 발견된다. 일행은 그것이 옛날부터 전해온 인형을 살해하는 법
임을 알게 된다. 인형에 대해 서로가 알고 있는 이야기들이 오가는
가운데 밝혀진 충격적 사실. 그들 모두 똑같은 인형의 저주 이야기를
기억하고 있다는 것.

이유를 알 수 없이 그들을 조여 오는 공포를 감지하는 다섯 명. 인형을 잃고 예민해져있던 영하가 천정 선풍기에 목을 매단 시체로 발견된다. 이상한 소녀 미나를 쫓아가느라 자리에 없었던 유미가 범인으로 지목되고, 차례차례 이어지는 죽음, 죽음…. 숲 속은 비명으로 가득 차고 사랑스럽기만 하던 인형들은 공포의 증인이 되어 그들을 에워싸는데….

소개 글만으로도 벌써 오싹해 지시죠? 소개 글에 나온 것처럼 이 영화는 한 남자를 사랑한 인형과 주인의 사랑을 갈망한 버려진 인형들이, 자신의 사랑을 앗아간 사람들과 자신을 버린 사람들에 대한 복수를 주제로 다루고 있습니다. "니가 날 몰라보다니 너무 슬퍼" 등의 대사에도 인간을 향한 인형들의 사랑(?)이 엿보입니다. 저는 이 영화를 통해서 애착이라는 것에 대해 생각해 봤답니다.

(5) 『분홍신 / 김용균 감독 / 김혜수, 김성수 주연 / 공포, 스릴러 / 한국 / 2005년』

안데르센의 동화에서 모티브를 따왔다는 이 영화 '분홍신'은, 개봉 전부터 많은 관심을 끌었습니다. 여름이 오면 다른 장르보다 호러나 공포를 다룬 내용의 영화가 많아지는데, 이 영화는 무엇보다 복고풍의 포스터, 배우 김혜수의 또 다른 변신, 동화에서 따 온 모티브 등, 관심을 끌만한 요소가 많았던 것 같습니다. 그래서 저도 무척 보고 싶었는데, 드디어 오늘 보고야 말았습니다. 영화 속에서 발견한 것들을 정리해 보자면….

우선 '신발(구두)'은 무의식 속에 자리 잡고 있는 여성의 성을 상징한다고 합니다. 그래서인지 남편의 외도 등을 겪으며 살아가고 있는 선재(김혜수)는 구두를 모읍니다. 그러던 어느 날, 지하철 안에서 주인이 없는 듯 보이는 분홍 신발을 집으로 가져오게 됩니다. 그런데 그녀의 딸 태수도 그 분홍 신발에 관심을 보여, 결국 두 사람은 분홍 신을 사이에 둔 경쟁을 합니다. 이 장면은 '엘렉트라 콤플렉스'로 설명할 수 있겠습니다. 즉, 아버지에게 애정을 품고 엄마를 경쟁자로 인식해 반감을 갖는 경향을 갖고 있다는 것인데, 엄마인 선재는 그 점을 간파한 것입니다. 또한 금기시 된 '성'이라는 것에 눈을 뜨지 못하게 하는 억압적인 요소도 담겨 있습니다. 남편의 외도 장면을 볼까봐 태수를 안고 놀이터로 가는 선재의 모습에서 알 수 있습니다. 또한 '아빠는 절대 돌아올 수 없다'고 말하는 선재와, '아빠가 다녀갔다'고 말하는 태수의 상반된 주장 역시 그러한 면을 보여준 것 같습니다.

그러던 어느 날, 선재네 집에 놀러 온 후배 미희는 선재가 씻으러 들어간 사이 태수가 갖고 있던 분홍 신발을 빼앗아 갑니다. 그런데 그녀에게 찾아온 것은 죽음. 그 때서야 선재는 그 신발이 보통 신발이 아님을 짐작합니다. 하지만 자신에게는 아무 일도 일어나지 않고, 대신 딸인 태수에게 문제가 생길 것임을 알고 분홍 신을 버리게 됩니다. 그런데도 그 신발은 끝까지 태수에게 돌아옵니다. 그제야 분홍 신발에 얽힌 사연을 찾아 나선 선재는, 지하실에 살고 있는 할머니로부터 40년 전의 이야기를 듣고, 분홍 신발을 주인에게 돌려줍니다. 하지만 분홍 신발의 원혼은 계속 남아 '남의 것을 탐하는 자들'을 벌한다는 결말을 맺습니다.

이 영화를 보고 나면 약간의 의문이 생깁니다. 선재가 귀신이란 말인가, 선재가 남편은 물론 다른 사람들을 모두 죽였다는 이야기인가? 그렇답니다. 그러니까 분홍 신발의 원래 주인의 원혼이 선재에게 씌었다고 보는 게 맞습니다. 마지막 장면쯤에서 40년 전의 사건을 기억하는 할머니가 선재의 이름을 '미옥'으로 부르는 것에서 알 수 있고, 남편을 죽인 방법과 마찬가지 방법으로 후배인 미희, 다시 자신을 배신한 남자 인철을 죽였기 때문입니다. 그 뒤 선재에게 빙의된 원혼은 태수에게로 들어갔다고 보면 크게 무리가 없을 듯 싶습니다.

공포 영화는 심장박동이 빨라지고 호흡이 가빠지며, 얼굴은 붉어지고 눈의 동공이 커지게 만듭니다. 또한 침의 분비가 줄어들어 입근육은 수축되고, 아울러 소름이 돋고 진땀이 나 피부는 끈적거리게 만듭니다. 이런 과정은 교감신경계 흥분으로 나타나는 공포에 대한 급성반응으로 이 시기가 지나면 반대로 부교감신경계가 활성화 되어 땀이 증발하면서 체온이 내려가게 하기 때문에 서늘한 기분을 느낄 수 있게 한답니다. 따라서 여름에 제격이라고 한다는군요. 저도 그래서 모처럼 공포 영화를 봤는데, 나름대로 괜찮았습니다. 다만 공포 영화의 경우 비주얼은 물론, 사운드가 차지하는 측면도 크다고 생각하는데, 이 영화의 경우 사운드가 적절하지 못하다는 생각을 했답니다. 무더운 여름, 시원한 공포 영화 한 편 어떠세요?

(6)『친절한 금자씨 / 박찬욱 감독 / 이영애, 최민식 주연 /
　　스릴러, 드라마 / 한국 / 2005년』

「올드 보이」라는 영화로 세계 유수의 영화제에서 감독상을 타전 세계에서 주목 받는 감독이 된 박찬욱 감독의 복수 시리즈 마지막 편이자, 「대장금」으로 국민의 연인, 아시아의 연인이 된 배우 이영애의 만남으로 오래 전부터 화제가 되었던 작품이 드디어 개봉을 했습니다. 나 역시 아주 오래 전부터 '금자 씨, 금자 씨'를 되뇌고 다녔는데, 드디어 오늘 그 영화를 본 것입니다. 기자 시사회에 이어 일반 관객들에게까지 선보이게 된 영화 '친절한 금자 씨'. 과연 그 영화는 우리에게 무엇을 말하고 있는 걸까요?

13년 동안 복역을 하고 나온 금자는 교도소 내에서 누구에게나 친절한 행동으로 인심을 얻어 친절한 금자 씨라고 불립니다. 그녀는 크게 드러내지 않으면서(?) 교도소 내의 악을 물리치고 간증도 열심히 하는, 그야말로 '저런 사람이 무슨 죄를 지었단 말인가?'라는 의구심을 갖게 만들기에 충분한 모범수입니다. 덕분에 그녀는 출소 후 백 선생을 살해하는 일을 도와 줄 적극적인 후원자들을 만들게 되고, 그녀들을 먼저 출소 시키게 됩니다. 13년 후, 드디어 출소를 하게 된 금자는 환영 나온 목사가 내민 두부를 뒤엎어 버리며 아직 세상을 하얗게만 살아갈 준비가 되지 않았음을, 또 다른 핏빛 향연이 펼쳐질 것을 암시합니다. 출소 후 옛 교도소 동기들을 하나씩 찾아가 도움을 받은 금자는 결국 백 선생을 납치하고, 그녀가 누명으로 교도소에 가 13년 동안 복역하고 나온 대가를 치르게 합니다.

'복수는 또 다른 복수를 낳는다'라는 말이 있습니다. 이는 곧 복수가 얼마나 부질없는 짓인가를 나타내 주는 말이라고 생각되는데, 아무튼 이 영화는 누명과 13년의 복역이라는 당위성을 금자에게 쥐어줍니다. 또한 유괴된 아이들의 부모들이 모두 모여 백 선생을 처단하는데 동참하는 장면에서도, 자식을 한 순간 잃어버린 고통에 대한 대가라는 당위성을 쥐어줍니다. 그러면서 그 모든 순간에 냉소와도 같은 유머를 섞어 그 잔인성을 더욱 부각시킵니다. 사람들은 흔히 폭력에 대한 보복으로 가해지는 또 다른 폭력에 대해서는 무감각하다고 하는데, 만약 영화를 본 사람들이 금자나 유괴된 아이들을 둔 부모들의 입장을 인정하는 쪽에서 봤다면 그런 측면이 아니었나 싶습니다. 아무튼 그들은 그렇게 백 선생을 함께 처단하는 것으로 그들의 응어리를 풀어냅니다. 정말 모든 응어리가 다 풀렸을지는 모르겠지만.

저는 박찬욱 감독의 영화를 볼 때마다 장면 장면의 연결이 참 매끄럽고 카메라 앵글이 남다르다고 느낍니다. 또한 연기자들을 잘 골라 쓰는 안목도 있다고 생각합니다. 착한 이미지가 대단히 강했던 배우 이영애 씨는 처절한 복수의 화신 금자로 재탄생 하는데 많은 공을 들였음에 분명하고, 그밖에 조연들 연기도 훌륭했습니다. 또한 중간 중간 박찬욱 감독의 복수 시리즈에 출연했던 배우들의 카메오 출연도 영화의 재미를 더해주었습니다.

이 영화가 다시금 베니스 영화제에 초청을 받았다는 기사를 봤습니다. 솔직히 수상을 할런지는 잘 모르겠지만, 우리나라 영화의 위상을 다시 한 번 드높였으면 하는 바람입니다. 올해 우리나라 영화 가운데 가장 많은 관객을 끌 것이 분명한 이 영화가 말입니다. 만약 그렇지 않으면 금자 씨가 또 다른 복수를 준비할지도 모를 테니까요.

(7) 『여자, 정혜 / 이윤기 감독 / 김지수, 황정민 주연 / 드라마 / 한국 / 2005년』

어머니가 돌아가신 뒤 홀로 아파트에 살면서 우체국 일을 하고 있는 여자 정혜. 그녀의 일상은 너무 단조롭기만 합니다. 집에서 가까운 직장에서 퇴근하고 나면, 텔레비전 홈쇼핑 채널을 보거나 베란다 화분을 정리하는 등의 일이 전부입니다. 그런 그녀에게 아파트 화단에서 발견된 작은 고양이 한 마리는 마치 누군가와 관계

트기를 시도한 첫 대상처럼 보입니다. 외로움과 어린 시절의 상처 때문에 마음을 닫고 살아가는 그녀이기에 말입니다. 하지만 그런 그녀에게도 또 다른 사랑이 찾아옵니다. 그래서 마침내 용기를 내어 그를 그녀의 삶 속으로 초대합니다. 행복해지기 위해서.

이 영화는 우혜령 작가의 '정혜'라는 작품에서 주인공 캐릭터를 따왔다고 합니다. 또한 처음에는 주연을 강성연이, 상대 남을 서태화라는 배우가 하기로 했다고 하는데, 출연진이 교체되었고 스토리도 약간 다듬어져 소설의 내용과는 다르다고 합니다. 덕분에 이 영화를 통해 우리는 브라운관에서만 보던 배우 김지수를 볼 수 있게 됐는데, 그녀의 자연스러운 연기는 우리나라보다 다른 나라에서 더 인정을 먼저 받아, 그녀는 여우주연상을, 이 영화는 베를린 영화제에서 넷팩상을 수상했다고 합니다.

저는 이 영화를 보면서 놀랍도록 차분한 일상 속에 담겨진 사람의 심리에 집중을 했습니다. 비록 그것이 강렬하게 마음속으로 헤집고 들어오지는 않았지만, 묵지근한 아픔과 다행스러움이라는 감정을 느낄 수 있었습니다.

(8) 『웰컴 투 동막골 / 박광현 감독 / 정재영, 신하균, 강혜정 주연 / 전쟁, 드라마 / 한국 / 2005년』

신문 기사를 보니 이 영화가 「말아톤」을 제치고 올해 한국 영화 가운데 가장 많은 관객이 들었고, 그 숫자는 전체 한국 영화 순위로는 6위에 해당된다고 합니다. 그런데 더욱 놀라운 일은 개봉 4주 동안 박스오피스 1위를 고수하고 있고, 앞으로 몇 주 동안은 그 기세를 유지할 거라는 점입니다. 따라서 「태극기 휘날리며」나 「실미도」처럼 1천만 관객이 들지도 모른다는 예측을 조심스럽게 하고 있기도 했습니다. 그만큼 많은 사람들의 사랑을 받는 영화임에는 분명한데, 오늘 저도 드디어 어렵게 그 영화를 볼 수 있었습니다.

1950년 11월, 태백산 줄기 함백산 절벽 속에 자리 잡고 있는 마을 동막골에는 결코 어울릴 수 없는 국군, 인민군, 연합군의 군인들이 여러 이유들로 각각 흘러 들어옵니다. 그런데 그들은 전쟁은 물론 무기조차 전혀 모르기 때문에 아랑곳 하지 않는 주민들을 사이에 두고 대치를 하게 되고, 결국 주민들의 식량 창고를 폭탄으로 날려 버리게 됩니다. 어차피 갈 곳이 마땅히 없던 군인들은 점차 순수한 마을 사람들의 생활에 동화되고, 결국 그들의 식량을 다시 채워줄 때까지라는 조건으로 동막골에 머물게 됩니다. 그러는 사이 그들은 이념과 사상을 뛰어 넘는 우정(?)을 나누게 되고, 그런 행복한 생활은 그들을 떠나고 싶지 않게 만듭니다. 그러던 어느 날 연합군의 스미스 대위를 찾으러 온 군인들에 의해 여일(강혜정)이 죽게 되고, 마을이 적의 기지로 오인 받아 폭격 받는다는 사실을 알게 됩니다. 이에 어차피 돌아갈 곳이 없는 군인들은 나름대로의 연합군을 구성해 그들의 폭격을 다른 지역으로 유도하고 최후를 맞습니다.

저는 이 영화를 보면서 「태극기 휘날리며」나 「실미도」와 마찬가지로, 한국 전쟁을 소재로 한 영화가 큰 인기를 끈 이유가 무엇인지 생각해 봤습니다. 이는 어쩌면 결국 연합군을 이루는 군인들처럼 우리도 하나가 되길 바라는 마음의 발현일수도 있겠습니다. 실제 이 영화를 본 사람들은 영화가 갖고 있는 '동화적인 구성'이 마음에 와 닿았다고 하는데, 이는 결국 실제 이루어질 수는 없지만 그렇게 됐으면 하는 마음의 바람일 것이기 때문입니다. 또 하나는 '전쟁'이 갖고 있는 여러 요소들 때문일 것입니다. 전쟁은 우리나라의 대표적인 정서라고 하는 한(슬픔, 아픔, 고통 등을 포함한)을 비롯해, 이념, 인간성 등 여러 면들을 고루 담고 있습니다. 따라서 관객들은 전쟁 영화 한 편을 통해 다양한 부분을 취할 수 있는 것 같습니다.

동막골, '과연 그런 마을이 있었을까' 하는 의문이 남는 지극히 영화적인 배경과, 컴퓨터그래픽을 통해 보이는 동화 같은 내용들은 (때로 유치하기도 하지만) 많은 관객들을 감동과 공감으로 몰고 가기에 충분했습니다. 다만 음악이 종종 생뚱맞다는 느낌이 들기는 했습니다. 아무튼 누군가 국수주의적인 생각이라고 비판을 할지도 모르지만, 저는 이 영화가 더욱 많은 사람들에게 관람되었으면 합니다. 그럼 우리나라의 영화 시장은, 영화 작품의 위상은 더욱 높아질 것이기 때문에 말입니다.

(9) 『찰리와 초콜릿 공장 / 팀 버튼 감독 / 조니 뎁 주연 / 판타지 / 미국 / 2005년』

엊그제 보고 온 영화입니다. 너무나 유명한 작가인 '로알드 달'의 동화가 원작이지요. 동화 내용 자체도 환상적인데, 팀 버튼이라는 감독이 상상력을 더욱 극대화시켰다는 느낌이었습니다. 화려한 색감은 물론이고, 입을 다물 수 없게 만드는 그래픽을 통한 화면의 전개는 압권이었답니다. 게다가 팀 버튼이 전적으로 좋아하는 배우라 할 수 있는 조니 뎁의 연기까지 더해져, 영화가 끝나기 전에 자녀와 함께 꼭 봐야할 영화로 꼽고 싶답니다.

그런데 이 영화에는 여러 장치들이 있습니다. 그 가운데 하나는 가족에 대한 사랑입니다. 이 부분은 다 쓰러져가는 오두막집에서도 사랑과 신뢰를 잃지 않는 찰리 가족을 통해 보여주지요. 반면 초콜릿 공장의 사장 윙카는 어렸을 때 아빠로부터 억압을 받고 자랐습니다.(영화에서 엄마의 모습은 한 번도 나오지 않는 것으로 보았을 때, 부모님이 이혼을 했거나 아니면 사별을 한 것이 아닐까 싶습니다.) 따라서 마지막 장면을 보면 초콜릿 공장 안으로 옮겨진 찰리네 오두막집에서 모두가 함께 식사를 하는 것으로 마무리 됩니다. 아주 행복한 모습으로요. 그리고 또 하나의 장치는 아이들의 나쁜 버릇과 습관을 고치기 위한 것입니다. 초콜릿 공장을 견학할 수 있는 티켓을 가진 다섯 명의 아이들 가운데 찰리를 제외한 네 명은 욕심, 이기심, 경쟁심, 과시욕이 무척 강한 아이들이었지요. 그런데 결국 그 마음으로 인해 벌을 받습니다. 벌을 받는 장면마다 움파룸파 족 사람들이 나타나 멋진 퍼포먼스를 선보여 우리의 시선을 붙잡지만, 그 벌의 형태는 상상을 넘어 잔인하다고 할 수도 있겠습니다. 물론 독일에서 나온 '더벅머리 아이'라는 그림책의 내용보다는 훨씬 강도가 약하지만요. 그래도 장르가 판타지이기 때문에 '아이들 입장에서는 재미있게 보고 넘어갈 수도 있겠구나'라는 생각도 해봤답니다. 아무튼 그렇게 네 명의 되바라진(?) 아이들 덕분에 찰리는 우승자가 됩니다. 그래서 선물을 받게 됐는데, 웡카의 선물은 다름 아닌 초콜릿 공장의 후계자였습니다. 하지만 찰리는 가족과 함께 하고 싶어 그 제안을 거절합니다. 그러자 너무나 슬퍼하는 웡카. 그럼 찰리는 그대로 쓰러져가는 오두막에 남았을까요? 앞서 말씀 드렸듯이, 웡카는 찰리의 오두막을 초콜릿 공장 안으로 옮겨 간답니다. 행복하고 사랑이 넘치는 마지막 장면이지요.

　모든 영화들이 다 그렇겠지만 이 영화는 정말 많은 부분에서 공을 들인 것 같습니다. 그 가운데서도 컴퓨터 그래픽 작업이 단연 압권이라는 생각인데, 그에 따라 들어간 돈은 물론 공이 대단하다고 하네요. 물론 원작이 충실했기 때문에 좋은 작품이 나왔을 것이란 생각이 듭니다만. 아무튼 모처럼 유쾌하고 상상력이 풍부한 영화를 본 것 같습니다. 아이들과 함께 가서 보시면 좋겠습니다. 단, 그 전에 책을 읽어보고 가세요. 이 장면들을 어떻게 펼쳐냈을까 상상해 보는 것만으로도 즐거울 것입니다.

(10) 『오로라 공주 / 방은진 감독 / 엄정화, 문성근, 권오중 주연 / 스릴러 / 한국 / 2005년』

혹시 오로라 공주를 기억하세요? 제 나이 또래이거나 연배이신 분들은 기억이 날 법도 합니다. 어린 시절 만화 영화 손오공에 나오던 예쁜 공주의 이름이었거든요. 그 공주의 역할이 무엇이었는지는 기억나지 않지만, 그 캐릭터는 기억이 남아 있는데, 반갑게도 다시 영화 제목으로 부활을 했기에 궁금한 마음으로 기다리다가 오늘 달려가 보았습니다. 연기를 꽤 잘 하는 배우로 회자되는 방은진 씨가 감독을 맡았고, 다방면에서 활약하고 있는 엄정화 씨가 주연 배우로 나섰기에, '두 명의 여배우가 만든 영화'라는 광고가 눈에 들어오기도 했습니다. 그럼 궁금하실 분들을 위해 간단한 줄거리부터 말씀 드리겠습니다.

외제차 딜러를 하고 있는 정순정(엄정화 분)은 백화점에 쇼핑을 갔다가, 여자화장실에서 딸을 심하게 때리는 계모를 발견하고 무참히 살해합니다. 그 뒤에도 불륜 관계에 있는 한 쌍의 커플과 갈비집 아들, 변호사 등을 차례로 살해하는데, 그 동안 우리가 알고 있는 살인범의 모습과는 달리 자신의 신분을 노출 시킵니다. 바로 그 매개가 오로라 공주 스티커입니다. 그녀는 사건 현장마다 은밀하게 혹은 드러나게 자신의 신분을 드러냅니다. 그런데 위 다섯 사람들의 연관성을 전혀 찾지 못해 혼란에 빠져있던 경찰들은, 정순정의 전 남편이자 형사였던 문성근을 통해 그 실마리를 잡게 되고, 정순정을 체포하게 됩니다. 하지만 그녀의 복수는 여기서 그치지 않고 계속되는데….

첫 시작 5분과 마지막 5분이 가장 충격적이었는데, 결국 그녀의 범죄는 사회가 안긴 상처로부터 비롯된다는 당위성을 입혔습니다. 하지만 아무리 그렇다고 해도 현실적으로 복수를 한다는 것은 바람직하지 않은 면이 있는 것 같습니다. 특히 첫 살인에 대한 부분은 납득이 가지 않기도 했습니다. 따라서 어떤 분들은 억지스러운 설정이라고 보기도 하고, 방법은 다를 뿐이지 결국 복수극이라는 시각도 있었습니다. 하지만 전 재미있게 봤습니다. 워낙 영화를 보는 눈이 없어서 그런지, 조목조목 따져보지 않았기 때문에 그런지는 모르겠지만, 연기도 훌륭했고 기획 및 제작도 괜찮았다고 생각합니다. 아울러 '이제 영화가 끝날 것이다'라고 생각한 부분부터 새롭게 시작된 그녀의 범죄 장면은 섬뜩하면서도 짜릿함을 선사해주기도 했으니까요.

혹시 영화를 보실 분들이 계실까봐 내용을 다 말하지 못해 조금 답답하기도 합니다. 심장이 약하신 분들은 '새드 무비' 등의 서정적인 영화를 보시기 바랍니다. 사회가 주는 억울함과 슬픔이 없길 바라며.

(11) 『너는 내 운명 / 박진표 감독 / 황정민, 전도연 주연 / 드라마 / 한국 2005년』

우리는 저마다 다르게 주어진 운명에 대해 이야기합니다. 물론 운명을 믿지 않는 사람도 있고, 어느 정도만 믿는 사람도 있으며, 전적으로 믿는 분들도 계십니다. 물론 운명이라는 것이 정말로 있는지에 대해서는 그 누구도 확실한 답을 말할 수 없기 때문이겠지요. 만약 누군가 제게도 같은 질문을 한다면 저는 운명이 있다고 대답하렵니다. 물론 태어날 때부터 죽을 때까지 다 정해져 있고, 그 길로만 가야 한다면 정말 재미가 없을 것 같습니다. 따라서 본인의 노력 여하에 따라 개선될 여지도 있다는 전제를 달아야겠습니다.

그런데 남녀 간의 사랑이나, 가족, 특히 부모님과의 관계는 운명인 것 같습니다. 또한 노력만으로 되지 않는 부분도 있는 것 같습니다. 앞서 이야기한 부분과는 정 반대의 측면인 것 같은데, 많지 않은 경험 속에서 그런 부분을 느꼈습니다. 하지만 그럼에도 불구하고 사랑이나 부모님 등의 가족관계는 더욱 아름다울 수 있다고 생각됩니다.

'은하(전도연 분)'는 순정다방에 새로 온 아가씨입니다. 그곳에서 서빙도 하고 티켓을 끊어 배달도 나가곤 하지요. 그런데 그 마을에는 노총각 3인방이 있습니다. 그 가운데 한 사람은 필리핀 아가씨를 데려와 결혼을 하고, 나머지 두 사람은 가축을 돌보며 가족들의 성화를 들어가며 살고 있습니다. 그 가운데 한 사람이 바로 '석중(황정민 분)'입니다. 그런데 석중은 오토바이를 타고 지나다 마주친 은하에게 푹 빠져 버립니다. 그래서 조금 쉬라고 티켓을 끊어 주기도 하고, 매일 아침 신선한 우유를 가져다주기도 합니다. 또한 자동차 극장에 함께 가기도 하지요. 하지만 은하는 너무 순진한 시골 총각 중석의 마음을 거절합니다. 자신의 질곡 많은 인생이 그에게 물들어 갈까봐 두려웠던 거지요.

그러던 어느 날, 석중은 노모의 강압으로 순정다방에서 맞선을 보게 되고, 홧김에 배달을 나갔던 은하는 손님으로부터 맥주병을 얻어맞아 부상을 당해 병원에 입원을 합니다. 그러자 석중은 은하를 간호하고, 깨어난 은하에게 청혼을 하게 됩니다. 그렇게 결혼을 한 두 사람, 그러나 그들에게는 또 다른 일들이 기다리고 있습니다. 은하(본명은 옥분)의 옛 남자가 찾아오고, 보건소에서 받은 피 검사에서 에이즈 양성반응이 나온 것입니다. 그래서 은하는 더 이상 석중에게 피해를 주고 싶지 않은 마음에 멀리 떠나 다시금 윤락가로 빠져 들게 됩니다. 그런데 에이즈에 걸린 채 손님을 받았다는 이유로 구속되게 되고, 석중 일가와 마을은 발칵 뒤집히게 됩니다. 하지만 석중은 끝까지 은하와 함께 살겠다는 사랑을 보여주고, 결국 그들은 은하의 출소와 함께 행복한 재회를 합니다.

이 영화는 실화를 바탕으로 제작되었다고 합니다. 그렇다면 이런 운명적인 사랑을 한 사람들이 우리나라 어딘 가에는 살고 있다는 이야기입니다. 저는 그런 생각만으로도 참 감동적이라는 생각이 들었습니다. 사실 오전에 영화를 보고 오후에는 지인의 결혼식에 다녀왔는데, 그들은 과연 너를 내 운명이라고 말할 수 있을지 싶기도 했으니까요. 물론 각각의 커플들이 행하는 사랑의 깊이나 넓이를 감히 비교할 수 없겠지만요.

사랑을 부르는 말은 여러 가지입니다. 사랑의 모습 또한 여러 가지입니다. 때로는 사랑이 너무 흔한 것도 같습니다. 따라서 사랑이라는 것이 무가치해 보이기도 하고, 대수롭지 않게 여겨지기도 합니다. 그런 것을 꼭 해야 하는가, 그렇게 큰 의미를 두어야 하는 것 같기도 합니다. 하지만 이 영화를 보면서 생각이 조금 바뀌었습니다. 그 대상이 누구이든지 '너는 내 운명'이라는 말을 할 수 있는 사람이 있었으면 좋겠다고 말입니다. 그럼 그 사람 역시 너무 행복할 것 같습니다. 여러분들에게는 그런 사람이 있나요? 그런 사랑을 하고 계신가요? 감히 물어보고 싶습니다.

(12)『데드 맨 워킹 = Dead Man Walking / 팀 로빈스 감독 /
　　수잔 서랜든, 숀 팬 주연 / 드라마 / 미국 / 1996년』

　　루이지애나의 흑인 빈민가 희망의 집(Hope House)에서 일하고 있는 헬렌 수녀(수잔 서랜든 役)는 어느 날 사형수 매튜(숀 팬 役)로부터 도움을 요청하는 편지를 받습니다. 그는 데이트 중이던 두 젊은 연인을 강간에 이은 잔혹하게 살인함으로써 사형수의 신분이 됐는데, 감옥 생활의 외로움을 나누고 자신을 도와줄 사람이 필요하다고 합니다. 이에 헬렌 수녀는 고민 끝에 그를 만나기로 결심하고 감옥으로 찾아갑니다. 그러자 매튜는 자신은 가난으로 인해 죄를 면하지 못한 채 사형수의 신분이 됐다며 자신을 도와 항소를 해달라고 청합니다. 따라서 헬렌 수녀는 '사형제도'의 불합리성을 주장하며 그의 구명 운동에 나서지만, 그는 결국 사형을 면치 못하게 됩니다.

　　죽음을 앞둔 6일 전, 매튜는 헬렌 수녀에게 영적인 안내자가 되어달라고 부탁합니다. 하지만 이 역시 여자로서는 처음 있는 일이고, 범행을 부인하는 그로부터의 자백은 물론 영적인 구원을 이룰 수 있도록 해야 하는 책임도 따르기 때문에 헬렌 수녀는 고민을 합니다. 하지만 결국 주위의 만류에도 불구하고 헬렌 수녀는 그의 청을 받아들이고, 그의 죽음까지도 함께 하게 됩니다.

　　이 영화는 우리나라에서는 1996년에 개봉을 했습니다. 제목인 「Dead Man Walking」은 사형수들이 형 집행을 받기 위해 갈 때의 모습을 교도관들 사이에서 부르는 은어라고 합니다. 영화 장면을 보면 실제 매튜가 사형을 당하러 갈 때 한 교도관이 큰 소리로 외치는 모습을 볼 수 있기도 합니다. 당시 미국에서는 이 영화가 '사형제도'에 대한 찬반 여론을 불러 일으켰다고 하는데, 감독인 팀 로빈스는 단순히 사형제도 자체를 비판하려는 목적보다는, 범죄가 불러오는 또 다른 살인이 과연 합당한 것인가라는 진지한 질문을 우리에게 던지고 있습니다.

이 영화는 실제로 있었던 일을 영화화 한 것이라고 합니다. 또한 마지막 집행 장면도 실제 교도소에서 촬영을 했다고 합니다. 이런 점들은 이 작품으로 아카데미 여우주연상을 받은 수잔 서랜든과 숀 팬이라는 걸출한 배우들의 연기와 어우러져 더욱 사실적으로 다가옵니다.

아직 많은 나라들은 사형 제도를 존속시키고 있습니다. 우리나라 역시 사형을 더 이상 집행하지 않은지 10년이 넘기는 했으나 공식적으로 사형을 시키지 않겠다는 공표를 한 적은 없습니다. 그러므로 앞서 이야기 한 것처럼 살인 등의 범죄로 인한 또 다른 살인에 대해서는 다시금 생각해 봐야 할 것 같습니다. 우리는 어떤 죄에 대한 2차, 3차적인 보복에는 무딘 경향이 있기 때문입니다.

(13) 『킹콩 = King Kong / 피터 잭슨 감독 /
　　　나오미 와츠, 잭 블랙 주연 / 어드벤처, 환타지 / 미국 / 2005년』

작년 연말부터 대작들이 쏟아지고 있어 어떤 영화를 볼까 고민을 하던 중, 여러모로 조건(?)이 맞았던 킹콩을 먼저 보게 되었습니다. 대략적인 내용은 이미 알고 있어 망설이기도 했는데, 워낙 입소문이 좋아 선택한 영화, 러닝 타임이 3시간이나 되는 영화 '킹콩'을 소개해 볼까 합니다.

사실 이 영화는 1933년에 처음 만들어진 이후 몇 번의 리메이크가 이루어졌다고 합니다. 저도 1987년 리메이크 작품을 본 기억이 나는데, 거대한 킹콩과 엠파이어스테이트 빌딩 등의 장면이 각인되어 있었습니다. 아무튼 당시는 물론 올해에도 변함없는 감동과 충격을 동시에 주는 작품이 될 것 같았는데, 역시나 기대를 저버리지 않았습니다.

사실 이 영화는 킹콩이라는, 존재하지 않는 미지의 섬에나 살고 있을 것 같은 특별한 동물을 등장시켜 볼거리를 배가시켰지만, 결국 이 영화가 우리에게 주는 메시지는 '사랑'입니다. 물론 그 동안 제물로 바쳐진 수많은 사람들이 여주인공처럼 예쁘지 않았는지는 모르겠으나, 킹콩이 갖고 있는 심리적인 동인에 의해 여주인공을 사랑하게 되었고, 그 힘으로 그녀를 지켜 내기 위해 결국 죽음까지 택한 것으로 풀어내는 것이 더 자연스럽겠습니다. 달리 보면 킹콩의 절규는 인간의 탐욕과 무모함에 대한 면일 수도 있는 것입니다.

이 영화는 반지의 제왕 시리즈를 만든 피터 잭슨 감독이 만들었는데, 명감독답게 3시간 동안의 스토리를 잘 끌고 간 힘이 엿보였습니다. 하지만 전반부는 약간의 지루함이 느껴졌고, 미지의 섬이라는 점을 부각시키기 위해서였는지 다양한 종의 동물들이 출연해 사람들을 공격하는 장면에서는 「주라기 공원」이나 「스타쉽 트루퍼스」라는 영화를 혼합한 듯 느껴지기도 했습니다. 나아가 여주인공은 물론 주연급 출연자들이 어떤 어려움 속에서도 꿋꿋이 살아남는 장면은 「람보」나 「터미네이터」를 능가할 만한 것이어서 실소를 자아내게도 만들었습니다.

그럼에도 불구하고 많은 사람들은 미지의 섬에나 살 것 같은 '킹콩'이라는 거대 동물의 출현과, '사랑'이라는 감정을 다루기 있기 때문인지, 이 영화를 재미있게 본 것 같습니다. 이 영화가 얼마나 많은 성공을 거둘지, 앞으로 언제 또 리메이크가 될지 모르겠지만, 영원히 정확한 답을 찾지 못할 '사랑'이라는 명제가 있는 한 계속 이어질 것만 같습니다.

(14)『왕의 남자 / 이준익 감독 / 감우성, 정진영, 이준기, 강성연 주연 / 드라마 / 한국 / 2005년』

한 때 최고 인기를 구가하던 영화「왕의 남자」를 드디어 봤습니다. 시간을 맞추기 힘들어 심야에 봤음에도 불구하고, 제일 앞자리에서 봤답니다. 그만큼 사람들이 많았던 거지요. 이미 연극으로도 상영된 바 있던「이(爾)」라는 작품을 원작으로 하고 있고, 그 작품성은 물론 훌륭한 연기가 입소문을 타고 많은 사람을 끌어 모은다고 합니다. 덕분에 연극도 다시 활황세를 보이고 있는 것 같던데요, 대략적인 줄거리에 이어 제 소감을 간단히 적어보려 합니다.

사실 연산군이라는 사람은 드라마나 영화를 통해 많이 부각됐던 인물입니다. 보통 패륜의 최고봉으로 그려진 인물이지요. 하지만 연산군이 그럴 수밖에(?) 없었던 이유들에 대한 심리적인 고찰은 부족했던 것 같습니다. 이 역시 역사의 한 부분이기 때문에 살아남은 자의 논리에서 바라본 관점이었는지는 모르겠습니다만. 그런데 이 영화에서는 연산의 어머니에 대한 그리움과 사무친 슬픔이 엿보입니다. 사실 장녹수라는 기생에게 빠진 이유도, 그녀가 연산군을 마치 아이처럼 다룰 수 있었던 것도, 어머니에 대한 상실감을 채워주는 무엇인가가 있었기 때문이라고 생각됩니다. 아무튼 이 영화는 광대들의 놀이를 통해 연산군의 심리적인 고통을 드러냈다고 봅니다. 물론 그에 대한 평가는 패륜으로 귀결되었지만 말입니다.

이 영화는 볼거리가 많습니다. 우선 신명나는 광대들의 놀이마당이 그렇지요. 농악, 줄타기, 기타 마당극들은 우리나라만의 놀이 문화를 보여주기에 충분합니다. 나아가 궁중이라는 특색으로 인해, 건축문화, 복식문화, 음식문화까지 엿볼 수 있답니다. 따라서 해외 유수 영화제에도 출품을 검토하고 있다고 합니다. 중국의 「패왕별희」가 호평을 받았듯이 우리 문화가 담긴 영화도 충분히 가능성이 있다는 이야기입니다.

마지막으로 배우들의 연기도 칭찬을 해주고 싶습니다. 이 영화의 주인공 두 남자 배우는 모두 서울대 출신이라는 공통점이 있던데, 연산군을 맡은 정진영 씨나, 장생 역을 맡은 감우성 씨의 연기는 그 동안의 내공이 묻어 나왔습니다. 아울러 신인이라고 할 수 있는 공길 역의 이준기 씨는 요즘 많은 사람들의 사랑을 받는 스타로 성장을 했다고도 하네요. 그동안 장희빈 못지않게 여러 여자 연기자들이 연기했던 장녹수 역의 강성연 씨도, 다른 여배우들보다 훨씬 뛰어났다고 말하기는 어렵겠지만 좋은 연기를 보여주었다는 생각입니다.

요즘 다양한 장르의 영화들이 많이 선보이는 것 같습니다. 그런데 저는 이렇듯 우리 문화를 담은 영화들이 많이 나오고, 나아가 그 영화들이 세계에도 많이 선을 보였으면 하는 바람입니다. 그러자면 우리가 많이 봐 줘야 하는 부분도 있겠지요. 좋은 영화, 많이들 보시기 바랍니다!

(15)『사랑을 놓치다 / 추창민 감독 / 설경구, 송윤아 주연 / 드라마 / 한국 / 2006년』

"옛날 어떤 아이가 과수원에서 사과를 훔치다 주인에게 들켰대. 그런데 주인은 아이에게 이 과수원에서 가장 큰 사과를 따오면 그냥 보내주겠다고 했지. 그래서 아이는 과수원을 다니며 가장 큰 사과를 찾았어. 그런데 이 사과를 따려고 하면 저 사과가 더 커 보이고, 저 사과를 따려고 하면 또 그 옆에 있는 사과가 더 커 보였지. 그래서 결국 아이는 사과를 따지 못했대."

영화 중 주인공 우재(설경구 역)의 선배가 사랑 때문에 고민하는 우재에게 들려준 이야기입니다. 정말 사랑이 맞는지, 저 사람도 나를 사랑하는지 등 계산과 많은 생각으로 고민만 하고 있던 우재는, 그 말을 듣고 연수(송윤아 역)에게 달려갑니다. 하지만 그녀는 이미 떠나버린 상태입니다. 사랑을 놓쳐버린 것이지요. 이미 그들은 차마 말하지 못한 채 서로의 사랑을 놓쳐버린 적이 많이 있습니다. 된장찌개에 들어 있는 두부를 먹었는데 너무 뜨거워서 뭐라 말도 못하고 답답함을 느끼는 마음처럼 사랑이라는 걸 모른 채 말입니다. 그래서 그들은 서로 아파하고 그리워하며 10년이라는 세월을 보내 버립니다. 하지만 서로를 그리워하는 마음은 두 사람을 끝내 이어주고 싶었는가 봅니다. 결혼식장에서 우연히 뒷모습을 보고 쫓아간 우재와 연수는 다시 만나게 되니까요.

'사랑!' 글쎄요, 저는 아직 사랑이라는 것을 제대로(?) 해보지 못했기 때문에, 영화에서 그려진 감정이나 행동들이 다 와 닿지 않았습니다만, 이 영화를 보면서 인생 전반에 걸쳐 찾아올 수 있는 '기회'에 대한 생각을 해봤습니다. '사랑'이라는 것은 '인연'과 맞닿아 정말 정해진 경로가 있을 수 있지만, 역시 하나의 기회로 볼 수도 있다는 생각을 했거든요. 그렇다면 결국 그 기회를 잡느냐, 놓치느냐 하는 것은 본인의 의지에 의한 선택일 수 있다는 것입니다. 그래서 인지 주인공 우재와 연수는 서로 놓치는 선택을 하기도, 잡는 선택을 하기도 합니다.

이 영화의 단점이라면 요즘 식(?)의 사랑은 아니라는 겁니다. 그래서 신선할 수도 있지만 전반적으로는 지루할 수 있습니다. 좀 심심한 느낌이랄까요? 다만 배우들의 연기와 영화 전반에 깔리는 음악, 여름이라는 계절을 배경으로 하기 때문에 맑고 싱그러운 풍경들을 전해 줍니다.

혹시 지금 누군가를 사랑하기 때문에 고민하고 있나요? 그렇다면 처음 들려드린 이야기를 잘 생각해 보세요. 결국 당신이 갖고 있는 사과가 가장 큰 사과랍니다.

(16) 『무극 / 첸 카이거 감독 / 장동건, 장백지, 사나다 히로유키 주연 / 판타지 / 중국 / 2006년』

누구나 믿는 것은 아니지만 우리는 운명이 있다는 이야기를 합니다. 그러면서 자신의 노력으로 얼마든지 바꾸어 나갈 수도 있다고 말합니다. 하지만 이 영화에 등장하는 운명의 여신은 운명을 바꿀 수 있는 길은 '강이 역류하고 죽은 자가 살아 돌아와야 가능한 일이라고' 말합니다. 대신 그 운명은 우리에 의해 선택되어졌다고 하네요.

이 영화에서는 주인공 세 사람 앞에 운명의 여신이 등장을 합니다. 설국에서 태어나 빛보다 빠른 초인적인 능력을 가진 노예 쿤룬(장동건 역), 천상의 아름다움을 지니지만 사랑하는 사람을 모두 떠나보내야 하는 칭청(장백지 역), 갑옷은 물론 칭청도 빼앗기게 되는 대장군 쿠앙민(사나다 히로유키 역). 그런데 이들이 결정한 운명에는 '열망'이라는 요소가 개입됩니다. 배고픔과 천한 신분을 뛰어 넘고자 하는 열망, 아름다운 여인은 물론 권력을 거머쥐려는 열망, 사랑을 이루고자 하는 열망 등. 이 열망이야말로 가장 강력한 힘을 내게 하는 요소라는 것을 보여주며 말입니다. 결국 쿤룬이 사랑을 얻어낸 힘도 바로 열망이었으니까요.

역시 중국 영화의 최대 볼거리는 장대함인 것 같습니다. 스크린을 꽉 채우는 스케일은 단연 압권입니다. 아울러 화려한 색감과 와이어 액션 등도 늘 놀라움을 줍니다. 더불어 이 영화는 컴퓨터그래픽 작업을 많이 했습니다. 덕분에 환상적인 장면도 연출이 됩니다만, "말도 안 돼!"라는 말이 절로 나오게 만들기도 합니다.

이 영화는 중국에서 그 동안의 기록을 갈아 치우면서 큰 인기를 얻었다고 합니다. 하지만 우리나라에서는 공감을 얻지 못하는 것 같더군요. 「패왕별희」를 감독한 첸 카이거 감독과 장동건이라는 배우를 좋아하는 분들이라면 나름대로 흡족한 영화가 될 것 같습니다.

(17) 『게이샤의 추억 / 롭 마샬 감독 /
　　　 장쯔이, 공리, 양자경, 와타나베 켄 주연 / 드라마 / 미국 / 2006년』

개봉되기 전부터 스티븐 스필버그 감독이 제작했고, 「시카고」의 롭 마샬 감독이 연출을 했으며, 일본을 배경으로 한 영화임에도 불구하고 중국과 홍콩을 대표하는 세 여배우가 출연했다는 사실에 관심이 갔던 영화 「게이샤의 추억」이 개봉을 했습니다. 중국에서는 자국의 자존심 같았던 배우들이 일본을 배경으로 한 영화에 출연했고, 일본 국적의 남자 배우와 베드신을 했다는 이유만으로 상영이 허가되지 않은 상황이지만, 우리나라에서는 개봉 첫 날 10만 가까운 관객을 끌어 모으며 성공적인 출발을 했다는 점도 이 영화를 빨리 보고 싶은 욕구를 자극했는데, 오늘 드디어 포스터에서만 보던 신비한 눈빛의 소녀 치요와, 당대 최고의 게이샤로 전설이 된 사유리를 만날 수 있었습니다.

영화의 주 내용은 어린 시절 가난 때문에 팔려가 일본 최고의 게이샤로 성장하는 치요(게이샤가 됐을 때의 이름은 사유리, 장쯔이 역)와, 치요의 성공을 시기하고 방해하는 하츠모모(공리 역), 그리고 사랑하지만 끝내 말할 수 없었고, 결국 사랑을 확인하지만 연인으로만 그 사랑을 이루어야 하는 치요와 회장(와타나베 켄 역)에 대한 것이었습니다. 내용 설정 상으로는 사실 주인공의 시련, 뜻하지 않은 도움의 손길과 함께 찾아온 기회, 그리고 사랑으로 이어지는 도식이기 때문에 여느 드라마와 다를 바가 없는데, 이 영화가 전 세계적으로 이슈화되고 있는 가장 큰 이유는, 서양인들에게는 신비하게 느껴지는 동양의 문화, 그 가운데서도 가장 많이 알려진 나라 일본이 배경, 하지만 정작 그 내막은 거의 알지 못했던 '게이샤'라는 집단에 대한 탐구라는 점이 복합적으로 녹아 있었기 때문일 것이 아닐까 하는 짐작을 해봤습니다.

하지만 결론부터 이야기하자면, 이 영화는 게이샤들의 문화를 제대로 그려내지 못한 것 같습니다. 물론 감독은 게이샤가 되기 위해 익히는 훈련들을 보여주기도 하고, 게이샤로 살아가는 이들이 갖고 있는 사회적 관계의 한계도 보여주며, 등장하는 배우들의 입을 빌어 그들의 역할도 이야기 하고 있습니다. 그런데 결정적으로 이 영화는 게이샤들의 삶과 예술에 덧붙여 사랑을 그린 것이 아니라, 사랑(치정이나 부, 권력에 대한 욕망 등)에 얽매어 있는 게이샤라는 독특한 집단을 그리고 있을 뿐입니다. 때문에 감독이 보여주고자 했던 게이샤에 대한 예술성마저도 종래에는 퇴색되는 느낌이 들었습니다. 아니 마샬 감독은 '사랑'을 보여주고자 한 것 같습니다.

아울러 다른 언론에서도 몇 차례 지적했던 내용이지만, 일본이나 근접한 동양권 문화에 살고 있는 감독이 아닌 서양의 감독이, 그것도 미국의 감독이 그린 작품이기 때문에, 미국으로 대표되는 서양의 사고방식이 많이 담겨 있는 것 같았습니다. 예를 들어 동양인의 외모를 가진 주인공 치요는 눈동자만 파란색으로 그려지는데, 하나같이 그 모습을 보면서 '신비롭다'는 반응을 보이는 설정부터가 그렇습니다. 사실 이건 비정상적인 거라고 봐야 정상인 것 아닌가? 물론 그만한 재능이나 특별함이 있는 사람임을 암시하기 위한 하나의 요소일 수 있겠지만, 그 색깔이 너무 서양에 맞춰져 있다는 것입니다.

그럼에도 불구하고 이 영화는 많은 관객이 볼 것 같았습니다. 왜냐하면 인접하고 있는 우리나라 사람들조차 잘 모르기 때문에 궁금함을 갖고 있는 게이샤들을 다루고 있기도 하고, 앞서 나열한 유명한 사람들이 참여했기 때문이기도 합니다. 이런 자원들의 참여는 내용을 차치하고라도 훌륭한 연기, 훌륭한 음악과 영상 등으로 나타났습니다.

나는 이 영화를 보면서 우리나라에도 존재했던 '기생'을 떠올렸습니다. 우리나라의 기생과 일본의 게이샤를 단적으로 비교할 수는 없지만, 그들이 단순히 몸을 파는 것이 아닌, 예술을 연마하고 그로써 손님들에게 즐거움을 주었다는 점에서는 결국 상통하는 면이 있습니다. 하지만 일본에서는 아직도 게이샤라는 직업(?)이 성행하고 있는 반면, 우리나라에서는 기생을 찾아볼 수 없다는 차이점이 있습니다. 예전에 '기생'이란 제목을 달고 출간된 책이 있는 것은 알고 있지만, 아직 이렇게 영상으로 그려진 적은 없는 것 같아, 이런 계기로 우리나라 기생들의 문화에 대한 재조명 작업도 해보면 어떨까 싶은 생각도 듭니다. 서양식의 관점에서가 아닌 우리의 관점에서 말입니다. 우리도 얼마든지 예술적으로 그려낼 힘이 있으니 말입니다. 곧 우리 '기생'에 대한 조망을 담은 영화도 스크린에서 만나볼 수 있기를 기대하며 마칩니다.

(18) 『녹색 의자 / 박철수 감독 / 서정, 심지호 주연 / 드라마 / 한국 / 2005년』

평소 저는 사람들에게 우리나라만큼 살기 좋은 곳도 없다는 이야기를 합니다. 물론 제가 수많은 국가들을 두루 돌아본 것도 아니고 겨우 몇 개국을 잠깐 다녀온 정도이지만, "제 집 떠나면 고생이다"라는 말도 있는 것처럼, 내가 태어나 자랐기 때문에 언어 사용에 무리 없고, 평생 추억을 나누며 살아갈 수 있는 가족과 친구들이 있으니, '그 보다 더 좋은 것이 어디 또 있을 것이냐'라는 생각을 갖고 있습니다.

그런데 가끔은 미국이나 영국 등 소위 선진국이라는 나라들이 부러울 때가 있는데, 그것은 우리나라에서 어떤 일을 할 때에는 남의 시선을 아주 많이 고려해야 하기 때문입니다. 특히 저와 같이 자유로운 사고를 하며, 하고 싶은 것을 하고 싶은 대로 다 하면서 살고 싶은 사람은, 특히 그런 부분을 늘 고려해야 한다는 것이 스트레스일 수 있습니다. 하지만 외국의 경우는 개인주의 성향이 강하기 때문에 그런 면에서는 한결 자유로운 것 같습니다. 그야말로 남이 콩으로 메주를 만들던, 메주로 콩을 만들던 별 상관없이 바라보는 시각이 부럽다는 것입니다.

이를 다른 말로 바꾸면 과도한 관심이랄 수 있는데, 이는 사회적인 편견을 유지·발전시키는 데에도 큰 공헌(?)을 하는 것 같습니다.

작은 입방아가 돌고 돌아, 모래알 같던 이야기가 결국 바윗돌이 되어 그것을 깨트리기가 무척 어려운 상황을 초래하는 것이 우리나라의 현실이기 때문이죠. 따라서 우리나라에서는 정상적이지 않은 (그 기준을 다수에 맞출 경우) 삶의 모습을 띠고 살아간다는 것 자체가 커다란 모험일 수밖에 없습니다.

그런데 이 영화 「녹색 의자」는 일반적이지 않은 모습을 보여줍니다. 실화를 바탕으로 제작된 이 영화에는 서른을 넘긴 여자와 아직 미성년자인 소년(?)의 사랑을 다룹니다. 우리나라에서는 남자가 여자보다 10살 이상 많아도 도둑놈 소리를 듣는데, 여자가 남자보다 13살이나 많은 커플은 그 자체만으로도 엄청난 말들을 쏟아낼 수밖에 없겠습니다. 때문에 이들의 사랑 또한 순탄치 못합니다. 여자는 미성년자를 꾀어 원조교제를 한 혐의로 교도소에 가는데, 주인공 남녀를 각각 취조하는 장면에서는 우리 사회가 갖고 있는 편견을 단적으로 보여주고 있습니다. 결국 이들의 사랑은 여자가 떠나는 것으로 마무리 되면서, 다시 한 번 '사랑'만으로 살 수 없는 우리나라의 현실에 가슴이 무겁습니다.

결국 이 영화가 우리에게 말하고자 하는 것은 사랑의 한 모습일 뿐인데, 그 모습은 자연스럽지 못합니다. 이런 귀결은 지극히 자연스럽게 살아가는 사람들에 의해 내려진 것일진대, 끝없이 고민을 하지만 순응할 수밖에 없는 현실이기에 더욱 아픈 것 같습니다. 물론 그들은 더욱 아프겠지만….

영화의 거의 마지막 부분으로 가면, 남자가 드디어 성인이 되는 생일 파티 장면이 나옵니다. 그 장면에는 남자와 여자를 둘러싼 주변인들이 모두 출연해 두 사람에 대한 이야기를 나누는데, 이 장면은 마치 연극의 한 장면을 보는 듯 했기에 묘한 매력이 있었습니다. 하지만 그 이외의 장면들에서는 두 사람의 사랑을 너무 섹스로만 집중시켜 부각한 것 같은 아쉬움이 남았습니다. 결국 이는 감독이 이 영화를 통해 보여주고자 한 것이 무엇일까 하는 의구심과 함께, 이 역시 감독의 편견이 아닐까라는 생각을 하게 만든 부분이기도 합니다.

(19) 『나니아 연대기 : 사자, 마녀 그리고 옷장 / 앤드류 아담슨 감독 / 조리 헨리, 윌리엄 모즐리 외 주연 / 판타지 / 미국 / 2005년』

이 영화는 전 세계적으로 1억 부가 판매되었다는 C. S. 루이스의 원작 나니아 나라 이야기 시리즈 가운데 두 번째 권인 「사자와 마녀와 옷장」을 디즈니사가 겨울 방학을 겨냥해 만든 것으로, 개봉 당시 해리포터에 견줄만한 스토리와 판타지를 보여줄 것이라는 기대가 됐던 작품입니다. 하지만 결론부터 이야기하자면, 이 영화는 해리포터에 한참 미치지 못했습니다. 무엇보다 이 영화의 단점은 극적인 요소가 부족하고, 그나마 갖고 있는 요소를 잘 살리지 못한 데 있습니다. 물론 앞으로 이 영화도 시리즈로 이어져 제작될 것이기 때문에 아직 단정을 짓기는 어렵지만(그래서도 안 되고!), 첫 작품에서 실망을 안겼기 때문에 다음 작품에 대한 기대치도 자연히 떨어지지 않을까 싶습니다.

물론 컴퓨터 그래픽으로 만들어진 많은 것들의 자연스러움은 해리포터와 견주어 볼만 합니다. 나아가 어린 배우들의 연기나 용모는 오히려 해리포터의 배우들보다 더 뛰어나다고도 할 수 있습니다. 하지만 가장 중요한 스토리 전개에서 보통 판타지라는 장르에서 우리가 기대하는 요소를 충족시켜 주지 못하고 있는 것입니다.

특히 나니아를 구하는 운명을 갖고 있는 네 남매의 활약상은, 겨우 칼을 몇 번 휘두르거나 한 번의 활쏘기 등으로 끝이 나버립니다. 그런데도 그들은 나니아를 구하게 되고, 물과 숲, 태양과 하늘을 다스리는 왕과 왕비가 됩니다.

앞서 이야기 한 것처럼 이 영화는 루이스의 작품을 원작으로 했습니다. 그런데 그 명성을 오히려 떨어뜨리지 않을까 하는 걱정도 들었습니다. 글로 표현한 것과 영상으로 표현하는 것이 다르다면 나름대로의 색깔을 충분히 살릴 필요가 있을 것 같은데, 영화는 그렇지 못한 것 같아 아쉬울 따름입니다. 적어도 그것이 책으로 읽으면서 가졌던 상상에 대한 부분을 어떤 식으로든 규정짓는 형태라면, 그에 대한 책임도 져야 하는 게 아닐까요?

(20) 『브로크백 마운틴 = Brokeback Mountain / 이안 감독 / 제이크 질렌홀, 헤스 레저 주연 / 드라마 / 미국 / 2006년』

「왕의 남자」라는 영화가 개봉해 많은 사랑을 받은 이유 가운데 하나는 '동성애 코드'를 담고 있기 때문입니다. 마침 그래서인지 「메종 드 히미코」나 「브로크백 마운틴」이라는 영화가 시의 적절하게 개봉된 것 같은데, 아무튼 현재 우리 사회에 하나의 화두로 던져진 동성애 코드에 대한 이야기를 나눠볼 수 있는 좋은 기회가 된 것도 같습니다.

만년설로 뒤덮여 있고, 푸른 초원이 드넓게 펼쳐져 있어 양을 방목하기도 하는 브로크백 마운틴. 그곳에 두 젊은이가 일거리를 찾아옵니다. 그들은 통조림 콩이 지겹고, 밤에도 양떼를 돌봐야 하는 일이 피곤하기만 하지만, 돈을 벌어 더 나은 생활을 하기 위해 참고 지냅니다. 그러던 중 그들은 서로에게 끌리는 감정이 일어 밤을 함께 지내지만, 그 감정에 대한 정의를 내리지 못한 채 방목 일을 접고 각자의 생활로 돌아갑니다.

그런데 각자 결혼을 해 아이까지 두고 있던 4년 뒤, 잭(제이크 질렌홀 역)은 수소문 끝에 알아낸 어니스(히스 레저 역)에게 찾아가겠다는 엽서를 보내고, 결국 어니스의 집에서 만난 두 사람은 브로크백 마운틴에서의 감정을 다시 확인합니다. 이때부터 두 사람은 가끔씩 만나 둘만을 위한 시간을 보내는데, 두 사람만의 시간과 공간을 갖고 싶은 잭과 현재의 삶을 유지하고 싶은 어니스는 약간의 갈등을 빚기도 합니다. 그렇게 20년이라는 세월을 보내던 어느 날, 어니스는 잭이 사고로 죽었다는 소식을 듣고 잭의 부모님이 계신 집으로 찾아가는데, 잭의 방 옷장에서 고이 간직된 브로크백 마운틴의 추억을 발견합니다.

이 영화는 무척 조용합니다. 그들의 사랑이 어디에 드러내 놓을 수가 없었다는 것에 대한 반증인지 모르겠지만, 설정된 배경에서부터 거의 모든 것들이 조용하기만 합니다. 그래서인지 역설적으로 그들에게 집중할 수 있었습니다. 그 두 사람에게만! 그런데 그들의 사랑 역시 격정적이거나 시끄럽지가 않습니다.

이 영화는 동성애라는 주제를 놓고 이야기 할 수 있는 것들 가운데, 특히 더 민감할 수밖에 없기 때문에 안으로 숨어든 기혼자들의 동성애도 보여줍니다. 각각 동떨어진 장소에서 결혼생활을 유지하지만, 다른 감정을 갖고 있기도 한 그들을 보여주고 있는 것입니다. 그런데 어니스의 부인은 4년 만에 만난 그들이 서로 사랑하는 사이임을 알고, 잭의 부인은 그 사실을 끝까지 모릅니다. 때문에 결국 어니스는 이혼을 하게 되는데, 이런 부분도 기혼 동성애자들은 현실적으로 충분히 겪을 수 있는 일들일 것입니다.

때로는 상이나 흥행 성적이 영화의 품격을 잘못 결정지어 버리는 경우도 있는데, 이 영화는 그런 걱정을 할 필요는 없는 것 같습니다. 왜냐하면 제62회 베니스영화제 그랑프리를 비롯해, 2006년 골든 글로브 최다 부문 수상, 이외 화려한 수상 경력은 이 영화의 작품성과 연기력을 입증해 주고 있으며, 더불어 아직 우리 사회에서는 더욱 민감하게 받아들여지고 있는 동성애와 동성애자에 대한 이해의 폭도 넓혀줄 것 같기 때문입니다. 잔잔하지만 인정해 주고 싶은 그들의 사랑을 함께 느껴보시면 좋겠습니다. 브로크백 마운틴에서!

(21) 『음란서생 / 김대우 감독 / 한석규, 이범수, 김민정 주연 / 멜로 / 한국 / 2006년』

2005년 10월 즈음이었을까요? 「음란서생」이라는 영화의 티저 광고가 시작된 것이 아마 그 때 즈음이었을 텐데, 사실 이 영화는 아주 오래 전부터 많은 사람들에게 궁금증을 불러 일으켰습니다. 심지어는 주연 여배우인 김민정 씨가 영화제 등의 행사에 참석할 때 한복 형태의 드레스를 입는 등으로 관심을 끌어, 결과적으로 영화에 대한 기대를 더욱 높게 만들기도 했습니다. 그랬던 영화가 드디어 개봉을 했습니다. 그런데 결과부터 이야기하자면 큰 기대에는 큰 실망이 따를 수 있다는 공식을 확인시켜 준 것 같아서 더욱 허탈하기도 했습니다.

사대부이자 당대 최고의 문장가이며, 옳지 않은 일은 하지 않아 심지어는 자신의 동생 일에까지 나서지 않는 행동으로 '겁쟁이'라는 별명까지 얻고 사는 윤서(한석규 역). 그는 왕의 총애를 한 몸에 받고 있는 정빈(김민정 역)의 명령으로 그림을 바꿔치기한 자를 잡으러 의금부의 광헌(이범수 역)과 함께 시장에 나갑니다. 그런데 그 곳에서 윤서는 은밀하게 필사되어 유통되는 음란소설을 접하고, 급기야는 추월색이라는 필명으로 자신이 직접 써보기에 이릅니다. 결국 추월색의 책들은 인기를 끌게 되지만, 그의 작품보다 더욱 인기 있는 작품을 써내는 작가가 있다는 것을 알고, 보다 인기를 얻기 위해 책에 삽화를 넣는 생각을 떠올리며 평소 그림에 취미가 있는 광헌을 끌어 들입니다. 결국 이들의 작품은 장안에서 최고의 화제가 되는데, 위험한 관계를 유지하던 윤서와 정빈의 이야기 '흑곡비사'가 정빈에게까지 흘러들어 가면서, 그들에게는 다른 운명의 소용돌이가 몰아치게 됩니다.

이 책은 몇 년 전 개봉해 흥행했던 영화「스캔들 : 남녀상열지사」와 닮은 면이 많다고 생각을 했더니, 아니나 다를까 그 작품의 시나리오를 쓴 작가의 작품이라고 합니다. 결국 스캔들을 쓴 작가가 음란서생도 쓴 것이라는 이야기인데, 이 두 작품을 비교해 보더라도 전자가 후자보다 훨씬 탄탄한 구조를 갖고 있는 것을 느낄 수 있습니다. 사실 '음란서생'은 코미디와 멜로라는 두 요소를 한꺼번에 갖고 가다 보니, 마지막으로 치달을수록 더욱 싱겁게 느껴집니다. 물론 요즘 우리가 쓰는 단어들을 적절하게 배합한 센스는 곳곳에서 발견되지만, 윤서와 정빈이 사랑에 빠질 수밖에 없는 상황과 그로 인한 사건들, 이어지는 아픔을 다루려면 그것만을, 점잖은 척하며 살아가는 양반들을 풍자하고 그 안에서 웃음이라는 요소를 이끌어 내기 위해서였다면 역시 그쪽만을 조금 더 깊이 부각시켰더라면 어땠을까 하는 생각이 들었습니다. 결국 그 어느 쪽에서도 개연성 있는 스토리 라인을 끌고 가지 못한 것 같아 아쉽다는 것입니다. 결국 한참을 웃다가 마지막 즈음에 가서는 절절한 사랑으로 인한 아픔을 주려고 하는데, 앞서 말한 것처럼 내용의 개연성이 떨어지기 때문에 그다지 아프게 느껴지지 않습니다.

아울러 이 영화는 흥행에 성공한 「왕의 남자」 등 시대극을 표방하는 영화들이 공식처럼 좇아가고 있는 다양한 볼거리를 주고 있지 못합니다. 사실 우리는 궁궐이나 임금, 그들의 부인들을 떠올리면 일반적이지 않은 특별함을 많이 기대하는데, 그에 대한 기대를 충족시키지 못한 것 같습니다. 즉, 의상이나 기타 세부적인 면에서의 잔재미가 부족했던 것 같다는 말입니다. 아울러 이는 촌극과 같은 상황이라 생각하는데, 영화 끝 장면 즈음 섬에서 은거하고 있는 윤서를 광헌이 찾아갔을 때, 윤서의 이마에 淫亂이라는 한자가 쓰여 있는데, 이 독음과 의미를 몰라 수군거리는 사람들도 많았습니다. 별 것 아닌 것 같지만 영화를 보는 관객들의 공감대는 확연히 떨어진 계기도 되지 않았을까 싶습니다.

앞서 「왕의 남자」라는 영화에 대한 소감을 적으면서, 나는 우리 문화와 이야기가 담긴 영화에 관심이 더 간다고 말했습니다. 하지만 얼마든지 살려낼 수 있는 잔재미, 배우들의 연기나 인기도 등을 잘 살리지 못하면, 결국 그 영화는 보다 많은 관객들에게 사랑받지 못할 것이라는 생각도 갖고 있습니다. 다만 저는 비교적 이 영화를 빨리 본 편이고, 저마다 보는 관점이 다를 것이기 때문에 다른 분들의 평도 들어보고 싶은 마음입니다.

(22) 『빨간 모자의 진실 = Hoodwinked / 코리 에드워즈 감독 / 애니메이션 / 미국 / 2006년』

혹시 그림형제의 빨간 모자라는 이야기를 알고 계신가요? 얼마 전 영화로도 부활했던 바로 그 그림형제 말입니다. '빨간 모자'는 그들이 쓴 작품으로 널리 알려져, 현재는 전 세계 어린이들이 자라면서 꼭 읽는 동화로 자리 잡았습니다. 하지만 그 역사는 그들 이전에 샤를 페로의 판본에서부터 시작되었다고 보는 것이 맞는데, 아무튼 전 세계의 모든 사람들이 안다고 해도 무방할 정도의 이야기임에는 분명한데, 이 영화는 그 이야기가 미국에서 애니메이션으로 재탄생 된 것입니다.

그렇다면 일반적으로 우리가 알고 있는 빨간 모자 이야기는 어떤 특징을 갖고 있는 작품인가요? 사실 우리가 현재 읽고 있는 안데르센 동화의 대부분도 처음에는 성인들을 위한 것이었기 때문에 무척 잔인하거나 야한 것이 많은데, 이 동화 역시 마찬가지입니다. 즉, 빨간 모자는 엄마의 말을 듣지 않고 숲으로 들어갔다가 늑대의 꾐에 빠져 순결을 잃는다는 것이 큰 줄거리입니다. 따라서 성적인 쾌락원리와 본능이 녹아 있는 이야기인데, 여기에 아버지까지 가세를 하면 심리학 적으로도 이야기할 거리가 많은 동화가 됩니다.

아무튼 그런데 이번에 개봉된 영화는 추리소설 형식으로 내용이 바뀌었습니다. 빨간 모자와 할머니, 그리고 늑대가 주인공으로 등장하는 큰 축은 그대로이지만, 그 이외 등장인물과 상황이 설정되면서, 이 이야기는 사라진 요리 비법 책을 훔쳐간 범인을 찾아낸다는 것이 주가 됩니다. 그런데 그 안에서 빨간 모자와 할머니는 매우 영웅적인 모습으로 그려집니다. 물론 이런 점들이야 영웅을 세우기 좋아하는 미국이라는 나라의 특성이기 때문에 그저 유쾌하게 웃고 넘어가면 되겠지만 말입니다.

이 영화의 장점이라면 대부분의 애니메이션이 그렇듯 빠른 전개와 재미에 있습니다. 그러면서 자잘한 재미를 더해주는 캐릭터들이 함께 출연한다는 것입니다. 하지만 단점이라면 빨간 모자라는 이야기의 전반을 모르는 사람들은 이해하기가 힘들겠다는 것입니다. 결국 어린이들을 위한 애니메이션이라기보다는 어른들을 위한 작품이 될 가능성이 높다는 것입니다. 물론 아이들도 재미있게 볼 확률은 있지만, 담고 있는 참 의미를 이해하기는 힘들 것으로 생각됩니다. 또한 원작과의 비교나 대조도 어려울 것입니다. 하긴 이 영화를 그렇게까지 생각하면서 볼 필요가 없는지 모르겠지만 말입니다.

아무튼 오랜만에 유쾌한 영화를 본 것 같습니다. 마침 우리나라 말로 더빙이 된 작품에 목소리 출연한 배우들도 화제가 되는 등 영화 전반에 관한 관심이 큰 것 같은데, 저는 이 영화를 우리가 익히 알고 있던 부분에 대한 새로운 해석을 엿볼 수 있는 기회를 주기 때문에 추천하고 싶습니다. 다양한 각도에서 생각을 해보도록 하십시오. 과연 그 진실은 무엇일까요?

(23) 『도마뱀 / 강지은 감독 / 강혜정, 조승우 주연 / 멜로 / 한국 / 2006년 개봉』

'꼬리를 자르고 도망가는 그녀는 도마뱀'. 두 주인공의 얼굴이 클로즈 업 된 포스터에 실려 있는 영화의 메인 카피입니다. 영화가 개봉되기 전부터도 당시 실제 연인인 두 사람이 출연한다는 사실만으로도 화제가 됐었는데, 베일에 감춰져 있던 포스터가 공개되자 특이한 제목만큼이나 관심을 끄는 것이 바로 카피였습니다. 아무튼 덕분에 영화에 대한 궁금증이 무척 컸었는데, 드디어 엊그제 도마뱀의 실체를 만나봤습니다.

아빠가 태워주시는 자전거 뒷자리에서 아빠와 함께 트로트의 한

306

구절을 부르던 조강은, 노래 가사에 나오는 '순정'의 뜻을 묻습니다. 그러자 아빠는 '순수하게 사랑하는 것', '평생 변하지 않고 사랑하는 것'이라는 답을 주는데, 그 순간 스님과 함께 학교로 가는 노란 우비를 입은 소녀 아리를 발견하고, 평생 순정을 바쳐야겠다는 생각을 품게 됩니다.

그런데 짝꿍이 된 아리는, 자신이 외계에서 왔고 신비한 능력이 있다고 말합니다. 그러면서 그동안 자신과 몸이 닿았던 사람들이 겪었던 불행에 대해 이야기 합니다. 때문에 조강을 제외한 전교생들은 아리와 가까이 하지 않는데, 조강은 아무렇지도 않게 아리와 함께 합니다. 하지만 결국 조강도 아리를 만지고 난 뒤 홍역을 앓게 되고, 그 때문에 아리는 상처를 입어 학교를 나오지 않게 됩니다. 결국 서울로 이사를 간 조강과 아리는 이별을 하게 됩니다.

고등학교 2학년 여름 방학. 조강은 고향 마을로 내려가 절에 머물며 아리와 함께 공부를 합니다. 그 과정 속에서 몇 가지 에피소드를 겪게 되는데, 두 사람은 서로의 사랑을 확인하지만, 다시금 조강이 아플까봐 아리는 그 사랑을 쉽게 받아들이지 못함을 고백합니다.

다시 몇 년 뒤, 조강은 고등학교 때 아리가 이상형으로 생각한다는 직업인 은행원이 되어 있습니다. 그러던 어느 날, 아리가 다시 홀연히 나타나게 되고, 역시 다음 날 미국으로 떠난다는 말만 남기고 조강을 떠나가게 됩니다. 그런데 조강은 은행 선배의 교통사고로 병문안을 가서 아리를 만나게 됩니다.

그 뒤 조강은 아리가 어린 시절부터 자신을 왜 외계에서 온 사람이라고 이야기 했는지에 대해 알게 되고, 결국 멀리 떠나가고 싶어 하는 아리를 위해 UFO을 부르는 신호인 트라이앵글 서클을 만들기도 합니다. 결국 아리는 조강과 함께 UFO를 기다리게 되고, 둘은 영원한 이별을 하게 됩니다.

이 영화는 도입부(오프닝)가 참 예쁩니다. 도입부는 한 편의 동양화로 표현되었는데, 전반적인 색감이 포스터와 동일하게 초록색이어서 깔끔하면서도, 시각적인 편안함을 동시에 느끼게 해준 것 같습니다. 마침 영화의 배경도 초여름에서 여름까지여서 화면 속에서도 초록을 마음껏 볼 수 있었으니, 그 연결이 얼마나 자연스럽고 좋았는지 모릅니다.

아울러 이 영화는 다른 점보다 배우들의 연기가 뛰어났던 것 같습니다. 충무로를 이끌 차세대 연기파 배우들이자 좋은 작품을 고르는 능력과 운도 갖춘 강혜정·조승우 씨는 물론, 조연들의 감초 같은 연기도 모두 일품이었습니다.

다만 마지막 장면에 대해 여러 설이 있는 것 같은데, 개인적인 견해로는 결국 그런 설정은 이별을 했다는 정도로 받아들이면 무리가 없지 않을까 싶었습니다. 비현실적이긴 했기에 다소 공감할 수 없는 면이 있었지만 말입니다. 따라서 이 장면에 대해 조금 더 현실성을 살렸다면, '너는 내 운명'과 같은 사랑, 애틋함, 감동 등을 배가 시키지 않았을까 싶습니다.

우리가 알고 있는 동물 '도마뱀'은, 실제로 자신이 위험한 상황에 처하면 꼬리를 자르고 도망을 간다고 합니다. 물론 얼마 동안의 시간이 지나면 꼬리가 다시 자라기 때문이라고 하는데, 어쨌든 꼬리를 자르고 도망가는 행위는 자신을 살리기 위해서입니다. 하지만 이 영화에서 도마뱀으로 비유되는 아리는, 자신이 아닌 사랑하는 사람인 조강을 살리기 위해 자신의 꼬리를 자릅니다. 그럼에도 불구하고 두 사람의 사랑이 이루어지지는 않지만, 두 사람의 믿음과 사랑은 영원히 함께 할 수 있을 것 같았습니다.

어떤 말이든 순진하게 다 믿어주는 남자 조강, 도마뱀처럼 꼬리를 자르고 어느 순간 도망쳐 버리는 여자 아리. 그 두 사람의 '사랑'이 나무에 초록으로 번져가는 나뭇잎처럼 우리들 주변을 물들이고 있습니다. 점점 많이, 점점 더 크게!

(24) 『수퍼맨 리턴즈 = Superman Returns / 브라이언 싱어 감독 / 브랜든 루스, 케빈 스페이시, 케이트 보스워스 주연 / 액션, SF / 미국 / 2006년』

'우리에게는 정말 영웅이 필요한 걸까요?' 워낙 오래 전부터 전 세계가 문화는 물론 전반적인 영역에서 미국의 영향을 받아 왔기 때문인지, 우리 또한 '영웅'을 만들어 내려는 의도가 다분히 엿보이는 시대에 살고 있다고 생각합니다. 하지만 그것이 '사촌이 땅을 사면 배가 아프다'는 정서 또한 만만치 않게 자리 잡고 있는 우리나라에서는 터부시 하는 면으로도 표출되는 양상이어서, 아무런 까닭 없이(?) 영웅이 되었다가 어느 순간 역적이 되어버리는 고통을 당사자는 고스란히 겪기도 해야 합니다. 어쨌든 백마 탄 왕자가 나를 데리러 와서 한 평생 행복하게 살아주는 것을 꿈꾸는 것이나, 독수리 5형제처럼 지구 평화를 위해 살신성인할 수 있는 영웅을 우리는 마음 속 깊이 갈망하고 있다고 생각하는데, 비록 영화에서 이기는 하지만 그런 바람을 조금이나마 충족시켜 주기 위한 우리의 오랜 영웅 수퍼맨이 다시 돌아왔습니다.

사실 이 글을 읽는 모든 분들은 수퍼맨을 알 거라고 생각합니다. 수퍼맨 역할을 했던 배우들도 몇 명이 있었으나, 그 가운데 내게 가장 각인이 되어 있던 사람은 역시 크리스토퍼 리브입니다. 그는 한 동안 수퍼맨으로 전 세계인의 영웅이 되었습니다. 그런데 그런 영웅이 어느 날 낙마사고로 전신마비가 되었고, 끝내 사망을 했다는 소식은 적잖은 충격이기도 했습니다. 하지만 사회는 또 다른 영웅을 필요로 했고, 그 자리를 대체할 영웅을 찾았으니, 그의 이름은 이 영화에 출연하는 브랜든 루스이다. 그런데 그를 보는 순간 얼마 전 우리나라 연예계에 데뷔해 한참 인기를 끌고 있는 다니엘 헤니와 데니스 오가 떠올랐습니다. 그도 이 두 사람처럼 혼혈이 아닐까 싶은 생각과 함께, 어딘가 친근해 보이는 인상은 동성애 논란을 일으킬 만큼 매력적임에 분명했습니다. 실제 영화 장면에서의 모습도 크리스토퍼 리브 못지않게 잘 어울렸으니까요.

하지만 영화의 내용은 크게 앞서나가지 못했습니다. 어차피 영웅의 이야기이기 때문에, 영웅을 괴롭히는 악당과 그 무리가 나오고, 사랑하는 여인과의 로맨스도 빠질 수 없었으며, 기사회생한 끝에 결국 악당을 물리치고 지구를 구한다는 내용이 반복되었기 때문입니다. 물론 그 안에 담긴 세부적인 내용들은 약간씩 다르고, 컴퓨터 그래픽 기술은 더욱 진보하여 입이 벌어지는 장면도 많았습니다. 아마 이런 즐거움도 없었다면 영화를 보지 않았겠지만 말입니다. 아울러 이번 영화를 통해 알게 된 것은, 앞으로도 수퍼맨 시리즈는 계속 이어질 것이라는 점입니다. 왜냐하면 현재 수퍼맨도 건실한데 그의 아들까지 등장하기 때문입니다. 그러니 우리는 적어도 몇 십 년 동안은 수퍼맨이라는 영웅을 만나게 될 것입니다. (그것이 미국 상업주의의 첨병일지라도!)

이 영화에 담겨 있는 심리학적인, 혹은 독서치료적인 면에서의 분석을 해보자면, 먼저 수퍼맨은 고향인 크립톤 행성과 거기 살고 있는 아버지 외 모든 종족을 잃었습니다. 따라서 항상 그에 대한 그리움과 함께 상실감 또한 갖고 있습니다. 물론 지구에 그를 돌봐주는 어머니가 계시지만(수퍼맨의 존재를 모두 알고 있는 그런 엄마), 그의 마음은 항상 고향과 아버지, 종족들에게 가 있습니다. 수퍼맨과 함께 특성이 부각되는 또 하나의 인물은 역시 악당으로 나오는 렉스입니다. 그는 수퍼맨을 죽이고 지구 전체를 집어 삼켜 모든 사람들이 자신에게 굴복하게 만드는 꿈을 갖고 있는데, 짐작하건대 그 역시 많은 상실감을 겪었을 것입니다. 단정 지을 수는 없지만 범죄를 저지르는 많은 사람들의 공통점 가운데 하나가 불우한 어린 시절을 겪었다는 보고가 있기 때문인데, 그의 무차별적인 파괴 욕구는 그런 데에서 기인했을 수도 있겠습니다. 물론 수퍼맨 때문에 자신의 뜻을 펼치지 못하고 교도소에서 5년이나 있다가 출소를 한 점도, 그의 반사회성을 키운 자극제가 되었을 수도 있습니다. 아무튼 그래서 우리는 이 두 사람을 모두 치료해야만 합니다.

수퍼맨. 가슴에 S가 새겨져 있고, 팬티를 쫄바지 밖에 입었으며, 망토를 휘날리는, 도움을 요청할 때면 나타나 어떤 일이든 해결해주고 가는 영웅~! 이런 사람이 곁에 있으면 좋겠다고 생각하는 사람들이 정말 많을 것입니다. 하지만 단적으로 이야기 하면 그런 사람은 우리에게 없습니다! 그러니 그런 의존적인 생각은 버리고 자기의 일은 스스로 해결해 나가는 주체성을 기르도록 합시다! 수퍼맨이라는 영웅이 우리에게 심어주는 것은 바로 그런 의지가 아닐까 다시 한 번 생각해 봅니다.

(25) 『울트라 바이올렛 / 커트 위머 감독 /
　　밀라 요보비치, 카메론 브라이트 주연 / 액션, SF / 미국 / 2006년』

밀라 요보비치라는 독특한 이름을 가진 여배우가 우리의 뇌리에 자리 잡기 시작한 영화는 「제 5원소」부터입니다. 그 영화에서 사이보그와 같은 이미지를 너무 잘 표현했다는 생각이 들었는데, 외모 때문인지 역시 SF에 잘 어울린다는 생각입니다. 그런데 그녀가 이번에는 바이올렛으로 변해 통쾌한 액션을 선보였습니다. 마치 「람보」처럼, 「수퍼맨」처럼, 「미션 임파서블」의 주인공처럼 말입니다. 그래서 보는 내내 정말 멋지다는 탄성이 나왔답니다. 또한 그래픽으로 처리된 영상들이 멋지기도 하답니다.

그런데 이 영화는 단순 액션과 SF적인 내용을 담고 있는 것만은 아닙니다. 어쩌면 우리가 미래에 겪을 수도 있는 이야기를 상상해서 만든 것이기도 하지만, 좌절, 고통, 사랑, 그리고 희망에 대한 이야기를 들려주기 때문입니다. 바이올렛이라는 여주인공은 그 모든 것을 갖고 있는 사람으로, 남들보다 강한 비결도 바로 더 큰 분노와 이겨내고 싶은 열망, 또한 희망이 있기 때문이었습니다.

따라서 이 영화를 보실 때는 화려한 액션 속에 숨어 있는 그녀의 심리를 살펴봤으면 합니다. 그렇다면 조금 더 열심히 그녀를 응원할 수 있을 것입니다.

(26) 『괴물 / 봉준호 감독 / 송강호, 박해일, 배두나, 변희봉 주연 /
　　드라마 / 한국 / 2006년』

이미 많이 보이던 티저 광고로 궁금했던 영화가 엊그제 개봉을 했습니다. 그런데 단 이틀 만에 전국 관객 100만이 넘어 신기록을 세웠다는 기사가 이어져, 궁금증은 더욱 커졌답니다. 그래서 더 이상 참을 수가 없어 동네 가까운 영화관에 가(평소에는 절대 가지 않는 곳. 오래된 극장이라 시설이 좀 뒤떨어집니다! 하지만 큰 곳으로 가는 것도 귀찮고, 이미 어지간한 곳은 예매가 끝난 상태인지라) 생전 처음 줄을 서는 진풍경도 구경하면서 영화를 봤답니다.

그런데 영화가 참 좋았습니다. 역시 기립박수를 괜히 받은 게 아니다, 사람들이 괜히 영화관에 몰리는 것이 아니구나 하는 점을 느끼고 왔습니다. 영화의 기본적인 내용은 이미 다 아실 겁니다. 한강에 괴물이 살고 있다면? 정말 그렇다면 어떤 일이 벌어질까요? 아마 영화에서 보는 것처럼 괴물이 출현한 처음 얼마 동안에는 희생되는 사람들이 있을 것입니다. 하지만 그 이후에는 놀라운 기술을 갖고 있는 정부에서 순식간에 소탕할 것이라는 생각이 듭니다. 아니면 생포해 연구를 하겠지요. 이렇게 생각하니 싱겁기 그지없으나 실제로 그럴 것입니다.

다시 영화로 돌아와, 영화의 주인공은 한 가족입니다. 그 가족 역시 갑자기 출현한 괴물에게 딸이자 손녀이며 조카를 납치당합니다. 그런데 죽은 줄로만 알았던 아이로부터 생존해 있다는 전화가 오면서, 가족들은 그 아이를 구하기 위한 전쟁을 치릅니다. 하지만 이들에게는 괴물의 바이러스를 갖고 있는 가족이라는 오명이 씌워진 채, 수배령까지 내려 있어 거동이 쉽지 않습니다. 결국 괴물의 본거지를 알아 낸 가족은 강턱에서 싸움을 마무리 짓습니다.

그동안 「킹콩」이나, 「쥐라기 공원」에 나오는 공룡들, 「고질라」, 「용가리」 등을 접해 온 우리로서는, 괴물의 크기며 형태가 어떤지 궁금해 할 수밖에 없고, 자연스레 비교도 하게 됩니다. 그런데 커다란 크기나 위력적인 힘을 기대하시면 실망하시겠습니다. 다만 한

강에 어울리는(?) 작지만 민첩한 괴물이 출현을 하기 때문에, 두려움을 조장하기에는 충분하다고 여겨졌습니다. 특히 진짜 괴물인 듯 생생하게 느껴지는 컴퓨터 그래픽 작업은 보는 우리를 깜짝 놀라게 합니다. 다만 마지막 불에 타는 장면에서는 컴퓨터그래픽 기술력이 아쉽다는 느낌은 들었습니다만.

얼마 전 스크린쿼터제 때문에 많은 이야기가 오갔고, 결국 정부도 굴복을 하는 양상으로 흘러가면서 우리 영화도 동반 침체의 길을 걷는 듯 해 보였는데, 시의 적절하게 좋은 영화가 개봉되어 참 다행이라는 생각이 들었습니다. 이 기세라면 최단기간에 천 만을 돌파할 것이고, 얼마 전 작성된 최고 흥행 기록도 갈아 치울 것이라고 합니다. 부디 그렇게 우리 영화가, 좋은 영화들이 많이 만들어지고, 사랑도 많이 받았으면 하는 바람입니다. 좋지 않은 영화인데 누구에게 권해줄 수는 없지 않겠습니까? 이 영화는 재미도 있고, 흥미도 있으니 꼭 보시기 바랍니다.

(27)『다세포 소녀 / 이재용 감독 / 김옥빈, 박진우, 이켠 주연 / 코미디, 멜로 / 한국 / 2006년』

만약 이런 고등학교가 실제로 있다면 어떨까요? 다양한 종교를 가진(선택한) 학생들끼리 모여(물론 무교인 학생들도 있다! 바로 이 영화의 주인공들이 출현하는 반) 공부를 하고, 성에 대해서도 완전 개방되어 있어 선생님 한 분이 성병에 걸려 학교를 조퇴하자, 한 반 전체 학생들이 조퇴를 하는 학교. 이런 학교 분위기를 해치고 순정을 자랑하며 학업에 열을 올리는 학생들이 출현하자, 그 원인을 찾아 해결하고 다시 예전의 모습으로 되돌리는 학교. 그 사이에 가정 형편이 어려워 가난을 등에 업고 살며 원조교제로 가족을 부양하는 소녀

(김옥빈)는 스위스에서 전학 온 꽃미남 안소니(박진우)를 사랑합니다. 하지만 안소니는 반에서 유일하게 관계를 해보지 못한 외눈박이의 남동생이자 트랜스젠더를 꿈꾸는 두눈박이(이은성)에게 사랑을 느끼며 성정체성에 혼란을 경험합니다. 그 이외 동성애, 크로스드레서, SM, 가난, 다단계 판매, 입양 등 우리 사회에서 터부시 되는 요소들이 중간 중간 다루어집니다.

저는 이 영화를 재미있게 봤습니다. 왜냐하면 곳곳에 숨어 있는 생기발랄함이 마음에 들었고, 조정린, 이원종, 김수미 등의 출연은 색다른 맛을 더했기 때문이기도 합니다. 임예진 씨의 색다른 변신도 즐거운 볼거리였습니다. 물론 원조교제를 할 수밖에 없는 당위성으로 가난을 짐 지운 것, 부모님 몰래 성인 사이트에서 채팅을 하던 아들의 채팅 상대가 아버지였다는 점 등은 억지스럽기도 했지만 말이죠. 또한 마지막에 가난이 떠나가는 장면, 김수미 씨가 이무기에서 용이 되어 승천하는 장면 등은 실소를 자아낼 수밖에 없었습니다.

이 영화는 우선 앞서 열거한 것처럼 소수자들에 대한 이야기를 고루 포함하고 있어, '차별'이라는 주제로 이야기를 할 때 유용하게 활용될 수 있겠습니다. 특히 동성애나 트랜스젠더는 많이 알고 있겠지만, 상대방 성의 복장 입기를 좋아하는 크로스드레서 등은 낯설 것이기 때문에 정보도 주는 등 효과적이겠습니다. 아울러 주인공이 항상 가난을 짊어지고 다니지만, 결국 나중에는 가난이 떠남을 통해 희망을 심어주는 것 같아 가난이 힘들고 원망스러운, 그래서 이겨내고 싶은 친구들에게 가난으로 인해 꿈을 이루기 어렵다고 생각해 포기하려는 친구들에게도 도움이 되겠습니다.

영화 중간에 트랜스젠더를 꿈꾸는 두눈박이(이은성)가 이런 대사를 합니다. "자전거를 타고 가다가 뒷바퀴가 처음부터 고장 나 있었다는 것을 알았다면, 마땅히 고치고 가야 한다!" 또한 주인공 김옥빈은 가난을 떠나보내며 이런 대사를 합니다. "나는 늘 너를 부끄러워만 했던 거 같아. 그런데 네가 다시 찾아오면 더 이상 부끄러워하지 않을 게." 마지막으로 김옥빈이 낭송해 주는 예이츠의 시 「하늘의 천(He wishes for the cloths of heaven)」을 옮겨봅니다.

하늘의 천

내게 금빛과 은빛으로 짠
하늘의 천이 있다면
어둠과 빛과 어스름으로 수놓은
파랗고 희뿌옇고 검은천이 있다면
그 천을 그대 발밑에 깔아드리련만
나는 가난하여 가진 것이 꿈뿐이라
내 꿈을 그대 발밑에 깔았습니다.
사뿐히 밟으소서, 그대 밟는 것 내 꿈이오니.

- William Butler Yeats

(28) 『우리들의 행복한 시간 / 송해성 감독 / 이나영, 강동원 주연 / 드라마 / 한국 / 2006년』

"어떻게 살고 싶으냐?"는 질문에 대부분의 사람들은 "행복하게 살고 싶다"는 대답을 합니다. 그래서 다시 "그럼 어떤 것이 행복이냐?"라고 물으면, 역시 대부분의 사람들은 선뜻 대답을 못합니다. 왜냐하면 치르치르와 미치르처럼 막연하게 행복이라는 것을 찾고 있기 때문입니다. 그런데 이 영화에 등장하는 두 주인공 유정과 윤수는 그들에게 필요한 행복이, 그들이 찾고 있는 행복이 무엇인지

316

알고 있는 것 같습니다.

　세 번이나 자살 시도를 했지만 번번이 실패로 끝나버린 유정. 고모인 모니카 수녀의 제안에 따라 정신병원에서 심리치료를 받는 것보다 자신을 보고 싶다는 재소자를 만나러 교도소에 가는 것이 낫겠다고 생각한다. 그래서 만나게 된 최고수(사형수) 윤수는 세 사람을 죽인 죄를 지은 사람으로, 모니카 수녀의 호의(?)를 가식어린 동정쯤으로 받아들이며 무시한다. 생애 마지막 겨울이 될 지도 모른다는 생각에 만남의 방에 불려온 윤수에게도 동정어린 손길과 눈길이 싫었던 것이다. 그런데 모니카 수녀와 함께 온 문유정이라는 여자는 냉소적인 태도로 자신을 바라보고, 그런 상황을 비웃기까지 한다. 심지어는 두 번째 만나러 와서 사형수가 앞에 앉아 있어 두렵고 더러운 마음이 든다는 등, 하고 싶은 말을 너무나 솔직하게 한다.
　그런 실랑이 끝에 두 사람은 서로가 갖고 있는 마음의 상처라는 공통 요소를 발견한다. 따라서 윤수는 엄마가 있었음에도 불구하고 폭력적인 새아버지 덕분에 고아원에서 살 수 밖에 없었고, 앵벌이와 노숙을 하다가 끝내 눈도 보이지 않았던 동생을 잃었던 일, 마음을 잡고 생활을 하면서 만난 아가씨가 자궁 외 임신을 했지만 병원에 갈 돈이 없어 결국 살인을 저지르게 된 상황들을 이야기 한다. 이에 유정은 '비밀을 죽음으로 가져간다'는 윤수에게 15살 때 사촌오빠로부터 겪은 성폭력에 대해 처음으로 입을 연다.
　이처럼 서로의 상처를 보듬어 주는 두 사람에게는 가난하고 불우했던 최고수와 부유하고 화려했던 삶을 뛰어 넘는 공감대가 형성된다. 영화 제목 그대로 일주일에 한 번 만나는 그들의 행복한 시간을 보냈던 것이다. 하지만 행복한 시간도 윤수의 죽음으로 끝나버리게 된다. 아니, 어쩌면 그들 가슴속에는 더욱 행복한 시간을 보낼 수 있는 작은 씨앗이 훌쩍 자라 있을지도 모르겠다.

　이 영화를 보기 전 모니카 수녀와 같은 역할을 통해 사형수를 만나시던 분들이 쓴 책을 몇 권 읽었습니다. 그래서 그 분위기를 어느 정도는 짐작하고 있었기 때문에, 아직 원작을 읽지 않았음에도 불구하고 몰입할 수 있었는데, 역시 이 영화의 화두는 '상처'였습니다. 흔히 볼 수 있는 신문 기사의 범죄인들 신상명세와 비슷하게 불우한 어린 시절을 겪은 윤수, 사촌 오빠에게 성폭행을 겪은 것보다 엄마의 태도에 더 큰 상처를 받은 유정. 그 때 '그들에게 어떻게 해주었더라면'이라는 가정을 굳이 하지 않아도, 우리는 그 대답을 알고 있습니다. 하지만 아직도 그 대답을 모르는 사람들에 의해 똑같은 일이 반복되고 있으니 답답할 뿐입니다.

두 시간이라는 러닝 타임 동안, 이 영화는 많은 것들을 보여줍니다. 우선 윤수를 위해 세상의 풍경을 담는 장면을 통해 멋진 배경을 보여주고, 일반인들에게는 생소할 교도소 내의 전경도 보여줍니다. 또한 늘 비슷한 캐릭터를 지향하는 것 같으면서도 나름대로의 매력을 보여주는 이나영과, 새로운 변신을 꾀한 강동원이라는 배우들의 모습, 그밖에 빛나는 조연들의 모습도 보여줍니다. 다만 아쉬운 점이라면 장면과 장면 사이의 연결이 매끄럽지 못하다는 것과, 상대적으로 강동원의 비중이 적다는 점이었습니다.

지금 이 순간 행복이라는 단어가 떠오르시나요? 그렇다면 이 영화를 보시기 바랍니다. 극명하게 대비되는 두 사람의 이야기 안에서 내 마음 깊은 곳에 간직된 행복이라는 단어를 찾아낼 수 있을지도 모르니까요.

(29) 『타짜 / 최동훈 감독 / 조승우, 김혜수, 백윤식 주연 / 드라마 / 한국 / 2006년』

가구공장에서 일하는 고니는 어느 날 공장 한쪽 구석에서 벌어지던 화투판에 끼어들게 됩니다. 그래서 박무석 일행에게 돈을 모두 잃고 말지요. 이혼을 해 집으로 돌아온 누나가 가져온 위자료까지 모두. 그런데 그 판은 전문도박꾼들이 짜고 친 것이라는 사실을 뒤늦게 알게 됩니다. 하지만 이미 그들은 떠나 버렸고, 오기가 발동한 고니는 박무석 일행을 찾아 떠납니다.

그러던 어느 날, 도박으로 시비가 붙은 한 창고에서 우연인듯 혹은 그의 운명인듯, 고니는 전설의 타짜 평경장을 만나게 됩니다. 평경장은 그곳에서 돈을 빌려주는 일을 하고 있었는데, 행패를 부리던 고니를 위험에서 구해줍니다. 그 뒤 고니는 평경장 밑에서 훈련을 받게 되고, 드디어 타짜가 됩니다.

평경장과 지방 원정을 돌던 중, 고니는 평경장으로부터 도박판의 꽃, 설계자 정마담을 소개받습니다. 그런데 정마담과의 만남은 고니의 승부욕과 욕망을 키워, 결국 잃었던 돈의 다섯 배를 따면 고향으로 돌아가겠다던 평경장과의 약속을 어기고 정마담의 선수로 활동을 합니다. 그런데 얼마 후 평경장은 오른팔이 잘린 채 시체로 발견되고, 고니는 평경장의 라이벌이었던 아귀를 찾아 헤맵니다. 그러다 결국 정마담의 주선으로 고니는 아귀와 죽음을 건 한 판을 시작합니다.

이 영화는 1999년 7월부터 4년간 스포츠 조선에 연재되며 큰 인기를 얻은 허영만 원작 「타짜」라는 만화를 영화화 한 것입니다. 만화 「타짜」는 총 4부에 걸쳐 연재됐었는데, 이번에 개봉한 영화는 그 가운데 한 편을 영화화 한 것이라고 합니다. 며칠 전 시리즈로 이어서 나올 것이라는 신문기사가 나왔으니, 다음 영화를 기대해 볼 수 있다는 말입니다.

그렇다면 타짜란 무엇일까요? 타짜는 최고의 경지에 오른 전문

도박사들을 일컫는 은어라고 합니다. 따라서 제목 자체에서도 벌써 도박에 관한 내용임을 공공연하게 말하고 있는 셈입니다. 그래서인지 실제 영화에서도 화려한 문양의 화투들이 자주 등장합니다. 그들이 주로 하는 게임은 '섰다'라는 것이지요.

이 영화에는 평경장을 통해 도박사들이 알아야 할, 타짜가 되기 위해서 명심해야 할 몇 가지 규칙을 알려줍니다. 그 첫 번째는 '타짜의 자세는 야수성, 폭력이 박력이다.', 두 번째는 '손이 눈보다 빠르다.', 세 번째는 '이 세상에 안전한 도박판은 없다. 아무도 믿지 마라!', 마지막 네 번째는 '이 바닥에는 영원한 친구도 원수도 없다!'입니다.

사실 어떻게 보면 모두 위험하기 그지없는 규칙들이어서, 아예 접근조차 하지 않는 것이 낫겠다는 생각이 드는데, 도박이라는 것이 중독성이 있기 때문에 의지대로 안 되는 면이 또 있는가 봅니다. 실제 주변에 도박 때문에 패가 망신 했다느니 등의 기사들이 심심치 않게 나오기도 하니까요. 또한 영화에서도 실제 도박을 끊기 위해 손가락을 자르는 등의 시도가 나오기는 합니다만, 손가락을 잘라도 또 하게 된다는 것이 도박이고 보면, 정말 그 중독성에는 대안이 없는 것 같습니다. 처음부터 접근을 하지 않는 것 밖에는!

화투의 화려함 덕분에 이 영화는 볼거리가 많습니다. 현란하다고까지는 말할 수 없지만 교묘하게 눈을 속이는 기술들도 선보이고, 하우스(도박이 열리는 곳) 자체도 우리에게는 생소한 풍경이니까요. 화장실 갈 시간도 아끼기 위해서 휴지통에 소변을 보는 아줌마들의 모습도 나옵니다.

화투! 명절이면 또 빠지지 않는 놀이인데, 사실 놀이는 적당히 즐기는 선에서만 끝내면 아무 해가 없는 것 아니겠습니까? 이미 많이 보셨을 것 같은데, 그 매력에 더 빠져 드실지, 아니면 아예 놀이로도 즐기지 않게 될지는 아무도 모른답니다.

(30) 『라디오 스타 / 이준익 감독 / 박중훈, 안성기 주연 / 드라마 / 한국 / 2006년』

여러분들은 라디오를 얼마나 들으시나요? 텔레비전과 인터넷이라는 매체가 개발되면서, 라디오는 그야말로 추억 속으로 한 걸음 물러선 것 같습니다. 물론 많은 사람들이 예상했던 것처럼 역사 속으로 사라지지는 않았지만, 과거의 영광을 재현하기는 힘이 들겠지요. 말 그대로 마니아들을 위한 매체가 된 것 같습니다.

저도 라디오를 거의 듣지는 못합니다. 다만 운전을 할 때 잠깐씩 듣는 정도인데, 텔레비전 방송에 비해 보다 많은 사람들이 참여할 수 있다는 장점도 있고, 노래도 많이 들려주어 좋다는 생각을 한답니다. 사연을 직접 보냈던 적도 여러 번 있고요. 텔레비전 방송도 그렇지만, 특히 일반인들의 참여가 있어야 만들어지는 것이 또 라디오만의 특성이 아닐까 싶습니다.

'라디오 스타'라는 영화는 「왕의 남자」로 명감독의 반열에 오른 이준익 감독이 만든 작품입니다. 국민배우라 칭송받는 안성기, 박중훈 두 배우가 매니저와 과거 잘 나가던 락 가수로 나옵니다. 배경은 강원도 영월의 작은 중계소입니다.

88년도 서울 올림픽이 열렸던 해, 최곤(박중훈 역)은 그 해 최고 가수상을 수상합니다. 하지만 해마다 승승장구할 수는 없는 일, 시간은 점차 그를 전설이 아닌 퇴물 가수로 만들어 갑니다. 그렇게 흘러간 시간이 20년 남짓, 재기를 꿈꾸는 매니저 박민수(안성기 역)는 잘 알고 지내던 방송국의 국장으로부터 영월에 있는 라디오 DJ

자리를 잡아 옵니다. 그런데 여전히 최고 가수라는 타이틀에 집착하는 최곤은 그런 곳에 가지 않겠다고 합니다. 이런 저런 설득 끝에 영월로 내려간 두 사람, 그들은 탐탁해 하지 않는 영월 중계국 국장과 원주에서 징계를 받아 내려온 피디(최정윤 역)와 함께 방송을 시작합니다. 그러나 워낙 돌출행동으로 사고를 쳐왔던 최곤은 엉망진창인 방송을 하고 맙니다. 생방송 중에 욕설이 나오기도 하는! 그럼에도 불구하고 그의 라디오 방송은 영월군 내 곳곳에 조금씩 스며들기 시작합니다. 이유는 그 사람들의 솔직한 이야기를 그대로 담았기 때문이지요. 덕분에 점점 '최곤의 정오희 희망곡'은 인기를 얻게 되어, 서울에 있는 국장으로부터 전국 방송을 하자는 러브콜이 옵니다. 또한 최곤에게는 재기를 도와주겠다는 스폰서가 나타나기도 합니다. 하지만 그에 대한 대가는 20년 동안 함께 했으나 현재는 별 도움을 주지 못하는 무능한 매니저와의 결별이 전제되어 있었습니다. 이제 박민수는 스스로 최곤을 떠나가게 되고, 최곤은 서울로 올라가지 않은 채 박민수를 기다리며 영월에서 전국으로 송출하는 라디오 방송을 이어가게 됩니다. 영월에서 다시 라디오 스타로 재기를 한 것입니다.

이 영화는 그다지 요란하지 않습니다. 앞서 말씀 드린 것처럼 국민배우로 인정받는 두 배우가 나오기는 하지만, 그 이외 배우들은 그다지 유명하다고 할 수 없습니다. 오히려 현지인들로 보이는 사람들이 더 많이 출연합니다. 또한 화려한 액션이 있는 것도 아니고, 성인들을 위한 볼거리가 있는 것도 아닙니다. 다만 사람이 있고, 그들 사이의 정과 사랑이 있을 뿐입니다.

그래서인지 이 영화는 무척 따뜻하게 다가옵니다. 철이 없을 때 엄마가 제일 미웠기에 집을 나왔던 다방 아가씨가, 조금 어른이 되고 보니 엄마만 빼고 세상사람 모두가 밉다는 것을 깨달으며, 엄마가 보고 싶다고 말하며 눈물을 흘리는 장면도 그렇고, 아버지가 집 나간 엄마를 찾아 떠나간 뒤 순대국밥 집을 하는 할머니와 사는 소년이 나와 아빠를 찾는 장면도 그랬습니다. 또한 동네 할머니들끼리 고스톱을 치며 어느 규칙이 맞느냐며 전화를 걸어와 묻는 장면도 참 재미있었습니다. 그것이 우리들이 살아가는 모습이기 때문입니다.

이 영화 마지막에는 'Video Kill the Radio Star'라는 곡이 나옵니다. 이 노래는 라디오 시대의 종말과 MTV 시대의 도래를 예고한 비글스의 노래라고 하는데, 이 영화 자체가 이 노래 제목을 차용한 것이라고 하네요. 하지만 이 영화 자체는 성공을 거둘 것 같습니다. 따라서 제목을 이렇게 바꾸어 보면 어떨까요? 'Movie Live the Radio Star'라고 말입니다.

(31) 『중천 / 조동오 감독 / 정우성, 김태희 주연 / 판타지, 액션 / 한국 / 2006년』

오늘 오랜만에 중천이라는 영화를 봤습니다. 정우성이라는 멋진 배우와 김태희라는 미의 대명사 배우가 출연해 캐스팅만으로도 충분히 화제가 될 만한 영화인데, 사실 저는 그다지 매력을 느끼지는 못했거든요. 그래서 보고 싶지 않았는데, 아는 형님의 요청으로 함께 봤답니다.

음, 역시 영화의 중심 주제는 '사랑'이었습니다. 이승에서 못 다 이룬 사랑이 중천에서까지 이어지는 내용이라고 보시면 맞겠습니다. 아, 중천은 죽은 사람들이 49일 동안 머무는 곳으로 다른 비유를 들어보자면 분류심사소 정도가 되겠습니다. 그 안에서 몸을 가

지런히 한 뒤 다시 인간으로 태어나기를 기원하는 곳이라고 표현
하면 맞겠습니다. 그 곳에서 먼저 죽어 천인이 된 여인 소화와 아
직 살아있음에도 불구하고 중천에 들어 온 이곽의 재회와 사랑에
대한 내용입니다.

저는 이 영화에서 구현된 컴퓨터 그래픽이 무척 인상적이었는데,
중국의 광활한 배경과 어우러진 장면들이 참 멋들어졌습니다. 또한
사람의 기억에 대한 대사를 주고받는 장면이 있는데, 그 부분이 기
억납니다. '사람들은 왜 기억을 간직하려 할까? 기억은 아픔과 슬픔
을 주기도 하는데 말이야.'(정확하지는 않습니다!) 그러게 말입니다. 사
람들은 왜 기억을 간직하려 할까요? 아니 간직하고 싶지 않지만 간
직되어 있는 것도 있겠지요. 정말 싹싹 지워버리고 싶은 기억도 많
으니까요. 그럼에도 불구하고 우리는 또 이런 많은 기억들(추억들)
때문에 살아가는 것 같습니다. 좋은 기억들은 살아가는데 아주 큰
자원이 되니까요. 아, 이 영화에서도 결국 그 기억 때문에 서로의
사랑을 확인한답니다.

여러분들에게는 올 한 해 어떤 기억들이 있으신가요? 이런 생각
아직은 우습지만 죽게 될 때 어떤 기억들을 가져가고 싶으신가요?
좋은 기억들 많이 가져가고 싶으시죠? 그러려면 지금 이 시간에도
좋은 기억으로 남겨질 일들을 하셔야겠습니다. 두 배우를 좋아하시
는 분들, 판타지를 좋아하시는 분들께는 괜찮을 영화입니다.

(32) 『디어 평양 = Dear PyongYang / 양영희 감독 / 다큐멘터리 /
    2006년』

제가 영화를 통해 다큐멘터리라는 장르를 처음 접한 것은 인권
영화제를 통해서입니다. 사실 그 전까지는 주로 텔레비전을 통해

다양한 영역의 다큐멘터리를 접해본 정도였고, 그저 다큐멘터리라는 것이 어떤 장르라는 정도만 알고 있는 수준이었습니다. 물론 많은 작품이 다루는 주제의 깊이와 넓이 때문에 재미와는 거리가 멀다는 것도 알게 되었고 말입니다. 그런데 인권영화제를 통해서 만났던 영화들은 단순히 재미로는 평가할 수 없는 생생함과 벅참을 안겨 주었습니다. 그 뒤부터는 다큐멘터리에 대한 생각이 바뀌어, 이제는 다큐멘터리 영화는 꼭 챙겨보려는 노력을 기울이는 수준에까지 이르렀습니다. 박기복 감독의 「영매 : 산 자와 죽은 자의 화해」, 김동원 감독의 「송환」, 이창재 감독의 「사이에서」 등이 특히 기억에 남는 작품들인데, 오늘 이 목록에 '디어 평양'이라는 영화를 추가할 수 있게 됐습니다.

이 영화의 배경은 일본 속의 한국이라 불리는 오사카입니다. 15살에 고향 제주도를 떠나 일본에 정착한 뒤 해방을 맞고, 이후 양분된 이념 가운데 친구와 가족들이 연구하던 맑스주의의 영향으로 북한을 조국으로 선택한 사람 아버지 양공선 씨. 그는 결혼 후 열렬한 정치 활동을 펼쳤고, 끝내 청소년이 된 아들 셋을 영원히 돌아올 수 없는 조국 북한으로 보내는 등 조총련 간부로서의 위상을 다져갑니다. 때문에 비록 북한에 보내지지는 않았지만 하나밖에 없던 딸 양영희 씨 역시 부모님의 이념에 따라 조국에 '충성'을 하며 살아야 한다는 가르침을 받았습니다. 하지만 조국으로 보낸 아들들의 생활이 어렵고 점점 나아지는 기색도 없다는 것을 알게 되면서, 그들의 이념은 생각만큼 진척이 되지 않는 이상에 불과하다는 것을 깨닫습니다. 그럼에도 불구하고 조총련 간부로서 평생을 조국에 충성하며 살아온 부모님은 그들의 이상을 끝내 꺾지 않았습니다.

아니 어쩌면 마음 속 깊은 곳에서는 이미 그것이 잘못된 일임을 알고 후회하고 있지만, 주변 사람들에게는 조국으로 보낸 아들들이 너무 행복하게 잘 지내고 있다고 말하는 것처럼 애써 외면하고 있었는지도 모릅니다. 그러나 이런 부모님, 특히 아버지의 속마음은 양영희 감독과의 대화를 통해 조금씩 드러납니다. 아버지의 신념을 따를 수 없었기에, 자유롭게 살고 싶었기에 갈등이 깊었던 부녀 사이는, 다큐멘터리 작업을 통해 이해와 화해의 장을 펼쳐 냅니다. 나아가 북한의 현실을, 조총련 가족의 실상을 있는 그대로 보여주기도 합니다.

"아버지, 오빠들을 평양으로 보낸 거 후회하지 않아요? 보내지 않았으면 좋았겠어요?"
"벌써 가버린 거 할 수 없지. 안 보냈으면 더 좋았을 걸. 그 때는 우리의 이념이 바로 실현될 줄 알았어. 그런데 생각대로 잘 되지 않았지."
"저 한국에 가보고 싶은데 국적 때문에 불편해요. 국적을 바꾸어도 될까요?"
"네 일하는데 도움이 된다면 바꾸거라."

과거 같았으면 말을 꺼낼 수도 없던 분위기, 말을 꺼냈다고 하더라도 극렬한 반응을 보이셨던 아버지였는데, 이제는 마음을 열고 진솔한 이야기를 해주십니다. 청소년이 되자 다시는 볼 수 없는 이상의 조국으로 아들들을 보낸 것에 대한 슬픔을 딸을 통해서라도 보상받고 싶다는 듯이 말입니다.

주인공으로 등장하는 양공선 씨(아버지)의 딸이자 이 영화의 감독인 양영희 씨는 아버지에게, 또한 관객들에게 '과연 조국이란 무엇인가?'에 대한 질문을 던집니다. 이 화두는 영화를 보는 내내, 영화관에서 나오면서도 제 머릿속에 자리해 발걸음까지 무겁게 만든 주제였습니다. 과연 그들에게 조국이란 무엇이었을까요? 김일성 수령의 초상이 담긴 배지를 가슴에 달 때 반드시 심장이 뛰는 위치여야 한다며 고쳐 달아야 했던 아버지에게 조국은, 정말 심장이 고동치는 마지막 순간까지 무엇인가를 기대했던 곳일지 모르겠습니다. 그것이 아직은 이루어지지 않았지만 말입니다. 또한 영원히 놓고 싶지 않은 생명의 줄과도 같았을 것입니다. 세 명으로 시작된 혈육의 끈이 더 늘어나 있기에 더욱 꽉 잡고 싶은 줄 말입니다. 그러기에 아버지는 죽어서도 고향 '제주도'가 아닌 '평양'에 가고 싶다고 말을 했을 것입니다.

'안녕, 평양! 헤어짐이 아닌 만남의 인사이고 싶습니다.' 어쩌면 이 말은 몇 년에 한 차례 씩만 만날 수 있는 아들 가족을 그리는 양공선 씨 내외 두 분의 바람이자, 아직 생존해 있는 남한의 많은 이산가족들의 외침, 나아가 우리나라 국민들, 세계인의 염원일 수 있습니다. 비록 아직도 양공선 씨 내외처럼 '조국'이 실현할 이상을 기대하는 사람들이 살고 있기에 쉽게 성취될 수는 없지만, 점차 만남의 기회는 많아질 것이고, 만남의 인사로써의 '안녕'이라는 말 또한 더 커질 것입니다.

식민지 지배, 해방, 이념의 차이에 따른 민족 전쟁과 분단. 질곡과도 같았던 역사의 중심에 섰던 한 가족의 이야기가 살아 있음이 느껴지는 다큐멘터리를 통해 우리들의 가슴에도 조금씩 얼룩으로, 눈물로 번져 갑니다. 지금 여기 서울에서 말입니다.

(33) 『그 놈 목소리 / 박진표 감독 / 설경구, 김남주 주연 /
　　드라마, 미스터리, 범죄 / 한국 / 2007년』
새로 만들어진 한 편의 영화를 영화관에서 직접 만나기 전에, 우리는 이미 영화사에서 편집한 홍보용 동영상이나, 기자 시사회, 일반 시사회를 본 사람들의 소감 등을 미리 접합니다. 그런데 이런 부분들이 영화에 대한 기대감을 높이기도 하지만, 반대로 스포일러(spoiler, 영화의 줄거리나 중요 장면 따위를 미리 알려 주어 영화의 재미를 크게 떨어뜨리는 사람)와 같은 역할을 하기도 합니다. 따라서 후자의 경우에는 영화의 내용을 훤하게 알고 있으면서도 행여 다른 장면이 있지나 않을까 하는 기대감에 영화관을 찾거나, 급기야 보고 싶지 않은 마음이 커 영화관으로 향하는 마음을 접게 만드는 경우도 많다고 생각합니다.

그런데 '그 놈 목소리'라는 영화도 이런 고민을 하게 만들었습니다. 이 영화의 경우 다른 무엇보다 포스터에 선명하게 찍힌 '현상수배극'이라는 단어가 나를 고민하게 만들었는데, 결국 「수사반장」이나 「그것이 알고 싶다」, 「추적 60분」류의 이야기일 것이라는 예상을 너무나 쉽게 할 수 있었기 때문이다. 그럼에도 불구하고 이 영화를 볼 수밖에 없었던 이유는, 이 영화를 꼭 찍어 이미 지나버린 공소시효와는 무관하게 범인을 잡고 싶었다는 감독의 의지와, 「너는 내 운명」이라는 영화를 만든 감독의 실력을 믿었음입니다. 아울러 설경구라는 연기 잘하는 배우가 출연하기도 했으니 말입니다. (솔직히 나는 김남주라는 배우가 왜 엄마 역할을 맡게 되었는지 그 과정이 너무 궁금하다. 이미지가 잘 맞지 않을 뿐만 아니라 연기도 그다지 마음에 와 닿지 않았다. 실제 어머니와 많이 비슷한지는 모르겠지만. 어디까지나 주관적인 생각과 느낌!)

하지만 영화를 다 보고 난 뒤의 느낌은 약간 무엇인가가 부족하다는 것이었습니다. 이는 어쩌면 실제 범인이 왜 범행을 저질렀는지를 모르고, 그를 검거하지 못한 단서가 부족한 만큼의 공허함일 지도 모릅니다. 그나마 남아 있는 녹취된 범인의 목소리와 피해 가족들의 증언을 통해 구성된 장면들은 '안타깝다'는 심정 이외의 것을 이끌어내지 못한 듯도 싶습니다. 때문에 마지막 장면에서 이 목소리를 잘 들어주십사는 부탁과 함께 흘러나오는 실제 범인의 목소리와 보이는 몽타주는, 우리가 어떻게 무엇을 할 수 있을까라는 질문만 스스로 던지게 만들었습니다.

우리는 많은 범죄에 노출되어 있습니다. 따라서 원치 않는 피해를 입기도 하고, 때로는 가해자가 되기도 합니다. 이 모든 현상을 사회의 책임으로 돌릴 수는 없지만, 범죄심리학적인 면에서 보더라도 사회의 책임은 크다고밖에 할 수 없겠습니다. 결국 누워서 침 뱉기이지만 원망할 대상이 필요한 우리에게는 그 놈 목소리만이 귓가에 맴돌고 있습니다. 어디에 있을까, 아직도 우리들의 마음에 범죄를 저지르고 있는 자!

(34) 『황후花 = Curse of the Golden Flower / 장예모 감독 / 주윤발, 공리, 주걸륜 주연 / 드라마, 액션 / 중국 / 2007년』

저는 아직 '중국'이라는 나라를 직접 경험해 보지 못해서인지, 꼭 가보고 싶다는 열망이 큽니다. 물론 이미 다녀오신 많은 분들의 이야기를 들으면, 음식도 입에 잘 맞지 않고 물도 좋지 않아 배탈이 나는 경우가 많다는 등 부정적인 측면도 많았지만, 중국만의 거대한 기상을 느껴보고 싶다는 생각이 있어서입니다. 세계에서 가장 많은 인구를 갖고 있는 나라, 때문에 전 세계인들이 가장 많이 사용하고 있는 언어도 중국어, 아시아를 넘어 곧 세계 제 1의 국가가 될 거라는 중국. 이런 면모와 잠재력 속에는 분명 중국이라는 나라가 갖고 있는 힘이 있을 것입니다. 그래서 현재 세계 최강대국인 미국이 많은 견제를 하고 있다고도 하는데, 우리는 이미 문화를 통해서도 두 나라의 영웅주의에 바탕을 둔 경쟁 양상을 느낄 수 있습니다.

어제 본 '황후花'라는 영화는 중국을 대표하는 감독 장예모의 작품입니다. 워낙 유명한 작품들이 많아 이름만 들어도 아실 텐데, 그의 작품은 감각적인 색감들의 향연으로도 아주 유명합니다. 또한 중국이라는 나라의 거대함을 잘 보여주기도 하지요. 아, 미국이라는 나라가 수퍼맨이나 배트맨, 스파이더맨 등의 영웅을 만들고, 어떤 일이든 척척 해결해 내며 결국 전 세계를 구한다는 식으로 자국의 영웅주의를 강조한다면, 중국은 특히 장예모 감독의 작품을 보면 '중국'이라는 나라만이 가능하다는 장면, 예를 들어 단역배우 몇 백만 명을 동시에 출연시킨다던가 하는 식으로 자국의 위대함을 강조하는 것 같습니다. 아무튼 장예모 감독의 최근 작품 행보를 봐서는 과거 우리가 감동까지 느끼면서 봤던 것들(「붉은 수수밭」 등)과는 사뭇 다르지만, 이름 가치에 더해 이제는 국제적인 배우인 주윤발과 공리가 주연을 맡았기 때문에 관심을 둘 수밖에 없었던 작품이지요.

배경은 중국의 당나라 말기 황실, 황제인 주윤발과 황후 공리, 그리고 그들의 세 아들 사이에는 비밀이 있습니다. 주윤발은 황제가 되고자 했던 야심 때문에 부왕이었던 공리의 아버지에게 수단과 방법을 동원해 아첨한 뒤, 결국 공리와 결혼을 합니다. 또한 공리는 주윤발의 전처 소생으로 태자인 원상 왕자와 내연의 관계를 유지하며, 황제를 내쫓기 위한 계획을 세웁니다. 또한 둘째 왕자 원걸도 황제가 황후에게 매일 권하는 약에 장기 복용 시 손을 마비시키는 성분의 페르시아 산 검은 버섯이 들어 있다는 소식을 접하고, 황후를 도와 황제를 폐위시키는 계획에 동참합니다. 또한 막내 원성 왕자는 황후와 태자 원상의 내연 관계 등을 알고 있습니다.

그런데 그 모든 일들이 한꺼번에 터지는 날이 바로 국화축제가 있는 9월 9일 중양절입니다. 중양절은 중국의 대표적인 명절 가운데 하나로, 영화에서는 황궁을 황금빛 국화들로 가득 메우고 황후와 원걸 왕자의 역모에 동참하는 병사들 모두 가슴에 자수로 놓인 황금빛 국화 문양을 통해 묘사합니다. 하지만 곧 그 황금빛 국화들 위로 붉은 핏자국이 선연히 남을 뿐입니다. 황후와 원걸 왕자의 계획은 수포로 돌아간 채 말입니다.

이 영화는 볼거리가 많습니다. 우선 중국의 황실이 배경이기 때문에 웅장한 세트 속의 모든 것들이 화려할 수밖에 없습니다. 거기에 금빛들이 찬란하다고 표현하는 것이 꼭 맞을 정도로 입혀져 있으니 절로 입이 벌어집니다. 특히 황후의 10만 군사가 입고 있던 금빛 갑옷과 황제의 군사가 입고 있던 은빛 갑옷, 그밖에 궁녀들과 내관들이 입던 옷들의 색감은 인원들의 위용에 더해 입을 떡 벌어지게 만듭니다. 게다가 앞서 말씀 드린 것처럼 수많은 인원이 동시에 출연하는 장면들은 정말 압권이라 하겠습니다. 그야말로 중국 영화만이 만들어 낼 수 있는 장면들이라는 생각이 들 정도로요.

하지만 볼거리에 비하자면 내용이 탄탄하지 못합니다. 결론적으로 왕권을 놓고 벌이는 왕실 내의 권력 싸움과 근친상간이 주 내용이니까요. 게다가 모두 죽음으로 마무리 되는 비극적인 결말까지. 이런 면 때문에 우리나라에서는 18세 관람 등급을 받은 것 같은데, 연기력도 공인 받은 배우들이 출연한 점으로 봤을 때는 아쉬운 부분이 아닐 수 없습니다.

동상이몽. 서로 같은 처지에 있으면서도 그 생각이나 이상이 다르거나, 겉으로는 함께 행동하면서도 속으로는 다른 생각을 가리키는 고사성어입니다. 우리도 이런 경우에 처할 때가 있는데, 그럴 때 여러분들은 어떤 해결책을 찾으시나요? 혹시 황후화와 같은 선택은 아니신가요? 현명한 선택은 과연 무엇이었을까요? 금빛 찬란한 일들이 2007년 내내 이어지시길 기원하며 마칩니다.

(35)『훌라 걸스 = Hula Girls / 이상일 감독 /
　　아오이 유우, 후지 스미코 외 주연 / 드라마 / 일본 / 2007년』

1965년 이와키현 후쿠시마의 탄광마을. 비누로 아무리 깨끗이 닦아도 손톱에 낀 검은 때가 빠지지 않는다는 대사를 통해 탄광마을의 암울함을 고발한 사나에는, 훌라 댄서 모집광고를 보고 댄서가 되면 마을에서 벗어날 수 있겠다는 생각에 친구 기미코에게 함께 하자며 설득을 합니다.

그러는 중 대를 이어 광부와 그 가족으로 살아온 마을에는 탄광의 폐쇄 결정과 함께 상당수의 인원이 감축된다는 결정이 내려집니다. 이에 생계를 보장하라는 주민들의 반발에 광산회사 간부들과 마을 대표들은 경제위기를 타개하고자 하와이안 파라다이스라는 리조트 타운을 만들겠다는 계획을 발표합니다.

하지만 기존의 생활 방식을 고수하고 싶고, 변화에 대한 두려움이 있는 조합원들은 리조트 건설에 반대를 합니다. 또한 자신의 딸들이 신체를 노출하고 많은 사람들 앞에서 엉덩이를 흔들며 춤을 추는 것에 반대합니다.

하지만 사나에, 기미코를 비롯해 이 마을에는 더 이상 희망이 없다고 생각한 소녀들은 하와이안 파라다이스에서 선보일 훌라 댄스를 위해 피나는 연습을 합니다. 그사이 리조트 건설은 진행이 되고, 결국 조합에서도 협조를 해주어 하와이안 파라다이스 리조트는 성공적인 개관을 합니다.

이 영화는 재일교포 이상일 감독이 실화를 바탕으로 만든 것이라는데, 2007년 일본 아카데미 시상식에서 11부문에 걸친 수상을 하기도 했답니다. 일본의 전지현이라 평가 받는 아오이 유우라는 신예 배우와 중년의 연기파 배우들이 다수 출연해 신구가 조화된 탄탄한 연기력을 뽐내기도 하는데, 덕분에 우리는 생동감 있고, 따뜻하며, 유쾌하기까지 한 느낌을 받을 수 있습니다.

저는 이 영화를 보면서 결국 감독이 우리에게 전해주고자 하는 메시지는 '절망 속에서 피어난 희망', '변화의 필요성' 정도가 아닐까 싶었습니다. 아시는 것처럼 탄광산업은 1차 산업으로 우리나라의 경우만 봐도 1985년 이후에는 수요가 급격히 감소해 사양 산업으로 분류가 된답니다. 또한 태백으로 대표되는 탄광촌들도 더 이상 사람이 살지 않거나, 다른 용도로 개발이 되어 활용되는 모습을 떠올려 보면 그 실정이 어떤지는 쉽게 알 수 있을 것입니다.

그렇다면 만약 이 영화의 조합원들이 그랬던 것처럼, 끝까지 변화와 개방을 두려워하고 피했다면 어땠을까요? 물론 꼭 성공하리라는 보장이 없었던 것은 마찬가지였겠지만, 희망이라는 것이 사람들로 하여금 움직일 수 있게 하는 에너지를 만들어 주는 것은 분명합니다. 그렇다면 그런 에너지들이 모여 하와이언 파라다이스 리조트처럼 성공을 거둘 수 있지 않을까 싶습니다.

훌라춤은 하와이의 민속무용으로, '훌라'가 춤을 춘다는 뜻이라고 합니다. 불의 여신 펠레를 위해 언니 피아카 여신이 춤을 춘 데서 비롯되었다고 하는데, 석탄은 곧 불을 일으키기 위한 원료가 되므로, 석탄을 캐내어 생계를 꾸려가던 사람들이 나중에는 훌라춤으로 생계를 이어가게 되었다는 점에서도 연관성이 있어 보였습니다.

텔레비전을 통해서 훌라춤을 보신 분들은 아시겠지만, 화려함과 역동성을 동시에 갖고 있는 춤이다 보니 영화 후반부에 보이는 공연들은 정말 멋지다는 감탄사와 박수가 절로 나옵니다. 올 봄에는 훌라춤 강습이 유행을 하지 않을까 하는 생각도 드는데, 간단한 스토리 라인이지만 특유의 감수성과 따뜻함, 더불어 유쾌함으로 풀어낸 이 영화에 박수를 보내주고 싶습니다. 꼭 보시기 바라면서!!

(36)『황진이 / 장윤현 감독 / 송혜교, 유지태 주연 / 드라마 / 한국 / 2007년』

'호랑이는 죽어서 가죽을 남기고, 사람은 죽어서 이름을 남긴다'는 속담이 있습니다. 이는 곧 후대에까지 길이 이름이 남을 수 있도록 살라는 뜻인데, 역사에 기록되어 있지 않으면서도 대를 이어 회자되는 여인 '황진이'의 경우를 두고 한 말이 아닐까 싶습니다. 벌써 몇 년 사이 많은 사람들이 접할 수 있는 텔레비전과 영화를 통해 그녀의 삶이 드라마로 다루어졌고, 여전히 화제의 중심으로 떠올랐으니 말입니다.

그렇다면 그녀의 어떤 점이 이토록 후대의 사람들에게도 어필하는 것일까요? 여러 면이 있겠지만, 우선 드라마틱한 그녀의 삶 자체가 관심을 끄는 것 같습니다. 양반가의 규수로 자랐지만 천한 신분임이 밝혀지는 점에서는 그 때나 지금이나 권력자에게 갖고 있는 반감을 투사할 수 있게 해줍니다. 한 편으로는 안타까우면서도 고소한 마음이 들게 해준다고 표현하면 될까요?

두 번째로는 '세상이 우습다', '세상을 발아래에 두겠다'는 말을 하며 스스로 기생의 길을 선택하는 주체성이 아닐까 싶습니다. 특히 이 부분은 현대 여성들에게서도 엿보이는 당당함으로 표현될 수 있겠는데, 첩실로 들어가 보다 편하게 살 수 있는 길이 있었음에도 자율의지에 따라 어려운 선택을 하고, 그 안에서 결국 최고가 되었다는 점이 그녀를 더욱 매력적으로 만들어 주는 것 같습니다.

세 번째로는 그녀의 카리스마가 아닐까 싶습니다. 어쨌든 우리나라 사람들은 얼굴이 뛰어나고, 실력도 갖추었다면 상당히 인정해 주고 들어가는 경향이 있습니다. 이런 점은 16세기에 살았던 그녀에게도 예외는 아닙니다. 따라서 당당히 최고가 될 정도의 미모, 시·서·화에 능해 양반들과 겨루어도 전혀 굴하지 않았던 재능을 갖춘 그녀는 시기심과 동시에 부러움도 갖게 만듭니다.

이런 이유들 때문에 우리는 여전히 '황진이'라는 한 여인, 송도 최고의 기생인 '명월'이를 21세기에서도 만나고 있는데, 드라마에서는 예인으로서의 모습을 부각시켰기 때문에 '화려함'이 가장 돋보였다면, 영화에서는 한 여인으로서의 모습을 부각시켰기에 '차분함'과 '애틋함'이 강조된 차이가 느껴졌습니다.

그래서인지 단적으로 보이는 세트나 의상, 소품 등에서도 차이가 났는데, 드라마가 붉은색 위주의 화려한 색감을 자랑했다면, 영화는 푸른색과 검은색을 주로 사용해 여인 황진이의 지조와 절개, 기품 등을 보여준 것 같다. 특히 황진이가 기생이 된 후 머물던 처소의 검은 색감들, 개똥이를 구하고자 사또와 합방을 할 때 입었던 검은색 속치마, 놈이의 유골을 들고 금강산에 오를 때 둘렀던 검은색 목도리 등이 기억에 남습니다.

그 밖에도 이 영화에서는 주·조연 배우를 제외하고는 쉽게 이름을 떠올릴 수 없는 배우들이 많이 등장했는데, 어쩌면 이런 배역 설정도 여인 '황진이'와 그녀의 남자 '놈이'를 더욱 부각시키고자 한 점이 아닐까 싶었습니다. 황진이를 둘러 싼 많은 색들이 검정이어서 상대적으로 그녀의 얼굴이 부각되어 보인 것처럼 말입니다.

영화가 개봉되기 전, 사람들의 관심사 중 또 한 가지는 드라마에서 황진이를 연기했던 '하지원'이라는 배우와, 영화에서 '황진이'를 연기한 '송혜교' 가운데 누가 더 잘 어울리는가에 대한 것이었는데, 두 가지 모두를 재미있게 본 나로서는 그녀들 나름대로의 매력이 있었다고 생각합니다. 굳이 우열을 가리자면 예인의 모습일 때는 '하지원' 씨가, 여인의 모습일 때는 '송혜교' 씨가 더 어울렸다고 생각합니다.

이 영화는 북한 작가 홍석중의 소설을 원작으로 했다는 점, 실제 북한의 금강산에 올라 촬영과 시사회를 했다는 점, 신영복 교수가 제목 글씨를 써주었다는 점 등 이외에도 여러 화제를 불러일으키고 있는데, 일단 '황진이'라는 16세기의 여인을 다시 새로운 모습으로 만날 수 있어서 좋았고, 화면에 담긴 곳곳의 아름다운 모습들 역시 마음에 들었습니다. 하지만 역동적인 이야기 전개와 색다른 볼거리를 기대하신다면 무료한 시간을 보내실 수도 있겠습니다. 그저 한 여인을, 조금은 특별하게 산 여인을 만나러 간다고 생각하시면 어떨까요?

(37)『혐오스런 마츠코의 일생 / 나카시마 테츠야 감독 /
　　　나카타니 미키 주연 / 일본 / 코미디, 뮤지컬 / 일본 / 2007년』

'너무나 아름다워 눈물이 나는 한 여자의 일생!', 이 영화에 대한 평을 꼭 써야겠다는 생각을 하자마자 떠올린 제목입니다. 그런데 영화의 본 제목과는 정 반대의 제목이니 읽는 분들께서는 의구심이 들겠습니다. 도대체 어느 쪽이 맞는 것인지, 왜 이렇게 정 반대의 제목이 나온 것인지 말입니다.

이 영화는 마츠코의 조카 쇼가 그녀의 죽음을 정리하는 역할을 맡으며 시작됩니다. 도쿄에서 백수 생활을 하던 쇼(에이타)는 고향의 아버지(카가와 테루유키)로부터 한 통의 전화를 받습니다. 내용은 행방불명되었던 고모 마츠코(나카타니 미키)가 사체로 발견되었으니 유품을 정리하라는 것입니다. 그래서 다 허물어져가는 아파트에서 이웃들에게 '혐오스런 마츠코'라고 불리며 살던 그녀의 물건을 정리하며 쇼는 한 번도 만난 적 없는 마츠코의 일생을 접하게 됩니다. 중학교 교사로 일하며 모든 이에게 사랑받던 마츠코에게 지난 25년간 도대체 무슨 일이 일어난 것일까요? 쇼는 마츠코를 기억하는 이들로부터 고모 마츠코의, 한 여자 마츠코의 삶을 듣게 됩니다.

노래를 너무나 잘하고, 너무나 사랑해 음악선생님이 된 마츠코는, 수학여행 중 제자가 일으킨 절도사건으로 해고를 당합니다. 그 뒤 마츠코는 가출을 감행하지만, 동거하던 작가 지망생은 '태어나서 죄송합니다'라는 짧은 글 한 줄을 남긴 채 자살을 하고, 마츠코는 작가 지망생 친구에게 열등감을 느끼던 친구와 불륜 관계에 빠집니다. 하지만 곧 버림을 받고 절망에 빠져 몸을 팔게 됩니다. 이후 기둥서방에게마저 배신당한 마츠코는 그를 살해 후 자살을 시도하지만, 다시 한 남자를 만나 영원히 함께 하자는 약속을 합니다. 그러나 그녀의 행복도 잠시, 경찰에 연행돼 8년형을 언도 받아 복역을 합니다. 출소 후, 미용사로 일하던 마츠코는 자신을 해고당하게 만들었던 절도사건의 범인인 제자 류 요이치와 재회하고 운명적인 사랑에 빠지게 되는데, 야쿠자에 몸담고 있는 그는 놀음을 하는데 돈을 써 조직의 추격을 받아 결국 교도소 행을 택합니다. 그러는 동안 마츠코는 그를 기다리고, 한편 교도소에서 우연히 신약성경을 읽고 종교에 귀의한 류는 그녀가 자신에게는 하느님과 같은 존재였음을 깨달으며, 그녀를 위하는 일은 앞으로 그녀를 만나지 않는 것이라는 결정을 내려 버립니다. 드디어 출소 날, 이 날이 오기만을 기다린 마츠코는 꽃다발을 들고 미리 나와 있지만, 정작 류는 그녀의 뺨을 때린 뒤 소리치며 달려가 버립니다. 이후 고향에 있는 강과 비슷한 강가 아파트를 빌려 생활하게 된 마츠코는 씻지도, 청소를 하지도 않는 생활을 통해 이웃들로부터 '혐오스런 마츠코'라는 소리를 듣는데, 다시 미용사 일을 할 수 있다는 자신감을 찾은 날 허무한 죽음을 맞습니다.

영화의 내용을 대략 들으셨으니 이제는 왜 그런 제목이 붙여졌는지 아실 것 같습니다. 사실 최루성이어서 눈물이 나게 만들지도 않았지만, 그렇다고 이 영화가 코미디로 분류될 만큼 우스운 장면도 딱히 없습니다. 또한 마츠코의 삶을 다룬 노래들이 중간 중간 나오기 때문에 뮤지컬적인 요소가 가미되어 있지만, 그렇다고 역시 유쾌하거나 또한 경박하지도 않습니다. 오히려 화려한 색감과 CG로 더해진 영상이 촌스러우면서도 아름답게 그려집니다. '마츠코'의 일생에 초점을 맞추어서 말입니다.

이 영화는 제80회 키네마준보 베스트10 여우주연상, 제30회 일본 아카데미영화상 여우주연상/최우수음악상/편집상, 제61회 마이니치 영화콩쿨 여우주연상/기술상, 제31회 호우치영화상 여우주연상 수상이 말해주듯, 일단 여우 주연을 맡은 나카타니 미키의 연기가 압권입니다. 「역도산」에서 설경구와 함께 출연하기도 했던 이 배우는, 연기는 물론 노래와 춤까지 발군의 실력을 보여주며 한 여자로서의 마츠코를 완벽하게 보여줍니다. 그 외 일본의 내노라하는 연기파 배우들이 총 출동한 이 영화는 흠잡을 데 없는 완벽 캐스팅을 보여줍니다.

이 영화를 심리학적인 관점에서 보자면, 마츠코는 어릴 때부터 사랑에 대한 갈망이 아주 컸습니다. 이유는 병으로 누워 있는 동생 때문이었는데, 특히 아빠는 관심도 선물도 동생에게만 주셨습니다. 아빠가 원하는 아이로 자라, 결국 아빠가 원하는 직장을 택했음에도 불구하고 말입니다. 같은 학교에 근무하는 남자 선생님과 데이트를 시작한 이야기를 동생에게 들려줬을 때도, 아빠는 동생 생각은 전혀 하지 않는다면서 마츠코를 나무랍니다. 이 일은 이후 마츠코가 집을 나갈 때 나가지 말 것을 만류하는 동생을 뿌리치고 목을 조르며 하는 말 속에 잘 녹아 있습니다. "너 때문에…."

또한 마츠코에게는 스스로 심하게 궁지에 몰렸다고 생각되면 나오는 행동이 있는데, 이 행동 역시 처음에는 아빠가 웃는 모습을 보였기 때문에 수시로 사용했던 방법입니다. 그런데 이후 이 방법 또한 통하지 않았기 때문에, 이후 스스로를 위로하기 위한 방법으로 변용된 것이 아닐까 싶습니다.

어렸을 때부터 사랑에 대한 갈망이 컸던 상대적으로 외로움이 많았던 마츠코는, 그 외로움을 달래기 위해 자신을 사랑해 주는 사람이 있으면 기꺼이 마음을 허락합니다. 때문에 동거를 한 남자도 많았고, 그들이 시키는 일은 무엇이든지 했습니다. 그렇게 자신을 파괴시키면서까지 말이지요.

더불어 마츠코는 그리움 또한 많은데, 이는 고향에 대한 그리움,

가족에 대한 그리움입니다. 때문에 그녀의 마지막 종착지 역시 고향의 강을 닮은 곳 옆이었고, 그녀가 그 강을 바라보며 자주 울었다는 대사를 통해 확인할 수도 있습니다. 또한 영화의 마지막 장면에서도 그녀의 삶을 거꾸로 되짚어 갑니다.

이 영화는 치료적인 속성을 많이 담고 있는데, 우선 음악치료적인 속성은 마츠코가 부르는 노래에 있습니다. 이 노래는 마츠코 자신에게 힘을 주는 요소가 됩니다. 기쁠 때나 슬플 때나. 따라서 영화 중간 중간에도 독백처럼 노래가 흘러나옵니다. 또한 이야기치료적인 속성도 담겨 있습니다. 그녀는 새로운 사람을 만날 때마다 자신이 살아온 이야기를 들려주는데, 특히 자살하려고 했을 때 만났던 이발사는 "너의 과거가 어땠는지 아무 상관이 없다"는 말로 그녀의 마음을 달래주기도 합니다. 마지막으로 글쓰기치료적인 면도 잠깐 나오는데, 혼자 사는 아파트에서 유일하게 좋아했던 가수에게 자신의 일생을 담은 글을 씁니다. 너무 많아서 우체통에 들어가지도 않는 오랜 세월 자신의 이야기를 말입니다.

한 여자의 일생을 어찌 두 시간에 다 담을 수 있을까요? 하지만 우리는 그 짧은 시간에도 '마츠코'라는 여인이 갖고 있던 아픔과 사랑, 그리고 행복과 꿈을 느낄 수 있었습니다. 결코 혐오스럽지 않은 그녀의 삶을 만나보시라고 여러분들께도 권하고 싶습니다.

(38)『화려한 휴가 / 김지훈 감독 / 김상경, 이요원 주연 / 드라마 / 한국 / 2007년』

살아가면서 가끔 그런 생각을 해봅니다. '모든 게 꿈이었으면 좋겠다는'. 그래서 그 일이 발생하기 전으로 되돌아갔으면 좋겠다는 그런 생각을. 하지만 그 누구도 시간을 되돌릴 수 있는 능력은 없기 때문에, 다시금 지나가는 시간을 위로 삼아 살아가게 됩니다. 물론 크고 작은 '상처'를 가슴에 품은 채로.

1980년 5월, 그 때 제 나이는 6살이었습니다. 아직 유치원도 다니고 있지 않았던 나이, 몇 장의 사진 이외에는 그 당시의 나를 기억할 수 있게 해줄 만한 것도 거의 없는 그런 나이. 그런데 바로 그 해 '광주'라는 도시에서는 아직도 많은 사람들이 또렷하게 기억하는 일이 일어났습니다.

광주에 사는 택시기사 민우(김상경)는 고등학교에 다니는 동생(이준기)과 단둘이 살아갑니다. 부모님도 계시지 않은 터라 동생에 대한 정이 각별해 물심양면으로 뒷바라지를 합니다. 그러던 중 동생과 함께 성당에 다니는 간호사 신애(이요원)를 좋아해 어떻게든 마음을 전하려 노력하는데, 어느 날 동생이 너무 공부만 한다며 머리도 식혀줄 겸 영화를 보러 가자는 제안을 합니다. 그래서 결국 영화관 데이트를 하게 된 세 사람은, 영화를 보는 도중 계엄군에게 쫓겨 들어온 대학생이 무참히 맞는 광경을 목격합니다. 분위기가 심상치 않자 사람들은 모두 거리로 쏟아져 나오는데, 이미 무법천지가 된 거리에는 총과 칼로 무장한 계엄군들의 무차별 폭행이 이어지고 있었습니다. 부지불식간에 눈앞에서 친구, 애인, 가족을 잃은 사람들은 퇴역 장교 출신 흥수(안성기)의 지휘 아래 시민군을 결성해 계엄군에 맞서 열흘간의 사투를 벌입니다.

'화려한 휴가'. 당시 국내 언론을 철저히 통제했던 정부는 광주에서의 일을 북한 간첩이 선동한 반란이라고 선전하며, '시민'을 죽이는 것이 아닌 '폭도'를 죽이기 위한 명목이라며 공수부대를 투입합니다. '화려한 휴가'는 그 당시 공수부대원들에게 떨어진 작전명인데, 비록 현실을 바탕으로 극화된 장면이기는 했지만 당시의 처참했던 광경과는 너무나 대조되는 용어이자, 당시 정부의 입장이 어땠는가도 알 수 있는 제목이라는 생각을 했습니다.

아무튼 그들의 짧았던 휴가는 광주 시민은 물론 전 국민들에게도 핏빛 상처를 선명하게 남겼는데, 오늘날 우리가 이처럼 자유와 민주를 마음껏 누릴 수 있었던 기저에는 그 때 스러져 간 분들이 계셨기에 가능하지 않았을까 싶습니다.

영화를 보러 가면서 저는 동행자에게 이런 말을 했습니다.

"사실 나는 이런 사건들에 대한 관심이 별로 없어. 현실적으로 체감을 하지 못했기 때문인지 아무튼 별 관심이 없더라고. 이번 탈레반 피랍 사건의 경우도 그랬고."

하지만 영화를 보면서, 영화를 보고 나서는 조금 더 관심을 가질 필요가 있겠다는 생각을 했습니다. 왜냐하면 역사는 현재를 비추는 거울이자 비록 내가 겪지 않은 일이라도 지금의 우리를 있게 만들어 주었기 때문에 말입니다.

그동안 화제의 중심에 놓인 영화나 책 등은 잘 보지 않았던 관례를 깨고 본 영화 「화려한 휴가」, 올 여름 마땅히 휴가를 떠나지 못했던 저로서는 많은 생각을 하게 했던 영화인 것 같습니다.

나가기

어느덧 열네 번째 책을 마무리 지을 지점에 와 있다. 그래서 인지 한 편으로는 후련하면서도, 또 다른 한 편으로는 고민하고 있는 부분에 대한 양가감정이 남아 있음을 느낀다.

읽어보셨다시피 이 책은 독서치료 장면에서 활용할 수 있는 다양한 문학작품에 대해 소개를 한 것이다. 다분히 주관적인 관점일 수 있겠으나, 우리나라 독서치료 현장에서 가장 많은 세션을 진행한 치료사로서의 자부심을 갖고, 지금 이 시간에도 어려운 여건 속에서 치료를 하고 있을 후배 치료사들은 물론, 청운의 꿈을 안고 독서치료사 공부에 여념이 없는 미래의 치료사들을 위해, 그동안 여러 장면에서 여러 대상을 위해 활용했던 자료의 일부를 공개한 것이다.

그런데 한 장 한 장을 엮으면서 너무나 좋은 자료가 많음에 다시 한 번 놀라고, 그것들을 천천히 읽어볼 수 있는 기회를 얻었음에 감사한 마음도 들었다. 덕분에 내 마음도 정화가 된 것은 물론, 내담자 및 참여자들과 좋은 작업을 할 수 있는 힘도 얻었으니 말이다. 하지만 그처럼 좋은 자료들을 모두 넣지 못한 아쉬움은 앞서 이야기한 양가감정의 핵심으로 남아, 잠시 동안이겠으나 나를 고민 속에 머물러 있게 만들 것 같다.

독서치료는 문학작품이라는 매체를 바탕으로 한 심리치료이다. 따라서 심리치료의 원리와 방법을 아는 것 못지않게 문학작품에 대해 많이 알고 잘 다룰 수 있음은 당연하게 요구되는 측면이다. 그러나 범위가 넓고 다양하기 때문에 많은 시간과 노력을 투자해야만, 비로소 내담자 및 참여자에게 알맞은 문학작품을 선정해 활용할 수 있다.

부디 이 책이 독서치료 장면에서 활용되는 문학작품을 이해하고, 더불어 적정 문학작품을 선정해서 활용하는 데 필요한 밑거름이 되기를 소망한다. 만약 이 책이 치료사 및 예비 치료사들에게 유용한 자료가 된다면, 이 역시 한 권의 문학작품이 된 것이 아니겠는가. 여러분들의 어려움을 이겨낼 수 있도록 도왔으니 말이다. 나의 바람은 바로 그것뿐이다.

♣ 글쓴이 **임성관**

한국사이버정보대학원, 중앙대학교 교육대학원 사서교육전공, 서울불교대학원대학교 상담심리전공을 졸업하고, 현재는 경기대학교 일반대학원 문헌정보학과에서 박사 과정 중입니다. 더불어 한국독서치료학회에서 운영하는 독서치료전문가과정 및 숙명여자대학교 사이버교육원 아동교육전문가과정 중 독서치료를 모두 1기로 수료했습니다. 이런 경력을 바탕으로 2004년부터 休독서치료연구소(www.poetrytherapy.kr)를 운영하고 있으며, 시립인천전문대학과 숭의여자대학 문헌정보과 및 평생교육원, 경기도립성남도서관, 인천평생학습관, 인천화도진도서관, 마포구립서강도서관, 의왕시중앙도서관 책마루 등에서 독서치료 및 독서교육 강의를, 또한 아주대학교병원 정신과 낮 병원을 비롯해, 수원시정신보건센터, 수원시장애인종합복지관, 무봉종합사회복지관, 수봉재활원, 행복한1318지역아동센터, 고양아람누리도서관, 과천시정보과학도서관, 인덕학교, 평촌정보산업고등학교 등에서는 개인 및 집단을 위한 다양한 주제의 독서치료 프로그램을 진행했거나 현재 하고 있기도 합니다. 저서로는 《독서치료 수퍼비전의 실제》(2010), 《책과 함께하는 마음 놀이터 4》(2010), 《독서 : 교육·지도·상담·코칭·클리닉·치료》(2010), 《열두 가지 감정 행복 일기》(2010), 《초등 학습능력 올리는 독서코칭》(2009), 《책과 함께하는 마음 놀이터 3》(2009), 《책과 함께하는 마음 놀이터 2》(2009), 《우리 아이 마음 채워줄 책 한 권》(2009)과 《책과 함께하는 마음 놀이터 1》(2008), 《책 좋아하는 아이 만들기》(2008), 《독서치료 연구》(2007), 《독서치료 프로그램의 실제》(2007)가 있고, 공동번역서로 《시 치료》(2005)가 있습니다. 논문으로는 〈읽기 부진아를 위한 독서치료 프로그램 연구〉 외 다수가 있습니다.

독서치료에서의 문학작품 활용

▶
초 판 1쇄 | 2011년 1월 31일
초 판 8쇄 | 2024년 1월 22일
저　　　자 | 임 성 관
펴　낸　이 | 권 호 순
펴　낸　곳 | 시간의물레
표지디자인 | Design tell

▶
등　　　록 | 2002년 12월 9일
등록번호 | 제1-3148호
주　　　소 | (10965)서경기도 파주시 숲속노을로150, 708-701
전　　　화 | (031)945-3867
팩　　　스 | (031)945-3868
전자우편 | timeofr@naver.com

▶ ISBN 978-89-6511-011-8 (93010)

정가 20,000원
ⓒ 임성관 2011